JF

Jenseits des Regierungsalltags

Frank Nullmeier ist Professor für Politikwissenschaft an der Universität Essen. *Thomas Saretzki* ist Professor für Umweltpolitik an der Universität Lüneburg.

Frank Nullmeier, Thomas Saretzki

Jenseits des Regierungsalltags

Strategiefähigkeit politischer Parteien

Campus Verlag
Frankfurt/New York

Die Deutsche Bibliothek – CIP-Einheitsaufnahme

Ein Titeldatensatz für diese Publikation ist bei
Der Deutschen Bibliothek erhältlich.
ISBN 3-593-37017-4

Umschlaggestaltung: Atelier Warminski, Büdingen
Druck und Bindung: KM-Druck, Groß-Umstadt
Gedruckt auf säurefreiem und chlorfrei gebleichtem Papier.
Printed in Germany

Inhalt

3. Strategiefähigkeit

Frank Nullmeier/Thomas Saretzki

Einleitung

Das alltägliche Regierungshandeln ist oft bloßes Ausspielen von überkommenen Routinen, passives Reagieren auf veränderte Situationen, opportunistische Anpassung an Stimmungsschwankungen, mithin: kurzfristig ausgerichtetes „Sich-Durchwursteln". Viele Beobachter in Medien und Wissenschaft vermissen eine situationsübergreifende, längerfristig ausgerichtete, von den Regierungsparteien gemeinsam getragene politische Strategie, die an klaren Erfolgskriterien und nachvollziehbaren Ziel-Mittel-Relationen ausgerichtet ist. Strategie unterstellt indessen, dass nicht nur einzelne Personen in Parteien, sondern auch Parteien als Ganze in einem bestimmten Maße zu zielgerichtetem Handeln fähig sind oder doch befähigt werden müssen, wenn sie politisch erfolgreich sein wollen. Sind die politischen Parteien unter den heute gegebenen Bedingungen aber noch in der Lage, übergreifende politische Strategien zu formulieren, zu kommunizieren, gemeinsam festzulegen und gegen innere und äußere Widerstände durchzuhalten? Von welchen Bedingungen hängt ihre Fähigkeit zu erfolgsorientiertem Handeln in der Politik ab? Was können sie tun, um politische Strategiefähigkeit zu entwickeln? Gibt es Strategien zur Herstellung politischer Strategiefähigkeit?

Der Aufstieg der Begriffe „Strategie" und „Strategiefähigkeit" in der politischen Diskussion hängt eng mit dem Wahlkampferfolg der SPD bei der Bundestagswahl 1998 zusammen. Dieser Wahlerfolg ist auch das Werk eines besonders ausgefeilten Politikmanagements, dessen Leitung bei der Wahlkampfzentrale, der aus der Parteiorganisation der SPD ausgegliederten KAMPA, lag. Durch strategische Steuerung von Wahlkampagnen, durch genaue Abstimmung von Slogans, Programmatik, Parteiprofil und Personal (Schröder und Lafontaine) aufeinander, ist es gelungen, zum ersten Mal in der Geschichte der Bundesrepublik einen amtierenden Kanzler per Wahl abzulösen. Der damalige Leiter der KAMPA und heutige Bundesgeschäftsführer der SPD, Matthias Machnig, gilt als Inkarnation dieses neuen „strategischen“ Politikstils.

Warum steht gerade der Begriff der „Strategie“ heute im Zentrum der Debatte über eine mittel- und langfristige Orientierung der Parteien? Eine erste Antwort lautet: Weil sich mögliche Alternativen verbraucht haben oder keine Erfolgsaussichten mehr besitzen: „Ideologie“ und „Vision“, aber auch „Interesse“ und „soziale Bindungen“. Die 1990er Jahre wie die ersten Jahre des 21. Jahrhunderts sind eine Zeit der Entideologisierung, ja der Verunsicherung über die Perspektiven weiterer gesellschaftlicher Entwicklung. Mit einzelnen technologischen Innovationen mögen sich zwar gesellschaftliche Großentwürfe und Visionen verbinden. Doch lösen diese zum einen oft mehr Befürchtungen aus, als dass sie hoffnungsfroh stimmen. Zum anderen fließen sie nicht zusammen zu einem wie auch immer skizzenhaften Entwurf von Gesellschaftsgestaltung oder -veränderung, von Reform oder Aufbruch.

Politik, Öffentlichkeit und die Strategiefähigkeit von Parteien

Bei der Suche nach längerfristigen Perspektiven und zielorientierter Politik jenseits kurzfristiger Routinen sind „Strategie“ und „Strategiefähigkeit“ heute zu Schlüsselbegriffen geworden. Sie stehen im Zentrum dieses Buches, das die Chancen strategischer Steuerung in der Politik, speziell die Strategiemöglichkeiten der politischen Parteien in der Bundesrepublik Deutschland vor der Bundestagswahl 2002, analysiert und dazu Beiträge von Autoren aus Politik, Journalismus und Wissenschaft versammelt.

Ausgangspunkt dieses Bandes ist eine Tagung, die im Oktober 2001 in Berlin stattgefunden hat. Die Tagung führte zu einem konzentrierten Austausch zwischen Vertretern von Parteien, Medien und Politikwissenschaft. Den gemeinsamen konzeptionellen Bezugspunkt für die Diskussionen zwischen diesen drei Gruppen bildete der Ansatz einer strategisch angelegten Parteienanalyse, den der Hamburger Politikwissenschaftler Joachim Raschke am Beispiel der grünen Partei entwickelt hat. Die Tagung wurde anlässlich seines formellen Ausscheidens aus dem Hochschuldienst durchgeführt –

zwar „Ende einer Dienstfahrt", für Joachim Raschke aber nur ein Zwischenschritt auf dem Weg zu weiteren wissenschaftlichen Arbeiten.

Um falschen Erwartungen vorzubeugen: „Strategiefähigkeit" wird im Rahmen dieses Bandes nicht vorrangig auf das weitergehende Thema „Gesellschaftssteuerung" bezogen. Die Frage nach der Steuerung von Gesellschaft durch Politik, insbesondere durch den Staat, stand im Zentrum der „Steuerungsdebatte", die in der Politikwissenschaft über viele Jahre geführt wurde. In diesem Buch geht es vielmehr um das engere Thema der Steuerung politischer Prozesse durch Parteien. Daraus ergeben sich zwei Leitfragen: nach der Strategiefähigkeit politischer Akteure und nach der strategischen Steuerbarkeit politischer Prozesse. Parteien gelten als Organisationen, die insbesondere zwischen zwei Polen vermitteln: der Öffentlichkeit (und dem Wählerpublikum) einerseits, der institutionalisierten Politik, insbesondere der Regierung, andererseits. Von daher stellt sich die Frage nach der strategischen Steuerbarkeit politischer Prozesse für sie vor allem in diesen beiden Richtungen: als Frage der Regierungs- und Politiksteuerung auf der einen Seite und als Frage der Steuerung von medialer Öffentlichkeit auf der anderen. Die Strategiefähigkeit von politischen Parteien ist deshalb im Zusammenhang mit der Frage strategischer Steuerbarkeit von politischen Prozessen im „Dickicht" der institutionellen Politik und im „Dschungel" der Medienöffentlichkeit zu diskutieren. Gleichwohl tritt bei den hier versammelten Beiträgen meist ein Aspekt dieser Wechselbeziehungen in den Vordergrund. Politiksteuerung, Öffentlichkeitssteuerung und Strategiefähigkeit ergeben so die drei Gesichtspunkte, um die sich die Beiträge zu diesem Band gruppieren lassen.

Im ersten Abschnitt über *Politiksteuerung* gibt der Heidelberger Politikwissenschaftler Manfred G. Schmidt zunächst einen Überblick über institutionelle Rahmenbedingungen und Faktoren im politischen System der Bundesrepublik Deutschland, die eine gezielte strategische Steuerung von politischen Prozessen hierzulande zu einem vergleichsweise schwierigen Unterfangen machen. Gleichwohl ist gezielte Politiksteuerung auch unter den einschränkenden Rahmenbedingungen des politischen Systems der Bundesrepublik möglich, wenn bestimmte günstige Konstellationen gegeben sind und die Regierungsparteien besondere Schachzüge wählen, um zum Erfolg zu kommen – freilich oft um den Preis großer Nebenwirkungen und Folgeprobleme. Der Berliner Politologe Ralf Rytlewski greift in seinem Beitrag die

Diskussion um die Unregierbarkeit der Städte auf und untersucht unterschiedliche politische Steuerungsstrategien von Koalitionsregierungen an zwei prominenten Fallbeispielen aus dem Stadtstaat Berlin. Helmut Wiesenthal, Sozialwissenschaftler an der Humboldt-Universität zu Berlin, nimmt eine zeitlich und räumlich weiter reichende Perspektive ein und konfrontiert die verbreitete Steuerungsskepsis mit den Erfahrungen aus zwei erfolgreichen Großreformen. Er kommt zu dem Ergebnis, dass anspruchsvolle politische Reformen zwar voraussetzungsvoll, aber auch in differenzierten modernen Gesellschaften keineswegs unmöglich sind.

Auf die Frage nach den Möglichkeiten der *Öffentlichkeitssteuerung* gibt Fritz Kuhn, Bundesvorsitzender von Bündnis 90/Die Grünen, eine vorsichtig positive Antwort: Eine strategische Steuerung der öffentlichen Kommunikation durch politische Parteien erscheint aus seiner Sicht grundsätzlich möglich, ihr Erfolg ist aber an die Einhaltung bestimmter Bedingungen gebunden, die Kuhn mit den Stichworten Verständlichkeit, Relevanz, Glaubwürdigkeit und Unterhaltsamkeit umreißt. Klaus-Peter Schmidt-Deguelle, Medienberater des Bundesfinanzministers, geht auf die Bedeutung der Kommunikationssteuerung im Regierungsprozess ein und erläutert das Zusammenspiel von strategischer Planung und den wachsenden Zwängen zur „Reaktion" in der medialen Politikvermittlung einer Regierung. Organisierte und geplante Kampagnen spielen in der strategischen Öffentlichkeitsarbeit der Parteien eine zunehmende Rolle, der Ruf nach (Wieder-)Herstellung der eigenen „Kampagnenfähigkeit" wird insbesondere nach Wahlniederlagen bei den Verlierern laut. Der Mannheimer Sozialwissenschaftler Rüdiger Schmitt-Beck gibt einen umfassenden Überblick über die Bedingungen, unter denen strategisch angelegte Kampagnen in Wahlkämpfen erfolgreich sein können. Die Vervielfältigung medialer Kommunikationskanäle hat die Möglichkeiten zu einer gezielten Öffentlichkeitssteuerung durch politische Akteure einerseits erweitert, andererseits aber auch verändert. Im Beitrag des Fernsehjournalisten Thomas Leif rücken stärker die Grenzen ins Blickfeld, die das Mediensystem mit seinen eigenen Filtern allen gezielten Kommunikationsstrategien der politischen Parteien setzt – Filter, die strategisch angelegte politische Kommunikation zunehmend in das „Tal der Unterhaltung" abdriften lassen. Wer strategische Öffentlichkeitssteuerung plant, muss heute nicht nur mit den „filternden" Journalisten, sondern auch mit einer professionellen Politikinterpretation durch Experten rechnen. Richard Meng, Korrespondent der „Frankfurter Rundschau“ in Berlin, geht in seinem Beitrag der Frage nach, welche Rolle (politik-)wissenschaftliche Experten in der öffentlichen Kommunikation über Medien spielen können.

Die beschleunigte Kommunikation in der Mediengesellschaft bildet eine zentrale Rahmenbedingung für die Überlegungen, die der Bundesgeschäftsführer der SPD, Matthias Machnig, in seinem Beitrag zur *Strategiefähigkeit politischer Parteien* anstellt. Kommunikationsfähigkeit erscheint dabei neben Führungs-, Marken- und Mobilisierungsfähigkeit als eine entscheidende Bedingung für Wahlerfolge. Der ehemalige Präsident des Europäischen Parlaments, Klaus Hänsch, formuliert Voraussetzungen für die Strategiefähigkeit politischer Akteure, benennt aber auch einige Folgen, die sich aus dem Bemühen um Strategiefähigkeit ergeben: Strategische Steuerung, so seine These, sei nicht „demokratisierbar“. Während die genannten Politiker noch versuchen, aus der Sicht beteiligter Akteure Bedingungen für den Erhalt und die Wiedergewinnung der Strategiefähigkeit von politischen Parteien zu formulieren, geht es für den Münchner Parteienforscher Elmar Wiesendahl mit der Strategiefähigkeit politischer Parteien gegenwärtig unvermeidlich abwärts. Eingeklemmt zwischen den Modellen der Mitglieder- und der Berufspolitikerpartei stellen sich die Parteien für Wiesendahl als „Fehlkonstruktion“ dar, bei der wechselseitige strategische Blockaden von Parteispitze und Parteibasis in die widersprüchliche Organisationsrationalität eingebaut sind. Am Schluss des Bandes stehen Überlegungen von Joachim Raschke zu politischer Strategie als politischem und politikwissenschaftlichem Konzept. Raschke entwickelt hier grundlegende Gesichtspunkte für die Analyse und den Entwurf politischer Strategien und formuliert einige übergreifende Thesen zur Strategiefähigkeit politischer Parteien.

Nach diesem Überblick über Aufbau und Beiträge dieses Bandes sollen im Folgenden einige Themen aufgegriffen werden, bei denen Kontroversen unter den hier vertretenen Autoren zu erkennen sind. Ferner werden in einer Art Ausblick auch einige offene Fragen formuliert, die weiterer Analyse und Diskussion bedürfen.

Politiksteuerung

Die Selbststeuerung des politischen Handelns steht heute auch deshalb im Zentrum der Aufmerksamkeit, weil die Möglichkeiten der Politik, gestaltend in der Gesellschaft wirksam zu werden, zunehmend als begrenzt gelten können. Die „Steuerungsdebatte" der Politikwissenschaft in den 1980er und 1990er Jahren, die sich mit Fragen der Gesellschaftssteuerung – auch innerhalb einzelner Sektoren und Branchen – befasste, hatte die Restriktionen staatlich eingreifenden Handelns überdeutlich aufgezeigt. Die Diskussion über Globalisierung und den durch Internationalisierung bedingten Verlust staatlicher Handlungsfähigkeit hat den Steuerungspessimismus noch weiter verstärkt. Ungeachtet dieser grundsätzlichen Frage nach der Fähigkeit von Politik zur Gesellschaftssteuerung setzen die Autoren unterschiedliche Akzente, wenn danach gefragt wird, ob die Restriktionen, die staatlichem Handeln speziell in der Bundesrepublik gesetzt sind, als besonders hoch eingeschätzt werden müssen. Manfred G. Schmidt hebt die hohe Anzahl von „Vetospielern" als Be- und Verhinderungsinstanzen im politischen System der Bundesrepublik Deutschland hervor, zeigt aber auch Strategien auf, mit denen die jeweiligen Regierungen diese Bastionen zu umgehen suchen. Klaus Hänsch widerspricht der behaupteten Sonderstellung Deutschlands auf der Grundlage seiner Erfahrungen in der Europapolitik. Für Ralf Rytlewski sind hingegen die Unterschiede zwischen verschiedenen Ansätzen staatlicher Einflussnahme entscheidend. Während moderierende partizipative Verfahren zu langfristigen Veränderungen mit tiefgreifender Wirkung und Akzeptanz in der Gesellschaft führen könnten, werde die beschränkte Regierungsfähigkeit der Politik deutlich, wenn diese sich auf Verfahren abgeschotteter Elitenkommunikation im Modus hierarchisch-bürokratischer Steuerung verlasse.

Die Unterstellung, Politik vermöge heute nur noch recht wenig zu bewerkstelligen und deshalb sei Ansätzen einer umfassend angelegten Reformpolitik mit grundsätzlicher Skepsis zu begegnen, findet sich bei den meisten hier vertretenen Autoren wieder. Dagegen kommt Helmut Wiesenthal zu dem Schluss, dass sich die Zeiten des Steuerungspessimismus bereits wieder ihrem Ende zuneigen könnten. Schließlich hätte insbesondere der Transformationsprozess der ehemaligen sozialistischen Länder gezeigt, dass große und grundlegende Reformen, gar in fast allen gesellschaftlichen Bereichen gleichzeitig, machbar seien. So sei es gerade für die Reformpartei Bündnis

90/Die Grünen fatal, sich auf eine Politik der kleinen Schritte einzulassen. Sie folge hier einer Denkmode, die gerade auslaufe, und verspiele dabei letztlich ihr Image, ihr Profil und ihre Anhängerschaft.

Strategiefähigkeit als Parteisteuerung

Damit Gesellschaftsreform wieder eine Chance bekommen kann, muss zunächst die eigene politische Organisation befähigt werden, sich überhaupt auf Ziele festzulegen und diese im Sinne einer abgestimmten Strategie zu verfolgen. Wie kann es gelingen, dass ein „kollektiver Akteur", eine aus Tausenden von Mitgliedern bestehende Großorganisation wie eine Partei, sich auf *eine* Strategie verständigt und diese auch noch als Richtschnur des Handelns wiederum einer Vielzahl von Personen wirksam werden lässt? Wie können Parteien, deren Struktur mit Stichworten wie „Heterogenität" und „Fragmentierung" bezeichnet wird, die viele Forscher gar als „lose verkoppelte Anarchien" beschreiben, Strategiefähigkeit erlangen?

Die skeptische Position wird in diesem Band von Elmar Wiesendahl vertreten. Er listet grundlegende Einwände gegen die Möglichkeit einer einheitlichen Strategie auf und versammelt dazu die einschlägigen Befunde der Parteien- und Organisationsforschung. Gegen eine derartige „Unmöglichkeitsbehauptung" steht die These, dass Strategiefähigkeit eine Überlebensnotwendigkeit sei: Ohne Strategie kann es heute keinen Erfolg mehr in Wahlkämpfen und im politischen Spiel insgesamt geben. Verzicht auf Strategie und den Aufbau interner Strategiefähigkeit heißt mittelfristig Untergang. Wenn Strategie aber zum Zwang wird, kann dies, so wiederum die Skeptiker, nur heißen, dass die plurale Realität des innerparteilichen Lebens einer Zentralisierung und professionellen Steuerung geopfert werden soll. Die Forderung nach Strategiefähigkeit erscheint so als ein nach innen gerichtetes Anliegen, die Parteiorganisation betriebs- bzw. unternehmensähnlich umzugestalten, um auf den Wählermärkten mit höherer Aussicht auf Erfolg agieren zu können.

Diese Form der „Strategisierung" hat Folgen für die Partei als Mitgliederorganisation von Freiwilligen. Warum sollten Parteimitglieder Mitglieder bleiben, wenn die wichtigen Fragen doch in den Zentralen entschieden werden? Gegen das „klassische“ Modell der Mitgliederpartei stehen die von Politikern und Politikwissenschaftlern erhobenen Forderungen, Strategiefähigkeit einer Partei sei nur zu erreichen, wenn es ein kleines, aus drei bis fünf Personen bestehendes strategisches Zentrum gebe. Dass damit Fragen der innerparteilichen Demokratie negativ berührt sind, ist allen Diskutanten, Parteimanagern wie Wissenschaftlern, sehr wohl bewusst. Joachim Raschke formuliert dieses Problem am Ende seines Beitrages in großer Deutlichkeit: Ein harmonisches Miteinander von strategischem Management und partizipativer Demokratie kann es nicht geben. So ist zu fragen, ob der Verlust an innerparteilicher Demokratie der unabwendbare Preis des Übergangs zum Typus marktorientierter Parteien ist. Und es bleibt zu prüfen, ob die vermeintliche Effektivitätssteigerung durch ein strategisches Zentrum nicht derart große Legitimationsprobleme mit sich bringt, dass die dadurch ausgelösten innerparteilichen Konflikte den erwarteten Effektivitätsgewinn wieder zunichte machen.

Strategie und Demokratie

In einem Spannungsverhältnis zu Werten der Demokratie wie Öffentlichkeit und Transparenz steht nicht zuletzt die in mehreren Beiträgen, so auch bei Fritz Kuhn, betonte Notwendigkeit zur Geheimhaltung der Strategie. Über Strategien könne man nicht öffentlich sprechen, wenn man sie nicht zur Unwirksamkeit verdammen wolle. Wenn Strategien entwickelt würden, um erfolgreicher zu sein als der Gegner, seien Überraschungseffekte von größter Bedeutung. Und diese würden bei Publizierung der Strategie, bei einem öffentlichen Diskurs oder auch nur einer parteiinternen Debatte, gerade verspielt. Strategie steht so gegen Transparenz und Öffentlichkeit, Strategie konstituiert eine neue Zone des „Arkanums“, des politischen Geheimnisses. Jede öffentliche Strategiediskussion wird sich danach angesichts der Kommunikationsbedingungen in der Parteienkonkurrenz lediglich auf eine nur vorgeschobene Strategie beziehen können, also wiederum im Dienste der „eigentlichen“, nicht kommunizierten Strategie stehen.

Dieser hier unterstellte Zwang zur Geheimhaltung der eigenen Strategie führt nach Ansicht der meisten Autoren aber nicht zu einer umfassenden

Manipulation der Wähler. Wie auch immer die Strategie angelegt sein mag, die Wähler hätten das letzte Wort und seien in der Lage, die strategischen „Winkelzüge" der Parteien wenn nicht zu durchschauen, dann doch in ihren potentiellen Wirkungen auf sich selbst zu beurteilen. Die Autoren setzen ihre Hoffnung in die Wähler, die Inszenierung, strategische Steuerung, Wahlkampfrummel letztlich rational – im Sinne ihrer eigenen Ziele und Zwecke – zu beurteilen verstehen. Den Wählern als geübten Konsumenten sind Marktstrategien nur allzu vertraut. Ob Politik oder Ökonomie, ob Parteien oder Unternehmen, die Strategien und Mittel der Anbieter sind nicht sehr unterschiedlich. Sie erzeugen nur selten Überraschungseffekte und Neuigkeitswert. Die Kampagnen der Parteien werden – je erkennbarer sie das Niveau der fortgeschrittensten Werbefeldzüge erreichen – mit der Werbung für Konsumartikel verglichen und an ihr gemessen. In einer Mischung aus Interessenkalkulation und ästhetischer Beurteilung der Inszenierung, die zu nicht vorhersehbaren Reaktionen führt, verhindern die Wähler die Steuerung des Wahlgeschehens durch die Parteizentralen. Eine Politik gegen die Mehrheitsmeinung in der Bevölkerung, gegen die aktuellen Meinungslagen, eine Politik, die die Wähler fordert oder gar herausfordert, erscheint daher nicht möglich. Dementsprechend heißt Strategie im Ergebnis oft nichts anderes als Anpassung. Sie wird zur gezielten Reaktion auf ein demoskopisch ermitteltes Wählerverhalten. Der Wähler bliebe danach der Souverän – als unkalkulierbarer Konsument der strategischen Leistungen der Parteien.

Medienmacht und Öffentlichkeitssteuerung

Wirkung in der medialen Öffentlichkeit steht im Zentrum der Bemühungen um „Strategie". Gerade die Minderung staatlicher Steuerungsfähigkeit und die verringerte politische Steuerbarkeit der Gesellschaft sind ein Grund für die Forderung nach strategischer Kommunikationspolitik der Parteien. Wo Politik real nicht viel bewegen kann, muss zumindest die öffentliche Rede über die soziale und politische Entwicklung strategisch geplant werden.

Kein Zweifel besteht bei den Autoren dieses Bandes, dass wir heute in einer Mediengesellschaft leben, dass ohne mediale Vermittlung keinerlei Politik mehr gemacht werden kann. Die Bedeutung der Massenmedien hat sich gerade in den letzten Jahren erhöht, die tägliche Auseinandersetzung mit der gewachsenen Schar der Medienvertreter bestimmt Handeln und Denken der Berater und Politikmanager (siehe insbesondere die Beiträge von Matthias Machnig und Klaus-Peter Schmidt-Deguelle). Welche Folgen die Medienvermittlung von Politik für Wahlkämpfe besitzt, zeigt umfassend Rüdiger Schmitt-Beck.

Doch besitzen die Medien wirklich „Macht"? Sind sie es, die den Politikprozess lenken und bestimmen? Leiten sie Richtungsentscheidungen ein, verhindern sie Entwicklungen, die ihnen unliebsam sind? Sind sie die gar nicht mehr so heimlichen Herrscher des politischen Geschehens? Kann daher von einer Medien- und Öffentlichkeitssteuerung durch die Parteien überhaupt keine Rede sein? Ist der Versuch strategisch bestimmter Öffentlichkeitsarbeit der Parteien nur der Tribut an die neue Medienmacht? Wird die Parteiendemokratie gar von der „Mediokratie" (Thomas Meyer) abgelöst?

Die Beschreibungen der Politik-Medien-Interaktion gleichen sich bei den hier versammelten Autoren, doch die Beiträge differieren deutlich in den Antworten auf die „Machtfrage". Thomas Leif beklagt das Ausgeliefertsein der Politik an die Mechanismen der Medienwelt, das Verhalten der Journalisten und die Hör-, Lese- und Sehgewohnheiten der Bürger. Strategische Einflussnahme hält er daher nicht mehr für möglich. Dagegen sieht Klaus-Peter Schmidt-Deguelle, selbst vormals Journalist, die Macht in die Regierungszentrale des Kanzleramts wandern. Wenn das Kanzleramt als strategisches Zentrum von Regierungsfraktionen und Ministerien fungiere, könne es – wenn auch nicht ohne Ausnahmen – weithin die öffentliche Agenda bestimmen und solche Botschaften in den Medien platzieren, die dem Regierungshandeln dienlich sind. Doch wer in den Medien erfolgreich sein will, darauf weist der Beitrag von Fritz Kuhn eindrücklich hin, wird sich auf die Grundregeln der Kommunikation einlassen müssen. Und die verlangen, dass alles, was gesagt wird, und das gilt in gleichem oder erhöhtem Maße in der medialen Kommunikation, sich auch den Kriterien der Unterhaltsamkeit und der Erzeugung von Aufmerksamkeit unterwerfen muss. Vergrößern sich die Kommunikationsangebote weiterhin so rasch wie bisher, wird es eines zunehmenden Aufwandes bedürfen, um politischen Botschaften überhaupt noch Aufmerksamkeit zu verschaffen. Diese Entwicklung in den Medien, auf die insbesondere Matthias Machnig hinweist, macht Politainment, macht Inszenierung und Eventmarketing zu Kernbestandteilen einer jeden erfolgversprechenden Strategie.

Möglichkeiten und Grenzen von „Strategie“

Der Begriff „Strategie“ ist vor seiner Thematisierung in der Politikwissenschaft – aus der Militärtheorie kommend – in den Wirtschaftswissenschaften rezipiert worden. „Strategisches Management“ ist heute eines der Kernkonzepte der neueren Managementlehre. In den Beiträgen von Wiesendahl und Raschke werden die Arbeiten der Managementtheorie für die Politikwissenschaft ausgewertet, doch mit deutlich anderen Schlussfolgerungen. Während Joachim Raschke in seinem abschließenden Beitrag eine politikwissenschaftliche Strategielehre entwirft, die Möglichkeiten und Grenzen des strategischen Politikhandelns auszuloten sucht, sieht Elmar Wiesendahl jeden Versuch der strategischen Steuerung unweigerlich in ein „Muddling Through“ zurückfallen.

Jenseits von Strategieoptimismus und -pessimismus und jenseits aktueller Bewertungen des Trends hin zur Strategie sind die Voraussetzungen und Folgewirkungen des strategischen Parteimanagements detailliert zu untersuchen. Eine an Folgenabschätzung auch politischer Techniken interessierte Politikwissenschaft kann dabei von der Vermutung ausgehen, dass weitreichende Hoffnungen in eine weitere Strategisierung und Professionalisierung des Politischen sowie in die mediale Aufrüstung der Politik mit hoher Wahrscheinlichkeit enttäuscht werden. Strategien werden sich zum einen an lokalen Ereignissen mit globalen Folgen brechen. Selbst in Strategien eingebaute Flexibilitäten und Eventualpläne werden dies nicht immer verhindern können. Zum anderen macht die bei allen Parteien gleichermaßen voranschreitende Perfektionierung des strategischen Handelns Strategien und neue Politikmethoden mittelfristig unwirksam. Strategien und Techniken tragen ihre Unwirksamkeit und Überalterung in sich – schon durch die Folgen des eigenen Erfolgs. Der KAMPA 98 eifern alle Parteien im Bundestagswahlkampf 2002 nach, die SPD versucht ihr Erfolgsmodell in Neuauflage weiterzuentwickeln. So gleichen sich die Strategien und Managementmethoden einander an, der Neuigkeits- und Überraschungswert sinkt. Und so wird sich der permanente Überbietungswettbewerb bald auf neue Felder verlagern.

Zudem erzeugen Strategien auch nicht-beabsichtigte Wirkungen. So haben zum Beispiel Strategien, die hohen Wert auf gelungene Inszenierungen legen, mit dem Problem „reflexiver Schleifen" zu kämpfen: Der Wahlkampf wird irgendwann nicht mehr auf der Ebene der Kandidaten, Themen und Perspektiven ausgetragen, sondern auf der Ebene des gelungenen oder misslungenen Wahlkampfmanagements. Schon im Frühjahr 2002 waren manchmal die Wahlkampfmanager für die Presse interessanter als die Kandidaten. Die Parteimanager werden selbst zu Medienstars. So könnte der Kampf Matthias Machnig gegen Michael Spreng medienwirksamer werden als der zwischen Gerhard Schröder und Edmund Stoiber. Dies ist sowohl in den USA (Dick Morris) als auch in Großbritannien (Peter Mandelson) bereits geschehen. Die Starrolle verlagert sich auf die Berater, Spin Doktoren und Wahlkampfmanager. Das verlangt jedoch – im Sinne einer rationalen Wahlkampfstrategie – die mediale Inszenierung der Strategieplaner, der Berater. Diese müssen selbst gemanagt werden, auch sie benötigen Kommunikationsagenten. Wie Politikmanager können auch Wissenschaftler in diesen Kreislauf hineingeraten. Richard Meng skizziert in seinem Beitrag die strategische und mediale Verwertung einer wissenschaftlichen Beratungstätigkeit, die die Nähe zu Parteien und Medien nicht scheut. Wissenschaftliche Strategieberatung unterliegt selbst den Ambivalenzen der politischen Strategiebildung zwischen (Partei-)Arkanum und öffentlicher Inszenierung.

Strategie, Ziele und Programme

Generelle Bedenken gegenüber der „Strategisierung" des Politischen scheinen sich in der viele Beiträge prägenden Frage zu bündeln, ob „Strategie" sich nicht schrittweise immer weiter verselbständige. Sind die Ziele der Strategie vorgegeben oder setzt die Strategie die Ziele? Und wenn der Strategiebildung die Ziele vorgegeben sind, welche sind es und wer setzt sie? Betrachtet man Parteien nur als Akteure auf Wählermärkten, sind Stimmenmaximierung und Regierungsbeteiligung ihre höchsten Ziele. Eine konsequente strategische Orientierung am Ziel der Stimmenmaximierung muss

Programmatik und politische Zielsetzungen als etwas Instrumentelles betrachten. Dasjenige Programm ist aufzustellen, das es ermöglicht, die meisten Stimmen zu erzielen. In dieser reinen Form vertritt freilich niemand den Gedanken der strategischen Orientierung.

Denn: Parteien treten nicht auf eine freie Bühne. Es sind immer schon Mit- und Gegenspieler mit eigenen programmatischen Angeboten vertreten. Und auch die eigene Partei hat schon lange eine bestimmte (programmatische) Rolle gespielt, von der man sich nicht einfach lossagen kann. Solange ein Programm, das in einer Traditionslinie steht, ein ideologischer Kern oder eine Werthaltung das am besten geeignete Mittel ist, am Wählermarkt ein unverwechselbares Profil zu zeigen, wird Strategie zur Unterstützerin des Programms. Programmatik, ja Ideologie, kann dann im Zentrum einer reinen Marktstrategie stehen, wenn sich wahlstrategische Differenzen nicht mehr über Leistungen, Inszenierung oder Personalisierung herstellen lassen. So mag es gerade in einem weitgehend entideologisierten politischen Raum wieder – durchaus im Sinne des Marketings – attraktiv sein, ideologisch-programmatisches Profil zu zeigen. Vielleicht nicht mehr in Wiederaufnahme alter Ideologien, doch dem Neuarrangement von programmatischen Versatzstücken sind kaum Grenzen gesetzt. Markt- und Strategieorientierung laufen deshalb keineswegs zwangsläufig auf Entideologisierung hinaus. Was immer als marktgängiges Profil taugt, ist einer wählerorientierten Strategie willkommen. Gegen eine so weitreichende „Strategisierung" von Zielen vertreten u.a. Hänsch und Raschke in ihren Beiträgen die Position, dass Werte, Ziele und programmatische Grundlagen der Strategiebildung vorgegeben sein müssen: zuerst die Grundzüge der Programmatik, bestimmt durch die Parteimitgliedschaft, dann die strategische Umsetzung durch das Steuerungszentrum der Partei.

Marktpolitiken

Nähert sich die Politik mit der Übernahme des Strategiekonzeptes und dem Einsatz modernen Wahlkampfmanagements der Ökonomie? Marketing hier wie dort? Sind Programm und Kandidaten einer Partei nichts anderes als ein weiteres Produkt, das sich – nach den allgemeinen Mechanismen der Werbung und den besonderen Regeln der Politik-Branche – verkaufen muss?

Die Sprache der Parteimanager ist heute geprägt von den Begrifflichkeiten der Ökonomie und den Lehren des strategischen Managements. Die Parteienauseinandersetzung insgesamt wird in einem langsamen, nun schon fast ein Jahrhundert andauernden Prozess immer mehr von der Sprache der Ökonomie bestimmt. Hieß es im 19. Jahrhundert noch „Parteienkampf", so hat sich im 20. Jahrhundert der Terminus „Parteienwettbewerb" durchgesetzt. Heute sprechen wir von „Wählermärkten". Doch bei aller sprachlichen Referenz: Die Parallelen zwischen einfachen Produktmärkten und dem Wettbewerb zwischen Unternehmungen einerseits und dem Wettbewerb zwischen Parteien auf Wählermärkten andererseits sind begrenzt. In der Theorie, die die Analogie von Markt und Politik als erste formalisierte, der Demokratietheorie von Anthony Downs, wird der Parteienwettbewerb mit einem höchst speziellen ökonomischen Modell erfasst: dem Wettbewerb um den besten Standort eines Ladens in einer Straße. Denn in der Politik gibt es einen privilegierten Ort: die Regierung. Die Besonderheit des politischen Marktgeschehens liegt darin, dass am Ende nur ein Wettbewerber oder eine Koalition von Wettbewerbern die Regierungsmacht innehaben kann. Während auf Produktmärkten jeder Anbieter mit einem gewissen Anteil an den verkauften Produkten davonziehen kann, nimmt im politischen Markt der Sieger alles. Die Bänke der Opposition gelten entsprechend als „hart". Und ein weiterer wichtiger Unterschied: Auf dem „Wählermarkt" verfügen die Staatsbürger über eine exakt gleiche Ressourcenausstattung: Jede Person besitzt genau eine Stimme.

Dennoch dringt das Marktdenken immer weiter in die Politik vor und prägt die Suche nach neuen Methoden der „Werbung" um den Wähler. Folgt man diesem Marktdenken, müssen Parteien als Anbieter in der Analogie zu Unternehmen gedacht werden. Dem Modell des Unternehmers als Innovator, wie es Joseph A. Schumpeter gezeichnet hat, scheinen die Parteien in der Bundesrepublik aber nur bedingt zu folgen. Denn der dynamische Unternehmer ist nicht in erster Linie Marketing-Genie, Inszenierungs-Künstler oder Werbe-Star. Mit der Konzentration auf „Strategie" und „Steuerung" stehen die neuen Methoden des Wahlkampfes, der Öffentlichkeitsarbeit, der Kampagnenentwicklung und der internen Organisation von Parteien im Vordergrund. Die Parteien konkurrieren heftig auf dem Felde der Organisation und der Optimierung politischer Prozesse. Jede Partei will die bestmögliche Wahlkampagne mit der modischsten Internetseite, den neuesten Instrumentarien des Campaigning, des Eventmanagements und der durchdachtesten Steuerung der Medienarbeit. Die Innovationen, die hier auftreten, sind Prozessinnovationen. Wo aber bleiben die „Produkt"-Innovationen? Angewandt auf Parteien: Sie müssen etwas Neues anzubieten haben, ein neues politisches „Produkt", eine erkennbar andere Politik. Bisher scheinen die bundesdeutschen Parteien hier eher die Nachahmer-Strategie zu wählen. Die Regierung orientiert sich – unterstützt von Benchmarking-Verfahren – an den Erfolgsmodellen befreundeter Regierungen aus Großbritannien, den USA und den Niederlanden. Die Opposition wiederum bemüht sich, Elemente begrenzter Abweichung in ihre oft kaum differierenden Konzepte einzubauen. Und alle deklarieren ihre Politikkonzepte als die der „Mitte". Nachahmung und Angleichung, nicht Innovation bestimmen hier den politischen Markt. Bei derart begrenzter Innovation entfernt sich Politik auch bei weithin erfolgreichem Einsatz strategischen Denkens, bei gelungener Medienperformance und von langer Hand geplanten und inszenierten Kampagnen nicht allzu weit vom „Muddling Through" des Regierungsalltags.

Manfred G. Schmidt

Politiksteuerung in der Bundesrepublik Deutschland

Wie ist es um die Politiksteuerung in Deutschland bestellt, also um die Steuerungs*fähigkeit* der wichtigsten politischen Akteure und um die Steuer*barkeit* der politischen Prozesse? Diese Frage wird im Folgenden mit vier Thesen beantwortet. Der ersten These zufolge ist Politiksteuerung in der Bundesrepublik Deutschland ein besonders schwieriges Unterfangen. Die zweite These fügt dem hinzu, dass Politiksteuerung dennoch möglich ist. Davon zeugen viele Beispiele – so die Politik der Kabinette Kohl und der Regierung Schröder. Drittens: Die Politik in der Ära Kohl und die der Regierung Schröder machen zudem auf besondere Konstellationen und besondere Schachzüge aufmerksam, die Politiksteuerung auch unter schwierigen Rahmenbedingungen ermöglichen. Zu diesen Schachzügen zählen das „Umspielen" von Vetospielern, die Informalisierung der Politik und die Befähigung, die eigene Klientel zu bedienen und zugleich Allerweltsparteienpolitik zu betreiben. Die vierte These schließlich besagt, dass die Schachzüge und Konstellationen, die in der dritten These benannt werden, politisch recht erfolgreich sind und beträchtliche Nebenwirkungen sowie Folgeprobleme hervorrufen.

Die erste These: In der Bundesrepublik Deutschland ist Politiksteuerung ein besonders schwieriges Unterfangen

Politiksteuerung im Sinn von Steuerungs*fähigkeit* und Steuer*barkeit* der Politik ist in der Bundesrepublik Deutschland ein besonders schwieriges Unterfangen. Das liegt nicht vorrangig an den Politikern, sondern an den politischen Institutionen, vor allem an den besonders vielen hohen Hürden in Deutschlands politischem Willensbildungs-, Entscheidungs- und Vollzugsprozess. Der politische Prozess in Deutschland ist von anderen Größen als gezielter Politiksteuerung maßgeblich geprägt. Fünferlei verdient dabei Hervorhebung: Dauerwahlkampf, viele Vetospieler, Juridifizierung der Politik, große Politik-Erblast und widersprüchliche Verhaltenszumutungen an die politischen Akteure in Regierung und Opposition.

Erstens: Politiksteuerung in Deutschland ist besonders schwierig, weil die Bundesrepublik Deutschland das Land der besonders vielen Vetospieler ist. Regieren kann deshalb häufig nicht im Alleingang erfolgen, sondern erfordert vor allem bei größeren Gesetzesvorhaben das Zusammenspiel von Regierung, Regierungsparteien und zahlreichen einspruchsberechtigten Kollektivakteuren. Zu diesen zählen parteipolitische Vetospieler, wie Koalitionspartner und die Bundestagsfraktionen der Parteien, und institutionelle Vetospieler,[1] wie der Bundesrat, einzelne Ländergruppen oder einzelne Länder, je nach Streitfall und Politikmaterie auch das Bundesverfassungsgericht und die Europäische Kommission sowie der Europäische Gerichtshof. Neben den Vetospielern gibt es auch – von Politikfeld zu Politikfeld unterschiedliche – Konstellationen von einflussreichen (obgleich nicht formell einspruchsberechtigten) Mitspielern, die mitunter in den Rang von Mitregenten aufrücken, beispielsweise in sozial- und arbeitsmarktpolitischen Fragen häufig die Gewerkschaften und die Arbeitgeberverbände sowie mitunter die Träger der Sozialversicherungen sowie weitere einflussreiche Verbände. Wie groß die Vetospieler- und Mitregentendichte in der Bundesrepublik ist, zeigt der internationale Vergleich: Nur wenig Länder haben ähnlich zahlreiche Vetospieler und Mitregenten wie die Bundesrepublik Deutschland – unter ihnen die Schweiz und die Vereinigten Staaten von Amerika (vgl. Schmidt 2000: 351-354). In den meisten anderen wirtschaftlich entwickelten Demokratien verfügen die zentralstaatlichen Regierungen hingegen über einen größeren

---

1 Zu einer Abänderung des Status quo ist die Zustimmung eines „Vetospielers“ im Sinne von Tsebelis (2002) unabdingbar. Vom Vetospieler unterscheidet sich der hier verwendete Begriff des „Mitregenten“ dadurch, dass dieser nicht notwendig einspruchsberechtigt ist, aber so einflussreich, dass die Regierung in der Regel gut daran tut, ihn mitspielen, ja tendenziell mitregieren zu lassen. Ein Beispiel sind die Gewerkschaften im Fall von sozialpolitischen Strukturreformen, vgl. Fleischhauer/Reiermann/Sauga 2001.

Gestaltungsspielraum, und dort sind die Chancen der Politiksteuerung meist höher als in der Bundesrepublik Deutschland.

Zweitens: Die Dauerwahlkampfatmosphäre verstärkt die Schwierigkeiten der Politiksteuerung in Deutschland. Der politische Prozess in Deutschland wird im Unterschied zu Einheitsstaaten nicht nur von einer in vier- oder fünfjährigem Abstand wiederholten Wahl zum nationalen Parlament in einen Zustand fieberhafter Erregung gebracht, sondern überdies von weiteren 16 Landtagswahlen mit jeweils meist beträchtlicher bundespolitischer Bedeutung. Allein weil jede Landtagswahl zugleich Auswirkungen auf die Zusammensetzung des Bundesrates hat und der Bundesrat über die Verfassungsänderungen und die Einspruchs- und die Zustimmungsgesetzgebung von größter Bedeutung für die Politiksteuerung insgesamt ist, kommen in der Regel jeder Landtagswahl bundespolitische Wirkungen zu. Entsprechend stark und nachhaltig ist der Wahlkampfeffekt im politischen Prozess hierzulande. Und weil Wahlkämpfe von den Konkurrenten meist kurzfristig vorzeigbaren Erfolg verlangen, bestärkt ein Dauerwahlkampf wie in Deutschland in besonderem Maße den kurzen Zeittakt der Demokratie.

Damit nicht genug. Hinzu kommt – drittens – die ausgeprägte Juridifizierung der Politik in der Bundesrepublik. Diese erwächst der generellen Suprematie des Rechts über die Politik, die in der Bundesrepublik Deutschland in betonter Abkehr von unrechtstaatlichen Regimen in der Vergangenheit der deutschen Geschichte zustande gekommen und aus der ein „Rechtswege-Staat“ (Menger 2002) hervorgegangen ist. Die Juridifizierung manifestiert sich eindrucksvoll auch in der hervorgehobenen Rolle des Bundesverfassungsgerichtes und der häufig vergleichsweise aktivistischen Rechtsprechung der Bundesverfassungsrichter.

Politiksteuerung in Deutschland ist mittlerweile besonders schwierig, weil sie – der vierte Faktor – zugleich an einer ungewöhnlich großen Erblast trägt. Diese Erblast besteht nicht nur aus dem typischen Politik-Erbe einer alternden demokratischen Gesellschaft mit einer reichen Wirtschaft, die nicht länger von den Vorteilen des Aufholens profitiert, allein deshalb langsamer wächst und Mühe hat, die jahrzehntelang gewachsenen hohen Ansprüche ihrer Bürger zu befriedigen. Dieses Schicksal teilt Deutschland mit den meisten anderen wirtschaftlich reichen Demokratien. Hinzu kommt aber eine besonders große Erblast, die aus der deutschen Einheit erwächst, insbesondere die finanzpolitischen Folgen der Einheit und die hochgesteckten Erwartungen der ostdeutschen Bürger an den Staat.

Zum Politik-Erbe zählt zudem eine haushaltspolitische Schieflage: Die Koexistenz von weit ausgebautem Sozialstaat mit hoher Sozialleistungsquote einerseits und nur mäßiger Abgabenbereitschaft sowie insgesamt nur mittlerer Staatsquote andererseits führte schon in der Ära Kohl dazu, dass der Sozialproduktanteil der Staatsausgaben für nichtsozialpolitische Zwecke vergleichsweise gering ist – ja: geringer als in den meisten anderen Mitgliedstaaten der OECD.[2] Bestärkt wurde dieser Trend durch die Finanzpolitik des rot-grün regierten Bundes und der Länder in der 14. Legislaturperiode. Das aber verknappt den Spielraum für Politiksteuerung in Feldern jenseits der Sozialpolitik. Die Finanzierungsprobleme des Bildungswesens zeugen davon, aber auch die Finanzierungsprobleme, mit denen mittlerweile der Bundesverteidigungsminister konfrontiert ist. Verkehrsinfarkte und Qualitätsengpässe im Schienennetz sind weitere Zeichen eines Finanzierungsengpasses, die das Regieren nicht einfacher, sondern schwieriger machen (vgl. Schmidt 2002).

Fünftens ist das Politikmachen in Deutschland besonders anspruchsvoll, weil es widersprüchlichen Verhaltensanforderungen ausgesetzt ist. Einerseits prämieren Dauerwahlkampf und Parteienwettbewerb ein konfliktorientiertes Verhalten, das die Unterschiede zwischen Regierung und Opposition betont und die Neigung der Politik stärkt, Parteienunterschiede zu dramatisieren, die Differenzen zu moralisieren und die Schuld für Mängel und Versäumnisse nur dem anderen zuzuschreiben. Andererseits erfordern die hohe Vetospieler- und Mitregentendichte sowie die Verflechtung von Bundestag und Bundesrat insbesondere bei zustimmungspflichtigen Gesetzen und Verfassungsänderungen die Kooperation von Bundestags- und Bundesratsmehrheit sowie von Regierung und Opposition. Der Zwang zur Kooperation in Deutschlands Staat der – formellen oder informellen – großen Koalition aber verträgt sich überhaupt nicht gut mit dem Anreiz zur konfliktbetonten Politikdarstellung.

---

2 Die Lohnpolitik im öffentlichen Sektor vergrößert die haushaltspolitische Schieflage insbesondere dann, wenn sie sich im Wesentlichen an der Lohnpolitik im – produktivitätsstärkeren – privatwirtschaftlichen Sektor orientiert, und wenn zugleich die Lohnpolitik in der Privatwirtschaft nicht genügend Rücksicht auf die Kosten der Finanzierung des Staates nimmt.

Die zweite These: Politiksteuerung in Deutschland ist schwierig, aber nicht unmöglich

Politiksteuerung ist in Deutschland ein schwieriges Unterfangen, aber unmöglich ist sie nicht. Davon zeugt die Regierungspraxis der Bundesregierungen von Adenauer bis Schröder. Einige Beispiele aus der Tätigkeit der Regierungen Kohl und Schröder mögen diese Aussage untermauern. Die Regierung Kohl hat in den Jahren von 1982-1988 – neben hoher Kontinuität in der Außen- und Innenpolitik – auch beträchtliche Kursänderungen vorgenommen. Die Umsetzung der NATO-Nachrüstung gegen die Bedrohung Westeuropas durch sowjetische SS-20-Raketen war ein Beispiel, der Übergang zu einer entschlossenen Politik der finanziellen Konsolidierung nach dem Regierungswechsel vom 1. Oktober 1982 ein zweites. In quantitativer Hinsicht war die Konsolidierungspolitik der Kabinette Kohl bis zum Ende der 1980er Jahre erfolgreich, aber in qualitativer Hinsicht blieb sie defizitär, so bescheinigte ihr der Sachverständigenrat zur Begutachtung der gesamtwirtschaftlichen Entwicklung (1997: Ziffer 239). Der Einstieg in den Umbau des Sozialstaates, insbesondere durch Aufwertung der Familienförderung, Anerkennung der Kindererziehungszeit in der Rentenversicherung und Einstieg in die Deregulierung von Arbeitnehmerschutzrechten sind weitere Beispiele. Die Liste lässt sich unschwer verlängern, durch Kohls energische Politik zur deutschen Einheit etwa und die Nutzung dieses Spielraums für eine ungewöhnliche Beschleunigung und Simplifizierung des politischen Willensbildungs- und Entscheidungsprozesses im Prozess der deutschen Einheit. Nicht zu vergessen ist das Miteinander von Regierung und Opposition beim weiteren Ausbau und der Erweiterung der Europäischen Union, wie die Stichworte Maastrichter Vertrag, Euro und die Vorarbeit zur Osterweiterung der Europäischen Union andeuten. Große, folgenreiche Kurswechsel in der Politik sind hierzulande also machbar.

Auch die Regierung Schröder hat in ihrer Regierungspraxis demonstriert, dass Politiksteuerung trotz widrigerer Rahmenbedingungen und trotz höherer Erblast als im Fall der Regierung Kohl möglich ist. Die Einlösung der Wahlkampfversprechen der SPD durch die rot-grüne Koalition – gleichviel, ob man sie für sachdienlich hält oder als Fehlsteuerung wertet – illustriert dies. Die Regierungskoalition hat, wie angekündigt, den demographischen Faktor der Rentenreform von 1997 ausgesetzt. Sie nahm ferner die finanzielle

Selbstbeteiligung im Gesundheitswesen zurück. Rückgängig machte sie auch die Lockerung des Kündigungsschutzes sowie die Reduktion der gesetzlichen Lohnfortzahlung im Krankheitsfall, mit der sich die Regierung Kohl in einen veritablen Klassenkampf mit den Gewerkschaften verstrickt hatte. Die Regierung Schröder ebnete zudem den Weg zum Atomausstieg, reformierte das Staatsbürgerrecht, erkannte gleichgeschlechtliche Lebensgemeinschaften an und gab mehr Geld für den Nahverkehr und den ökologischen Landbau.

Bei der Finanzierung des Sozialstaats vollzog Rot-Grün erhebliche Kursänderungen, und zwar zunächst durch Verlagerung eines Teils der Sozialstaatsfinanzierung von den Versicherten auf die Steuerzahler, auch im Gewande der Öko-Steuer, und später durch Ergänzung der traditionellen Alterssicherungspolitik um eine steuerbegünstigte private Altersvorsorge. Größere Reformprojekte wie insbesondere die Steuerreform 2000 und die Rentenreform 2001 künden von beträchtlicher Politiksteuerung. Gleiches gilt für die doppelte budgetpolitische Wende der rot-grünen Koalition, nämlich zunächst unter dem Bundesfinanzminister Lafontaine eine Wende zur expansiven, auf Nachfragestützung angelegten Finanzpolitik und später – unter Lafontaines Nachfolger Eichel – die Kehrtwende vom ausgabenfreudigen zum sparsameren Verwalter der Finanzen des Bundes. Auch die Neuregelung der geringfügigen Beschäftigung kann in diesem Zusammenhang genannt werden – eine von den Sozialversicherungen und Gewerkschaften beifällig registrierte Reform, die allerdings eine der wenigen legalen Flexibilitätsreserven des deutschen Kapitalismus drastisch reduzierte. Nicht zu vergessen ist die Neuordnung des Dienstrechts im Hochschulwesen, die unter anderem mit der erstrebten Ausschaltung der Habilitation ausgerechnet ein Exzellenzprogramm abschafft, mit der Einführung des Juniorprofessors zugleich einen besonders wirkungsvollen Weg zur Förderung des wissenschaftlichen Nachwuchses zerstört, nämlich die Laufbahn des Wissenschaftlichen Assistenten, und obendrein die drastische Verschlechterung der Beschäftigungschancen von Habilitierten als Reform ausgibt (vgl. nur Herbert 2002 und Rebenich 2002). Vieles andere könnte die Liste ergänzen. Die Beispiele untermauern die These, dass Politiksteuerung[3] in der Bundesrepublik Deutschland durchaus möglich ist und dass tatkräftig gesteuert wird, obwohl die Steuerungsschranken

---

3 Steuerung wird hier richtungsneutral verstanden und umfasst problemlösende Steuerungsbestrebungen ebenso wie problemerzeugende Kursänderungen gegenüber dem Status quo.

hierzulande besonders zahlreich und hoch sind. Die Beispiele demonstrieren allerdings auch, dass die Steuermänner und -frauen mitunter den absonderlichsten Kurs wählen.

Die dritte These: Unter bestimmten Rahmenbedingungen und mit bestimmten Schachzügen kann die Politiksteuerungskapazität beträchtlich vergrößert werden.

Der Spielraum für Politiksteuerung kann – unter bestimmten Rahmenbedingungen und mit bestimmten Schachzügen – trotz widriger Rahmenbedingungen beträchtlich vergrößert werden. Das zeigt die genauere Analyse der zuvor erwähnten Beispiele (vgl. mit weiteren Nachweisen u.a. Schmidt 2001, Zohlnhöfer 2001a und 2001b). Zu den Rahmenbedingungen, die den Steuerungsspielraum vergrößern, zählt ein erheblicher, stabiler Mandatevorsprung der Regierungsparteien vor den Oppositionsparteien. Kaum weniger wichtig ist die Geschlossenheit der Regierungsparteien und der Regierung. Ferner ist eine gespaltene Opposition mit schwacher Führung und Mangel an programmatischer Profilierung von großem Vorteil für die Regierung. Von größter Bedeutung sind zudem Gleichklang oder Divergenz der parteipolitischen Mehrheiten im Bundestag und im Bundesrat. Konvergieren die Mehrheiten, wie in der ersten Hälfte der Ära Kohl, ist der Handlungsspielraum der Bundesregierung ungleich größer. Umgekehrt gilt: Divergierende Mehrheiten in Bundestag und Bundesrat erhöhen die Hürden, welche die Gesetzgebung und somit die Politiksteuerung überwinden müssen. Die Regierung Kohl konnte davon ein Lied singen, insbesondere in den Jahren von 1991 bis zum Regierungswechsel 1998. Rot-Grün ist Ähnliches durch die verlorene Hessenwahl im Jahre 1999 und die folgenden Landtagswahlen zuteil geworden. Zudem prägen die binnen- und außenwirtschaftlichen Großwetterlagen den Gestaltungsspielraum der Bundesregierung. Länger anhaltende Prosperität und Wirtschaftswachstumsraten von einer Höhe, welche die Arbeitslosenquote schrumpfen lässt, sind naturgemäß für Regierungen vorteilhaft. Jahre der Austerität und eine wirtschaftliche Entwicklung mit hoher oder weiter steigender Arbeitslosigkeit hingegen sind unpopulär, sind den Wiederwahlchancen der Regierungsparteien meist abträglich und vermindern in der Regel auch die Beweglichkeit der Politiksteuerung.

Doch nicht nur auf Rahmenbedingungen kommt es an. Nicht weniger wichtig sind das Tun und Lassen der Handelnden. So gibt es in der Politik wie beim Schachspiel Züge, welche den Handlungsspielraum vergrößern können. Die zuvor erwähnten Beispiele aus der Ära Kohl und der Regierung Schröder zeigen dies. Die Kabinette Kohl und die Regierung Schröder hielten nicht wenige potentielle Vetospieler in Schach oder umspielten sie – beispielsweise durch Verzicht auf Verfassungsänderungen oder Aufteilung von Gesetzesvorhaben in zustimmungspflichtige und nicht der Zustimmung des Bundesrats bedürftige Teile.

Dass man ferner Vetospielerblöcke durch die Strategie des „teile und herrsche“ aufbrechen kann, haben die Kanzler Kohl und Schröder wiederholt unter Beweis gestellt. Besonders spektakulär geschah dies bei der Steuerreform 2000 und bei der Reform der Alterssicherung, die der Bundesarbeitsminister Riester im Jahre 2001 auf den Weg brachte. In beiden Fällen wurde die für die Zustimmung im Bundesrat erforderliche Mehrheit dadurch gezimmert, dass die Phalanx der unionsregierten Länder im Bundesrat durch attraktive Lockangebote der Bundesregierung für einzelne Länder aufgebrochen wurde.

Informalisierung des Willensbildungs- und Entscheidungsprozesses ist ein weiterer Schachzug zwecks verbesserter Politiksteuerung. Auf Informalisierung setzten sowohl die Regierungen Kohl wie auch die Regierung Schröder – allerdings mit regierungsspezifischen Besonderheiten. Gewiss spielt das „System Kohl“ (vgl. hierzu Manow 1996, Hennis 1998) mit seiner Bevorzugung von parteipolitisierten Institutionen der Willensbildung und Entscheidungsfindung auch in der Regierung Schröder eine Rolle. Aber partei- und koalitionspolitische Runden waren bei Schröder weniger wichtig. Das hat viele Gründe, unter anderem die Neigung Schröders zur „präsidialen Kanzlerschaft“ (Franz 2002: 185-186, vgl. Helms 2001) sowie das Faktum, dass der Juniorpartner, Bündnis 90/Die Grünen, mit der FDP einen alternativen Koalitionspartner der SPD vor sich hatte und deshalb seine Koalitionspartnerposition weniger wirkungsvoll einsetzen konnte, aber auch weniger professionell nutzte als zuvor die Liberalen als Partner von CDU, CSU und SPD. Und im Unterschied zur Ära Kohl, in der die politische Führung eher auf Parteipolitisierung und bilaterale Staat-Verbände-Beziehungen setzte, neigte die Regierung Schröder mehr zu rätedemokratischer Flankierung ihrer Politik.[4] Die Aufwertung neokorporatistischer Politikformulierung insbesondere durch das Bündnis für Arbeit[5] legt hiervon ebenso Zeugnis ab wie die Einrichtung nationaler Räte, z.B. des Nationalen Ethikrats, allesamt Beispiele für eine Politik, die durch gezielte Einbindung von organisations- und konfliktfähigen Gruppen und von Experten die Politiksteuerung zu verbessern trachtet (vgl. hierzu die Ausführungen des Chefs des Bundeskanzleramtes Steinmeier 2001a und 2001b).

Zu den Schachzügen, welche die Politiksteuerungschancen trotz widriger Rahmenbedingungen vergrößern, zählt die Nutzung von Spielräumen, die durch Projekte nationaler Bedeutung und mitunter durch internationale Gemeinschaftsvorhaben entstehen. Die Deutsche Einheit war ein solches „nationales Projekt" – und die Arbeit an diesem Projekt erweiterte den Handlungsspielraum der Regierung Kohl. Internationale Projekte können einen ähnlichen Stellenwert gewinnen wie nationale Projekte. Von solchen internationalen Projekten profitierte bislang vor allem die Regierung Schröder, so durch die militärpolitische Mitwirkung an der Kriegführung gegen Jugoslawien im Jahr 1999, aber auch im Fall des NATO-Bündnisfalles, der in Antwort auf die Terrorwelle gegen die Vereinigten Staaten von Amerika vom 11. September 2001 ausgerufen wurde.

Zu den besonders wichtigen Schachzügen gehört überdies die Befähigung, die Balance zwischen Klientelbedienung und Allerweltsparteienpolitik zu halten. „Klientelbedienung" meint Nutzung des Regierungsapparates und der Regierungsmittel für Gefolgschaftswerbung durch Interessenbefriedigung der eigenen Mitglieder- und Wählerschaft. Und „Allerweltsparteienpolitik" bedeutet Ausrichtung der Politik auf eine potentiell alle Wählerschichten ansprechende Art.

---

4 Das schloss spektakuläre bilaterale Arrangements zwischen Regierung und Gewerkschaften nicht aus, so vor allem im Fall der Alterssicherungsreform 2001, vgl. Fleischhauer u.a. (2001).

5 Allerdings handelte es sich hierbei um einen Korporatismus mit hochgradiger Segmentierung: Länder und Gemeinden saßen nicht am Tisch, die Sozialversicherungsträger ebenfalls nicht, ganz zu schweigen von der Zentralbank. Somit war nur ein Drittel der Finanzpolitik beteiligt, und die Geldpolitik war überhaupt nicht vertreten. Mit einem solchen Korporatismus ist beschäftigungspolitisch nicht viel Staat zu machen.

Klientelbedienung praktizierte die rot-grüne Koalition auf großer Stufenleiter, auch wenn ihre Selbstdarstellung die Ausrichtung an allgemeinen Prinzipien hervorhob – vor allem „Nachhaltigkeit, Generationengerechtigkeit und gerechte Teilhabe" (Schröder 2001: 7). Von Klientelbedienung zeugt vielerlei, beispielsweise die Bilanzierung der Politik der rot-grünen Bundesregierung in der Frankfurter Allgemeinen Zeitung vom 14. Mai 2001 (Hamm 2001). Die dort als Fehlentwicklungen bewerteten Entscheidungen und Nichtentscheidungen der Regierung Schröder sind größtenteils Weichenstellungen zu Gunsten der Klientel der Koalition: „Die in Aussicht genommene Reform der Gesetzlichen Krankenversicherung (was zu niedrigeren Beiträgen hätte führen können) ist schon in den Anfängen gescheitert. Die – mögliche – Senkung der Beiträge zur Arbeitslosenversicherung ist vertagt worden. Die Entlastung des Bundeshaushaltes und hohe versicherungsfremde Ausgaben der Bundesanstalt für Arbeit – auch zwecks Schönung der Arbeitslosenstatistik – werden als wichtiger erachtet. Die Rentenversicherungsbeiträge wurden zwar geringfügig gesenkt, aber um den Preis von Zusatzbelastungen durch die „Öko"-Steuer. Zudem gibt es eine lange Liste von Maßnahmen, die den „zweiten Lohn" kräftig haben steigen lassen. Kündigungen in Kleinbetrieben sind verteuert worden. Erleichterungen bei der Lohnfortzahlung im Krankheitsfall wurden gestrichen. Die Neuregelung der 630-DM-Jobs hat vielen Unternehmen millionenschwere Zusatzkosten beschert. Befristete Arbeitsverhältnisse sind in restriktiver Weise neu normiert worden. Der Rechtsanspruch auf Teilzeitarbeit schafft Streit in den Betrieben und verteuert innerbetriebliche Entscheidungen. Dasselbe gilt für die Ausweitung der betrieblichen Mitbestimmung. Die unentgeltlichen Hilfsdienste, die Unternehmen für den Staat leisten müssen, nehmen infolge immer komplizierterer Vorschriften, nicht nur im Steuerrecht, dramatisch zu. Die Vorschriften über die „Scheinselbstständigkeit" haben nicht nur Unruhe, sondern auch Zusatzkosten verursacht. Klare ordnungspolitische Vorstellungen darüber, wie die hohe Arbeitslosigkeit spürbar vermindert werden kann, fehlen, oder bestimmen jedenfalls nicht das Regierungshandeln (...). Soziale Wohltaten und gewerkschaftsfreundliches Vorgehen zählen jedoch offensichtlich mehr als ökonomisch notwendige Korrekturen" (Hamm 2001: 17).

Auffällig ist, dass Rot-Grün die „Wunschliste" (Fickinger 2001: 2) der Gewerkschaften ziemlich gründlich abgearbeitet hat. Davon legen die oben schon erwähnten sozial- und arbeitsmarktpolitischen Weichenstellungen

Zeugnis ab. Gleiches gilt für die kräftige Förderung der betrieblichen Altersvorsorge, zu der die „Riester-Rente", also der Einstieg in die staatlich subventionierte private Altersvorsorge, den Weg ebnete.

Doch in Klientelbedienung ging die Politik von Rot-Grün in der 14. Legislaturperiode (1998-2002) nicht auf. Vielmehr wurde die Klientelbedienung vor allem nach dem Ausscheiden von Lafontaine von Allerweltsparteienpolitik ergänzt, und zwar in ungewöhnlich großem Ausmaß (vgl. nur Bannas 2001, Franz 2002). „Allerweltsparteienpolitik" meint Ausrichtung von Form und Inhalt der Politik auf eine Linie, die potentiell die gesamte Wählerschaft anspricht und zwar durch Personalisierung der Politik, werbewirksame Spitzenkandidaten, Hervorhebung von Themen, Stilen und Politikpositionen, die weit über die eigene Partei hinausreichen, durch Image-Management und demonstrative Führungskraft (Helms 2001), durch Aufgreifen von Themen der Opposition (vgl. Riester 2001)[6] sowie durch Streben nach Allgemeinkoalitionsfähigkeit.[7] Letzteres dürfte für die weitere politische Entwicklung in der Bundesrepublik besonders folgenreich sein, weil die Chancen der Erweiterung der Koalitionsoptionen asymmetrisch verteilt sind: Für die Unionsparteien ist auf geraume Zeit ein stabiler Koalitionspartner nur in den Liberalen zu sehen. Viel mehr Optionen stehen demgegenüber der SPD offen. Für sie kommen erklärtermaßen nicht nur eine klassische sozialliberale Koalition oder ein rot-grünes Bündnis in Frage, sondern auch eine große Koalition sowie die Tolerierung durch die PDS, wie in Sachsen-Anhalt

---

6 Paradebeispiele sind der Aufbau privater Vorsorge in der Alterssicherung, der Übergang zur Finanzpolitik des sparsamen Hausvaters unter Eichel sowie die Beteiligung der rot-grünen Koalition an militärpolitischen Maßnahmen außerhalb des Staatsgebietes der NATO-Mitgliedstaaten.

7 Zum Konzept der Allerweltspartei, der „catch-all party", vor allem Kirchheimer (1965). Kirchheimer hatte zur Zeit der Abfassung seines bahnbrechenden Artikels allerdings die Chancen der deutschen Parteien zur Transformation in Allerweltsparteien weit überschätzt – und übersehen, dass die Großparteien in ihrem Streben nach Profilierung in möglichst vielen Wählerschichten auf halbem Wege stehen geblieben waren (Schmidt 1985, 1989; Krouwel 1999). Einen neuen Anlauf in Richtung Allerweltspartei – und diesmal mit weit mehr Erfolg als zuvor – unternahm die SPD in der rot-grünen Koalition, die 1998 die Regierung Kohl ablöste. Zugute kamen der SPD dabei – im Unterschied zu Kirchheimers Zeiten – ein weitaus offenerer Wählerstimmenmarkt, geringere Parteiidentifikation, kleinere Stammwählerschaften und erhebliche Vorteile vor der Opposition infolge der größeren Popularität des SPD-Spitzenkandidaten im Bundestagswahlkampf 1998, Gerhard Schröder.

seit 1994, oder ein rot-rotes Bündnis zwischen SPD und PDS wie in Mecklenburg-Vorpommern seit 1998 und in Berlin seit Anfang 2002.

Die vierte These: Die Strategien zur Vergrößerung der Politiksteuerung bringen Erfolge mit beträchtlichen Folgeproblemen zustande

Die in der Begründung der dritten These erwähnten Schachzüge brachten ihren Urhebern beträchtlichen Erfolg ein – günstigere Startpositionen im politischen Prozess, größere Chancen politischer Gestaltung und bessere Karten beim Streben nach Machterwerb und Machterhalt.

Jeder Schachzug zur Dehnung der Politiksteuerungsspielräume bringt allerdings Vor- *und* Nachteile mit sich. Der Verzicht auf Verfassungsänderung verhindert zwar die Aktivierung besonders mächtiger Vetospieler wie die Mitwirkung der Bundestagsopposition und der Minderheit im Bundesrat, die im Fall einer Verfassungsänderung, welche jeweils Zweidrittelmehrheit im Parlament und im Bundesrat verlangt, erforderlich wäre. Doch der Verzicht auf Verfassungsänderung verengt mit größter Wahrscheinlichkeit den Gestaltungsspielraum. Die Regierung Kohl hatte ihr ehrgeiziges Versprechen, den Staatssektor zurückzuführen und den Markt sowie überhaupt die kleinen Netze aufzuwerten, ohne Verfassungsänderung realisieren wollen – ein Unterfangen, das von vornherein massivste Restriktionen intakt ließ, von der Finanzverfassung über den unitarischen Bundesstaat bis zur Tarifautonomie. Verzicht auf Verfassungsänderung kennzeichnet im Großen und Ganzen auch bislang das Tun und Lassen der rot-grünen Koalition. Auch diese Regierung erkauft den Verzicht auf Verfassungsänderung mit erheblichem Steuerungsverzicht: Nachhaltige zukunftsorientierte Reformen von Finanzverfassung, Sozialstaatsfinanzierung, Arbeitsverfassung und Bund-Länder-Beziehungen werden hierdurch schier unmöglich.

Die Praxis der Informalisierung der Willensbildungs- und Entscheidungsprozesse, um einen zweiten Schachzug auf Vor- und Nachteile abzuklopfen, kann dazu dienen, besonders sperrige konflikt- und organisationsfähige Interessen einzubinden und somit Vollzugsdefizite zu lindern. Doch dafür ist ebenfalls ein hoher Preis zu entrichten. Informalisierung bedeutet Politik außerhalb der kraft Gesetz und Verfassung vorgesehenen Bahnen. Ungünstigstenfalls ermöglicht die Informalisierung übermäßigen Einfluss von nichtlegitimierten Sonderinteressen, öffnet den politischen Prozess für Kungeleien zwischen Interessenverband und Regierungsparteien, für Ausbeutung gemeinschaftlicher Anliegen durch Partikularinteressen und dafür, die Kompromissbildungskosten auf nichtbeteiligte Dritte abzuwälzen. Übermäßige Informalisierung zieht die Spielregeln in Mitleidenschaft, die in Verfassung und Gesetz vorgesehen sind. Auch dagegen waren weder das „System Kohl" noch das „System Schröder" gefeit. Der Vorwurf, die Regierung Schröder betreibe Politik wie im „Basar"[8] und Rot-Grün erwecke den Eindruck von „Bakschisch-Politik" (Hoffmann 2001), gehört hierzu.

Die klientelbezogene Politik, um den dritten Schachzug zur Erweiterung der Politiksteuerung in Erinnerung zu bringen, ist in der Regel mit hochgradig segmentierter Problembearbeitung und gewichtigen Nebenfolgen verbunden. Auch läuft die Klientelbedienung Gefahr, die ohnehin schon hohe Erblast der Politik zu vergrößern. In diese Gefahr gerät leicht jede Sozialstaatspartei, gleichviel ob sie christ- oder sozialdemokratischer Art ist, beispielsweise durch weiteren Ausbau eines ohnehin schon ausgebauten Sozialstaates zu Lasten anderer kostenintensiver Felder öffentlicher Daseinsvorsorge.

Zweifelsohne ist die Balance zwischen Klientelbedienung und Allerweltsparteienpolitik für werbewirksame Darstellung von Politik nützlich, nicht zuletzt für überraschende, berichtenswerte Neuigkeiten. Hierdurch trägt sie dazu bei, Politik unterhaltsam zu machen. Das ist ein erheblicher Vorteil in einer Gesellschaft, die ansonsten anfällig für Politikverdrossenheit ist. Überdies hat die Allerweltsparteienpolitik für ihren Urheber den großen Vorteil Terrain der Konkurrenzpartei zu erobern. Blairs Labour Party hat dies vorexerziert und Deutschlands Sozialdemokratie unter Schröder ist in Politikfeldern wie der Finanzpolitik auf einem ähnlichen Weg: Sie setzt – wie Labour – durch das Streben nach der „Mitte" die christdemokratische Konkurrenz unter erheblichen Druck. Auch bezüglich der Politiksteuerung geht die Koppelung von Klientelbedienung und Allerweltsparteienpolitik mit Vor-

---

8 Hoffmann (2001) rekurriert auf den Fall eines ablassartigen Tauschhandels: Der Staat schreibt den Pharmaunternehmen nun doch nicht vor, die Preise für bestimmte Arzneien zu senken. Im Gegenzug erklären sich die Pharma-Unternehmen bereit, einen Betrag von 400 Millionen DM an den Staat zu zahlen.

teilen einher: Die Steuerungsoptionen werden vielfältiger – und die Koalitionsbildungschancen ebenso.

Allerdings erzeugt die Balance zwischen Klientelbedienung und Allerweltsparteienpolitik meist erhebliche Nebenwirkungen und Folgeprobleme. Vier davon sind besonders erwähnenswert:

Erstens: Klientelbedienung und Allerweltsparteienpolitik zielen vorrangig auf Gefolgschaftswerbung, Machterwerb und Machterhalt, nicht auf Politikgestaltung. Sie lassen deshalb größere Probleme meist links liegen.

Zweitens: Klientelbedienung und Allerweltsparteienpolitik ignorieren das Problem der allmählich schrumpfenden Staatsausgaben für Daseinsvorsorge außerhalb der Sozialpolitik – doch damit wird der Handlungsspielraum gegenwärtiger und künftiger Regierungen mehr und mehr eingeschränkt.

Drittens: Die Allerweltsparteienpolitik hat einen Nachteil, auf den schon Otto Kirchheimer, der Urheber der Lehre von den Allerweltsparteien, aufmerksam machte. Das Risiko der Allerweltsparteien bestehe darin, erläuterte Kirchheimer, dass ihre größeren Erfolgsaussichten bei der Wählerschaft mit abnehmender Intensität der Wählerbindungen an die Parteien einhergingen. Kirchheimer weiter: Wenn die Allerweltspartei eine Organisation ist, „die weder Schutz für eine gesellschaftliche Position bietet, noch als ein Ankerplatz für intellektuelle Anliegen gilt und kein Bild für die Gestaltung der Zukunft besitzt, wenn sie stattdessen eine Maschine für kurzfristige und nur von Fall zu Fall auftauchende Alternativen wird, dann setzt sie sich den Risiken aus, denen sich alle Hersteller von Verbrauchsgütern gegenübersehen: die Konkurrenz bringt fast den gleichen Artikel heraus – in noch besserer Verpackung“ (Kirchheimer 1965: 36).

Dieses Risiko vermischt sich – viertens – mit einem weiteren Risiko der Allerweltsparteien- und der Klientelbedienungspolitik. Bei keiner von beiden handelt es sich um eine „situationsübergreifende, längerfristig ausgerichtete, von den Regierungsparteien gemeinsam getragene politische Strategie, die an klaren Erfolgskriterien und nachvollziehbaren Ziel-Mittel-Relationen ausgerichtet wird“, so die Herausgeber des vorliegenden Sammelbandes in ihrem Einladungsschreiben zur Konferenz „Jenseits des Regierungsalltags“ im Oktober 2001 (Nullmeier/Saretzki 2001: 1). Der Gerechtigkeit halber muss man allerdings dies hinzufügen: Eine solche Strategie ist offenkundig zu anspruchsvoll und wegen fraglicher Mehrheiten zu riskant für eine Politik, die sich in Dauerwahlkampf, hohe Vetospieler- und Mitregentendichte, große

Erblast, widersprüchliche Handlungsanforderungen an Politiker und komplizierte Schachzüge verstrickt sieht und beim Balancieren zwischen Machterwerb und Politikgestaltung häufig schon durch das bloße Streben nach Machtanteil oder nach Beeinflussung der Machtverteilung vollauf beschäftigt ist.

Literatur

Bannas, Günter 2001: Die neue SPD, in: Frankfurter Allgemeine 11. Mai 2001, S. 1

Fickinger, Nico 2001: Der Glaubwürdigkeitsfall. Die Gewerkschaften fordern einen kräftigen Nachschlag, der Kanzler Vernunft, in: Frankfurter Allgemeine 29. Dezember 2001, S. 1-2

Fleischhauer, Jan/Reiermann, Christian/Sauga, Michael 2001: Anruf genügt, in: Der Spiegel Nr. 5, 29. Januar 2001

Franz, Walter 2002: Politik in Zeiten der neuen Mitte, Frankfurt am Main u.a.: Peter Lang

Hamm, Walter 2001: Das Schlußlicht im Nebel, in: Frankfurter Allgemeine 14. Mai 2001, S. 17

Helms, Ludger 2001: Gerhard Schröder und die Entwicklung der deutschen Kanzlerschaft, in: Zeitschrift für Politikwissenschaft 11, S. 1497-1518

Hennis, Wilhelm 1998: Auf dem Weg in den Parteienstaat, Stuttgart: Reclam

Herbert, Ulrich 2002: Die Posse. Massenentlassungen werden ausgegeben als Hochschulreform, in: Süddeutsche Zeitung 9. Januar 2002

Hoffmann, Andreas 2001: Willkommen in Schröders Basar. Der Kanzler protegiert die Pharmakonzerne – und blamiert seine Ministerin, in: Süddeutsche Zeitung 10. November 2001, S. 4

Hofmann, Gunter 2001: Mitte ist auch nur ein Wort. Berlin nach dem Wahlsonntag und vor der Entscheidung 2002: Der Kanzler, die Chefsachen und die Ereignisdemokratie – alles im Griff und nichts unter Kontrolle, in: Die Zeit Nr. 14, 29. März 2001, S. 3

Kirchheimer, Otto 1965: Der Wandel des westeuropäischen Parteiensystems, in: Politische Vierteljahresschrift 6, S. 20-41

Krouwel, André 1999: The Catch-all Party in Western Europe 1945-1990: A Study in Arrested Development, Amsterdam: Vrije Universiteit – Academisch Proefschrift

Manow, Philip 1996: Informalisierung und Parteipolitisierung – zum Wandel exekutiver Entscheidungsprozesse in der Bundesrepublik, in: Zeitschrift für Parlamentsfragen 27, S. 96-107

Menger, Christian-Friedrich 2002: Deutsche Verfassungsgeschichte der Neuzeit, (8. Aufl.), Heidelberg: C.F. Müller Juristischer Verlag

Nullmeier, Frank/Saretzki, Thomas 2001: Jenseits des Regierungsalltags. Strategiefähigkeit der Politik. Ausgangspunkte und Fragestellungen, Einladungsschreiben zur Konferenz „Jenseits des Regierungsalltags“ Oktober 2001

Rebenich, Stefan 2002: Wir vom Schrott. Sozialdemokratischer Gnadenstoß, in: Süddeutsche Zeitung 15. Januar 2002, S. 15

Riester, Walter 2001: „Wir nehmen der Union die Wahlkampfmunition". SZ-Interview: Arbeitsminister Walter Riester zur Rentenreform, in: Süddeutsche Zeitung 9. Mai 2001, S. 25

Sachverständigenrat zur Begutachtung der gesamtwirtschaftlichen Entwicklung 1997: Jahresgutachten 1997/98, Stuttgart: Metzler-Poeschel

Schmidt, Manfred G. 1985: Allerweltsparteien in Westeuropa? Ein Beitrag zu Kirchheimers These vom Wandel des westeuropäischen Parteiensystems, in: Leviathan 13, S. 376-397

Schmidt, Manfred G. 1989: „Allerweltsparteien" und „Verfall der Opposition" – Ein Beitrag zu Kirchheimers Analysen westeuropäischer Parteiensysteme, in: Luthardt, Wolfgang/Söllner, Alfons (Hg.), Verfassungsstaat, Souveränität, Pluralismus. Otto Kirchheimer zum Gedächtnis, Opladen: Westdeutscher Verlag, S. 173-182

Schmidt, Manfred G. 2000: Demokratietheorien (3. neubearb. und erweiterte Aufl.), Opladen: Leske+Budrich

Schmidt, Manfred G. 2001: Sozialstaatspolitik in der Ära Kohl: Die Jahre von 1982 bis 1989/1990. Finanzielle Konsolidierung und institutionelle Reform. (Geschichte der Sozialpolitik in Deutschland seit 1945. Hg. v. Bundesminister für Arbeit und Sozialordnung und Bundesarchiv, Kapitel I, II und IV), Zentrum für Sozialpolitik Bremen, 335 Seiten, unveröff. Manuskript

Schmidt, Manfred G. 2002: Warum Mittelmaß? Deutschlands Bildungsausgaben im internationalen Vergleich, in: Politische Vierteljahresschrift 43, S. 3-19

Schröder, Gerhard 2001: Die Zukunft gestalten – Deutschland erneuern, in: Presse- und Informationsamt der Bundesregierung (Hg.), Deutschland erneuern. Geschäftsbericht der Bundesregierung 2000/2001, Berlin: Presse- und Informationsamt der Bundesregierung, S. 4-7

Steinmeier, Frank-Walter 2001a: Abschied von den Machern. Wie das Bündnis für Arbeit die Erneuerung schafft – durch Konsens, in: Die Zeit Nr. 10, 1. März 2001, S. 9

Steinmeier, Frank-Walter 2001b: „Wir haben die Politik dialogfähig gemacht", in: Süddeutsche Zeitung 18. Mai 2001, S. 11

Tsebelis, George 2002: Veto Players. How Political Institutions Work, Princeton: Princeton University Press

Zohlnhöfer, Reimut 2001a: Die Wirtschaftspolitik der Ära Kohl. Eine Analyse der Schlüsselentscheidungen in den Politikfeldern Finanzen, Arbeit und Entstaatlichung, 1982-1998, Opladen: Leske+Budrich

Zohlnhöfer, Reimut 2001b: Politikwechsel nach Machtwechseln. Die Wirtschaftspolitik der Regierungen Kohl und Schröder im Vergleich, in: Derlien, Hans-Ulrich/Murswieck, Axel (Hg.), Regieren nach Wahlen, Opladen: Leske+Budrich, S. 167-194

Ralf Rytlewski

Berlin – beschränkt regierungsfähig?

Unregierbarkeit der Städte

Hamburg und Berlin sind zwei Stadtstaaten, die vieles trennt und manches eint. Lebt Hamburgs Hafen und Wirtschaft seit Jahrhunderten von dem natürlichen Produktionsfaktor Elbwasser, so ist der Stolz des langjährigen Oberbürgermeisters Gustav Böß, im Groß-Berlin der Weimarer Republik in der Flusslandschaft von Spree, Havel und etlichen Kanälen den zweitgrößten Binnenhafen im ungeteilten Deutschland geschaffen zu haben, schon lange den Bach hinabgetrieben. Beide erhalten ihre prägenden Stadtflächen und Einwohnerzahlen als Groß-Hamburg und Groß-Berlin durch umfängliche Eingemeindungen im vergangenen Jahrhundert. Beide geraten in dem Maße, wie der Eiserne Vorhang beginnt, Europa zu teilen, an den östlichen Rand des westlichen Europas und damit in größere räumliche Distanz zu den wirtschaftlichen Prosperitätszonen Westeuropas und den politischen Entscheidungszentren in Bonn, Brüssel oder Paris. Der Zusammenbruch der sowjetischen Herrschaft und die deutsche Vereinigung versetzen Berlin und Hamburg und ähnlich alle Großstädte entlang der bisherigen innereuropäischen Ost-West-Grenze in Prozesse der nachholenden Modernisierung. Es gilt nun, an alte Verkehrsnetze, Wirtschaftskontakte und Handelstraditionen wieder anzuknüpfen. Bezugspunkte, die beide Städte mit der anderen Hälfte Europas verbinden. Gelingt dies Hamburg rapide und effektiv, so hat Berlin auch heute noch große Schwierigkeiten, seinen vergangenen Standort als anerkannte nordosteuropäische Metropole zu reaktivieren und größeren ökonomischen und gesellschaftlichen Nutzen aus seiner geopolitischen Lage zu ziehen.

Wenn heute in der öffentlichen Debatte gerade die beiden Städte Berlin und Hamburg häufig miteinander verglichen werden, dann wegen ihrer geographischen Lage, ihrer Größe und insbesondere wegen der identischen Rahmenbedingungen stadtstaatlicher Politik. In der Politik der beiden Stadtstaaten muss es darum gehen,

- die Traditionen überkommener kommunaler Selbstverwaltung
- mit den kommunalwirtschaftlichen Diensten und Betrieben der „neuen Stadt“ seit den 20er Jahren und
- den Rechten und Pflichten der Eigenstaatlichkeit innerhalb der föderalen Republik seit der Nachkriegszeit und neuerlich der Europäischen Union

optimal zu verknüpfen. Wo das Optimum im Dreieck der drei Grundlinien stadtstaatlicher Politik gefunden werden kann, entscheiden die politischen Mehrheiten der Städte – ist aber in erheblichem Maß durch Föderation und EU extern bestimmt.

Zu den schwer bestimmbaren, aber stets relevanten Bedingungen des Optimums gehören auch historische Erinnerungen der Einwohner daran, dass ihre Städte als Kommunen Europas nicht nur aus einer „Ansammlung von mehreren Häusern, die nach Straßen angeordnet sind und von einer gemeinsamen Einfriedung umgeben sind“, bestehen, wie die Enzyklopädie von Diderot und d´Alembert sachlich zusammenfasst. Schon die europäische Antike hat die Stadt als den voraussetzungsvollen Ort gesehen, an dem Einwohner dem rein körperlichen und animalischen Dasein des Landes entfliehen können, um vor allem ihren geistigen Bedürfnissen zu folgen. Städte, die sie in die Lage versetzen, „gut und richtig zu leben statt nur zu leben“ (Aristoteles).

Welchen Ort markieren unsere Städte heute, wie stellen sie sich dem Gebot, Raum für gutes und richtiges Leben zu schaffen? Angesichts hoher und sehr differenzierter Erwartungen der Einwohner an das städtische gute Leben, an die Leistungsfähigkeit städtischer Politik und Verwaltung und angesichts der daran gemessen nur unzureichenden städtischen Ressourcen konstatierte der junge Hamburger Bürgermeister Hans-Ulrich Klose in den 70er Jahren die „Unregierbarkeit der Städte“. Der Grund dafür läge in der Zahl, dem Umfang und der Dringlichkeit der politischen und administrativen Aufgaben, die das politische System der Städte überlaste. Ironisch beschreibt Frankfurts Stadtbaurat H. Adrian 1972 das Dilemma: „Das Leitbild, das wir von einer Stadt haben, ist eine mittelalterliche Stadt mit Fernheizung, aber ohne kirchliche oder feudale Herrschaft, eine bürgerliche Repräsentationsstadt des 19. Jahrhunderts ohne Hinterhäuser, eine Stadt mit Autofahrverbot für die jeweils anderen, eine Stadt ohne Industrie, ohne Banken, ohne Beton, ohne Büros – allerdings mit gleichmäßig hohem Einkommen für alle“.

Auch wenn das Schlagwort von der Unregierbarkeit der Städte bald wieder aus der öffentlichen Debatte verschwindet, hat es doch die politische und wissenschaftliche Aufmerksamkeit auf eine der Grundfragen aller Politik gelenkt: Wie kann im demokratischen Wohlfahrtsstaat im Europa der Gegenwart mit typisch hohen Erwartungshaltungen der Wählerschaften Regierungsfähigkeit dauerhaft etabliert werden, die mehr sein will als temporäres Krisenmanagement oder Anfangsversuche neu gewählter Regierungen? Das Schlagwort hatte dazu beigetragen, den Weg freizumachen für verschiedene theoretische und praktische Ansatzpunkte der Staatsmodernisierung. Die vor allem in den Blick genommene „Binnenmodernisierung des Staates“ (Frieder Naschold) erfasst naturgemäß die Städte, da die kommunale Verwaltung auch die Politik des Bundes und im Falle der Stadtstaaten auch die des betreffendes Landes umzusetzen hat. Einer der Nachfolger Kloses im Amt des Ersten Bürgermeisters, Klaus von Dohnanyi, stärkte per Verfassungsrevision die Steuerungsfähigkeit der hanseatischen Exekutive. An die Unregierbarkeit der Stadt wollte er nicht glauben, wohl aber an die Notwendigkeit „effektiver und leistungsfähiger politischer Systeme".

Seit Beginn der 90er Jahre vollzieht sich ein „Umdenken im Rathaus“ (Christoph Reichard) zahlreicher deutscher Städte. Leistungsdefizite und Modernisierungsdruck befördern ein neues Public Management, das Elemente der Betriebsführung in staatliche Leitung und Vollzug überträgt. Die Lage der Gesamtheit der öffentlichen Einrichtungen und ihrer Handlungsweisen, ihrer Leistungsfähigkeit und Akzeptanz wird von den Verwaltungsexperten Thomas Ellwein und Joachim Jens Hesse noch als ausbaufähig angesehen. Ihr Resümee einer Lagebeschreibung vor dem Hintergrund des deutschen Einigungsprozesses und der Europäisierung des Nationalstaates ist zwiespältig: Der Staat als entscheidender politischer Akteur ist „unentbehrlich und zugleich überfordert“.

Beschränkt regierungsfähig?

Vor dem skizzierten Hintergrund der erheblichen Zweifel an der Regierbarkeit soll im Folgenden näher auf die Stadt Berlin eingegangen werden. Bei den enormen Herausforderungen und den Turbulenzen, die die Stadtvereinigung 1990 mit sich brachte, ist es keineswegs selbstverständlich, von der Regierungsfähigkeit des Stadtstaats auszugehen.

Regierungsfähigkeit ist dann gegeben, wenn politische Führung und praktische Politikumsetzung so mit Ressourcen und Akzeptanz agieren, dass vier Ziele (Michael Zürn) erreichbar werden (zwischen den Staatszwecken der Allgemeinen Staatslehre und den Regierungszielen, wie sie die politologische Regierungslehre bestimmt, bestehen weitreichende Überschneidungen):

1. Innerer und äußerer Frieden und Eindämmung kollektiver Risiken *(Sicherheit)*,
2. Rechtssicherheit *(Recht)*,
3. Sicherung von Verfahren der politischen Entscheidungsbeteiligung (*Partizipation*),
4. wirtschaftliche Effizienz und Verteilungsgerechtigkeit *(soziale Wohlfahrt)*.

Die Regierungsfähigkeit schwindet in dem Maße, wie eines oder mehrere Ziele dauerhaft nicht erreicht werden. Erst auf diesem Tableau der Ziele, Zwecke, Aufgaben einer institutionell verfassten Politik kommen die Aspekte des Umgangs mit Macht und der Steuerungsfähigkeit der Ressourcen zum Zuge.

In Berlin ergeben sich seit Ende des Krieges 1945 eigene Koordinaten der Regierungsfähigkeit. Berlin erlebt „Berlinkrisen", die seine Existenzberechtigung in Frage stellen. Mehr als alle anderen deutschen Städte sind West- und Ost-Berlin auf das Ziel hin angelegt, zunächst und vor allem politische Stabilität in ihren jeweiligen Stadthälften zu bewirken, dies nach Inhalt und Form allerdings recht unterschiedlich. Im Gegenzug für die Leistung politischer Stabilität erhält West-Berlin die politische, aber vor allem auch die finanzielle Unterstützung seitens des Bundes. Die finanzielle Unterstützung macht bis zu 50% des jährlichen Haushalts aus. Diese besondere, aus der Konfrontation von Ost und West hergeleitete Legitimation für Politik und Verwaltung entfällt mit der Vereinigung der Stadthälften. Damit entfällt innerhalb weniger Jahre auch der regelmäßige Bundeszuschuss. Berlins Schwierigkeiten als vereinte Stadt, in kurzer Zeit zu einer optimalen Zielerreichung im Urteil der Zeitgenossen zu gelangen, resultieren zum einen aus der Trennungszeit und der aktuellen Transformation zur erneuten Stadteinheit, zum anderen aus der Stadtgeschichte. Jede der drei großen Phasen der Berliner Geschichte hat bestimmte Strukturelemente und Zielstellungen hinterlassen, die insgesamt die eigentümliche Strukturenmixtur eines widersprüchlichen Mehrebenensystems mit prägen: das aktuelle Berlin als Erbe der vordemokratischen Bürgerstadt, der höfischen Residenzstadt und der neuzeitlichen demokratischen Einwohnerstadt des vergangenen Jahrhunderts. Im politischen System der Stadt wirken deshalb die Prinzipien der kommunalen Magistratsverfassung wie die der staatlichen Ministerialbürokratie, die Prinzipien der Zentralität wie der Dezentralität, der Weltstadt wie der Kleinstadt, dies noch erweitert um unterschiedliche politische Einstellungen, die entweder mehr Ost- oder mehr Westeuropa zuneigen oder einen dritten Ort dazwischen beanspruchen.

Bis zur Stadtvereinigung wird Berlin nicht als „normale" Stadt angesehen, trotz des gegenteiligen Programms des Regierenden Bürgermeisters Klaus Schütz in den 70er Jahren. Berlin gilt trotz seiner Berlinkrisen als regierbar und beide Stadthälften beanspruchen sogar häufiger, Modelllösungen zu praktizieren.

Seit der Stadtvereinigung der beiden Teilstädte 1990 scheint auch Berlin "unregierbar" geworden zu sein. Gelingt es anfangs noch, die Apparate von Politik und Verwaltung, der Parteien und Verbände umzubauen und das Parlament und die Regierung als Gesamtberliner Repräsentanz der nunmehr 23 Bezirke umfassenden Stadt zu wählen, so gerät der Umbau der unter der Deindustrialisierung leidenden Berliner Wirtschaft und die Reform der Berliner Gesellschaft bald ins Stocken. Trotz der komfortablen Parlamentsmehrheiten der Großen Koalitionen von CDU und SPD dauert es kleine Ewigkeiten, bis die beiden Regierungsfraktionen und der Senat der Koalitionen 1991-1996, 1996-1999 und 1999-2001 zu Entscheidungen finden. Mehrheitsentscheidungen gelingen immer erst, wenn die materiellen Interessen der in den Stadtbezirken und den Stadtbetrieben von Veränderungen betroffenen Politiker und Mitarbeiter gezielt ausgeglichen werden können. In den Fragen der Neuordnung der Stadtbezirke und einer Verwaltungsreform legt sich mal die CDU-, mal die SPD-Fraktion quer. Endlos der interne Streit um das Vorhaben der Finanzsenatorin, durch Vermögensverkäufe den Schuldenberg Berlins abzutragen. Endlos auch die Entscheidungsgänge, mit einem internationalen Flughafen die bisherigen Sackflughäfen in Tempelhof, Tegel, Gatow und Schönefeld zukunftsträchtig zu ersetzen.

Berlins Stadtpolitik wird von der Öffentlichkeit und den Medien recht kritisch begleitet. In der Presse ist häufig die Rede von großstadttypischen Verfahrensmängeln, vom Filz, der Parteien, städtische Einrichtungen, Wirtschaftskreise und Verbände zusammenbringt, von koalitionstypischen Entscheidungs- und Koordinationsblockaden, vom politischen und administrativen Missmanagement in städtischen Einrichtungen und Projekten. Von Wirtschaftsmanagern wurde insbesondere das Phänomen einer politisch-administrativen Selbstblockade der Großen Koalition kritisiert. So seien offenbar sämtliche Parteien außerstande, "ihre Integrations- und Führungsaufgaben wahrzunehmen, weil sie in sich ein Stillhaltekartell überlieferter Interessen darstellen" (Edzard Reuter). Berlin sei nach wie vor "keine Stätte der Entscheidung", sei kein starker Magnet für Persönlichkeiten mit hoher "Leistungs- und Risikobereitschaft" (Horst Teltschik).

Ist die Stadt mithin noch nicht regierungsfähig, wenn ohne den Parteienfilz, wie "Die Zeit" konstatiert, "in der kleinen Berliner Welt nichts geht"? Oder ist der Parteienfilz der Versuch, die Unregierbarkeit zu vermeiden? Ist Berlin nur beschränkt regierungsfähig, da die Stadt

- das politische Handwerk nicht zureichend beherrscht,
- Zustimmungen nicht organisieren kann und
- der Habitus der politischen Klasse der Stadt neben den Erwartungen der Einwohner und darüber hinaus relevanter nationaler und internationaler Kreise liegt?

Für letzteres spricht z.B. die unglaubliche Uneinsichtigkeit weiter Teile der Führung der Berliner CDU im Jahr 2001, sich öffentlich zu dem Berliner Bankenskandal als weithin hausgemachtem Fehler bekennen zu wollen – trotz eindeutiger Forderungen der Öffentlichkeit.

Erfolge und Misserfolge gleichauf

Mit Blick auf die Stadtpolitik Berlins der letzten zehn Jahre sind die Fragen nach dem Maß der Regierungsfähigkeit nicht leicht zu beantworten, denn Erfolge und Misserfolge städtischer Politik liegen dicht beieinander.

- Die Große Koalition hat der Stadt 1995 immerhin zu einer modernen Verfassung verholfen, die in der Volksabstimmung zudem auf sehr breite Zustimmung stieß. Sie hat sich damit dem allgemeinen Trend der Funktionsabschwächung zeitgenössischer Parlamente entgegengestellt und die Rechte des Parlaments gestärkt. Die neue Verfassung öffnet den Weg für volksgesetzgeberische Schritte in Berlin.
- Sie hat – auch hier auf eine verfassungsändernde parlamentarische Mehrheit angewiesen – die erste große Bezirksreform seit der Gründung Groß-Berlins 1920 beschlossen und implementiert.
- Indem die Bezirksneuordnung mit einer Verwaltungsreform verknüpft wird, kann nun ein klassisches großstädtisches Problem angegangen werden: Eine angemessene Verknüpfung von zentralisierter politischer Führung und dezentraler Entscheidungsmitwirkung und Ausführung. Über klarere Kompetenzabgrenzungen zwischen den vielfältig konkurrierenden Ebenen der Gesamtstadt und der Bezirke können so einfachere Entscheidungsstrukturen entstehen. Es wurden also Voraussetzungen geschaffen, durch eine Reform der Entscheidungsstrukturen gemäß der Leitwerte von Transparenz und Effizienz das Entwicklungspotential der Stadt zu steigern.
- Die Große Koalition findet schließlich den Einstieg in eine langjährige Budgetkonsolidierung, auch dies im Modus der "sanften Politik". Damit meine ich das erfolgreiche Bemühen um eine Politik der Samthandschuhe und der materiellen Abfindungen. Besitzstandswahrung rangiert vor Kündigung.
- Zu ihren Erfolgen zählt auch der Bruch mit der über Jahrzehnte vorherrschenden und in West und Ost ähnlichen Städtebaupolitik. Sie entspricht nun zumindest im Stadtinnern nicht mehr dem Ideal der aufgelockerten und nach Funktionen zonierten Stadt. Der Koalition gelingt die Umsteuerung des Städtebaus und der Stadtentwicklung, indem die Rekonstruktion der Stadtmitte Berlins dem neuen Ideal der "dritten Stadt" (Dieter Hoff-

mann-Axthelm), der urbanen, verdichteten, funktionenmischenden europäischen Stadt angenähert wird.

Soweit zur Habenseite, der eine Sollseite gegenübersteht – immer gemessen an den objektiven und subjektiven Anforderungen und dem Potential der letzten zehn Jahre.

- Schuldig geblieben sind Politik und Verwaltung bis heute eine Antwort auf die Frage nach der aktuellen und zukünftigen Finanzierung des Modells einer sozialen und kulturellen Einwohnerstadt mit einem breiten Sektor öffentlicher Dienste. Ist das allzu geringe Steueraufkommen strukturell bedingt? Falls ja, ist Berlin dann als unabhängiger Stadtstaat eine "Fehlkonstruktion" (Joachim Braun) im deutschen Föderalismus?
- Unbeantwortet blieb, ob und inwieweit Berlin an seine frühere Rolle als einer nordosteuropäischen Metropole erneut anknüpfen soll und also Austauschbeziehungen mit den osteuropäischen und skandinavischen Ländern in Ausbildung und Wissenschaft, Dienstleistung und Industrie, Kultur und Tourismus viel deutlicher zu entwickeln hätte. Warum liegt das nahe Polen nach wie vor so fern?
- Unbeantwortet blieb, warum die Stadt aus der neu gewonnenen Souveränität über ihre Verkehrswege zu Luft, zu Lande und im Wasser nicht ein entscheidendes Segment ihrer Förderungspolitik entwickelt.
- Auch stellt sich die Frage, warum städtische Projekte mit Entwicklungspotential wie die Berliner Bankgesellschaft, die Königliche Porzellanmanufaktur oder gut eingeführte Kultureinrichtungen zu Sanierungsfällen werden.

In der Regierungspraxis der Jahre nach der Euphorie des gesamtstädtischen Beginns und den Anstrengungen, die vier Regierungsziele zu erfüllen, liegen Licht und Schatten dicht beieinander. Alles in allem hat die Stadt Regierungsfähigkeit bewiesen. Dennoch können schwere Einbrüche bei der Wohlfahrtssicherung nicht verhindert werden. Der politisch-administrative Apparat gilt angesichts seiner überdurchschnittlichen Größe, die in der zurückliegenden Phase der geteilten Stadt angemessener gewesen sein mag, als wenig effizient. Anhaltende Kritik finden die politischen Entscheidungsverfahren aufgrund unzureichender Transparenz und damit erschwerter öffentlicher Kontrolle. Politik und Verwaltung setzen zudem extrem wenig auf die Fähigkeit der zivilen Stadtgesellschaft zur Selbstregelung von städtischen Problemen und Konflikten. In Berlin dominiert die kommunal-etatistische Tradition.

Im folgenden sollen zwei größere Projekte städtischer Politik auf ihren Beitrag zu den Verfahren und Erfolgen der Stadtregierung vorgestellt werden: Das Vorhaben der Revision des Städtebaus am Beispiel des Stadtzentrums und der Plan eines internationalen Flughafens. Die Vorhaben gehen von unterschiedlichen Prämissen politischer Praxis aus und beleuchten insofern recht gut das Spektrum der politischen Entscheidungs- und Steuerungsverfahren.

Öffnung zur Gesellschaft: Stadtforum Berlin

Nach der Wiedervereinigung steht Berlin abrupt vor Anforderungen, die die ökonomisch-räumliche Struktur der Stadt grundlegend verändern. Der breite Mauerstreifen, der sich durch die Stadt zieht, begleitet von zahlreichen Brachen auf beiden Seiten, gibt den Blick zwischen Kemperplatz im Westen und Alexanderplatz im Osten frei auf eine nahezu freigeräumte Stadtmitte. Welche Mitte will die vereinte Stadt zukünftig haben? Will sie überhaupt noch Stadt im traditionellen europäischen Sinne sein? Politik und Stadtgesellschaft gewinnen unvermittelt die Chance, sich eine gemeinsame Stadtidee zu erarbeiten. Es ist die Chance, ähnlich wie zur Zeit der Bildung Groß-Berlins 1920 einen städtischen Gründungsvertrag zu schließen. Dazu ergeben sich neue Anforderungen aus radikal veränderten ökonomisch-finanziellen Rahmenbedingungen,

- aus der Erschütterung der industriellen Basis der Stadt, da größere Bereiche der bisher planwirtschaftlich organisierten Industrie Ost-Berlins und der westlichen Industrie der verlängerten Werkbänke der neuen nationalen und internationalen Konkurrenz nicht standhalten,
- der prinzipiellen Veränderung der Subventionspolitik, da der Bund die bisherige Berlin-Förderung in wenigen Jahren zurücknimmt und der seit 1995 geltende bundesstaatliche Finanzausgleich das strukturelle Finanzdefizit der Stadt mit seinen erheblichen historischen Erblasten nicht ausgleicht,

- der Rückkehr des internationalen Bodenmarkts in eine Stadt entweder mit planwirtschaftlichen oder eigenen „Westberliner" Regelungen.

Die in die Stadt strömenden neuen Akteure der privaten Kapitalanleger und Entwicklungsgesellschaften, der Konzerne und der oberen staatlichen Behörden geraten vor ein politisches und administratives Institutionen- und Akteursgefüge der Stadt, das nun die Frage beantworten muss, wie weit und in welcher Weise es sich für die neuen Akteure öffnet. Insbesondere die Intensität, mit der sich Grundfragen der Stadtentwicklung und des Städtebaus stellen, macht evident, dass die alte Berliner Politik in die Gefahr geraten ist, Regierungsfähigkeit einzubüßen. Es dämmert, „das etwas Neues begonnen hatte und nicht einfach nur das Alte, wenn auch mit neuen Randbedingungen, weitergehen konnte" (Volker Hassemer). In dieser Zeit wechselt die Stadt ihre politische Führung, indem über Wahlen zum Abgeordnetenhaus im Dezember 1990 eine Große Koalition unter CDU-Führung die Stadtgeschicke in die Hand nimmt. Um die Regierungsfähigkeit gerade am sichtbarsten Punkt der Stadtpolitik – dem Aufbau einer neuen Stadtmitte – nicht zu gefährden, plädiert der zuständige Senator Volker Hassemer im Rückgriff auf Ideen seiner Vorgängerin Michaele Schreyer für eine völlig neue Institution der Stadtentwicklungspolitik. Sie soll die Stadtentwicklung aus der Enge und Verflechtung von ökonomischen Akteuren einerseits, von fragmentierter Verwaltung und zielschwacher Politik andererseits herausholen. Nur in der Öffnung von Politik und Verwaltung hin zur Gesellschaft fände die Stadt die Kraft, überlegt und fürsorglich Veränderungen in richtige Bahnen zu lenken und den Entwicklungsschub zu einer Bereicherung und nicht zu einer Belastung der Stadt zu führen. Ziel sei es, die Menschen sich mit entwickeln zu lassen mit der neuen Rolle und den neuen Chancen ihrer Stadt.

Im Frühjahr 1991 etabliert sich das "Stadtforum Berlin" als Diskussions- und Abstimmungsrunde im Dreieck von Politik, Verwaltung und Bürgerschaft. In den folgenden vier Jahren widmet sich das Plenum von 40-80 Mitgliedern in öffentlichen Sitzungen bei jeweils 200-300 Anwesenden und ungewöhnlich hoher Medienresonanz ein bis zwei Tage im Monat der Vorbereitung bedeutsamer stadtplanerischer und städtebaulicher Entscheidungen. Das Plenum praktiziert einen neuen ständisch-demokratischen Modus, der die acht „Bänke" des Plenums gleichberechtigt diskutieren lässt, die Bänke der Architekten, der Stadt- und Landschaftsplaner, der speziellen Fachleute, der Berliner Gesellschaft, der Region und der Bezirke, der Mitglieder des

Abgeordnetenhauses, der Mitglieder des Bundestages und derjenigen der Zwischenrufer, die aus einer Auswahl nicht fachgebundener Persönlichkeiten aus Kunst, Kultur und Publizistik besteht.

Das Plenum der acht Bänke versetzt recht vorurteilsfrei Planer und Nutzer, Stadtvisionäre und Verwaltungspraktiker, Kiezanhänger und Metropolenfans in einen intensiven, konstruktiven und vor allen Dingen ergebnisorientierten Stadtdiskurs. Das Ergebnis ist höchst bemerkenswert. Die Kontroverse um den Aufbau von Berlins Mitte, den „Kampf um Berlin" – so Senatsbaudirektor Hans Stimmann – gewinnen jene, die sich radikal gegen das städtebauliche Grundkonzept einer aufgelockerten „Stadtlandschaft" wenden. Da die Stadtlandschaft in letzter Konsequenz einer Stadtmitte nicht mehr bedarf, ist der Entschluss Berlins, im aktuellen Neuentwurf der dicht bebauten Stadtmitte an die Tradition der europäischen Urbanität anzuknüpfen, von nationaler und internationaler Relevanz. Es ist dies der Versuch, sich dem Verfall des öffentlichen Raums entgegenzustemmen. Als Leitfaden eigens für den im Mittelpunkt des öffentlichen Interesses stehenden Wiederaufbau der Friedrichstadt und in Sonderheit der Friedrichstraße wird das Leitbild der „kritischen Rekonstruktion" grundlegend, während die Architektur der großen Plätze im Westen und Osten des Stadtzentrums dem Leitbild der verdichteten „europäischen Stadt" zu folgen hat. Damit entscheidet sich Berlin, den gemäßigten Hochhausbau an bestimmten Orten zuzulassen.

In dieser ersten Phase lässt sich das Stadtforum als erfolgreiche "Einübung in kooperative Planung" (Helga Faßbinder) verstehen. Interdisziplinarität, Bürgerinteresse und Kompromissneigung wurden Realität: „Weiche" Formen in der politischen Steuerung – Information, Beratung, Überzeugung, Moderation – werden seitdem häufiger benutzt. Als eine Struktur der Senatsverwaltung für Stadtentwicklung avanciert das Stadtforum Berlin zur öffentlichen Struktur. Seine Kommunikations- und Informationsleistung trägt in erheblichem Maße zur ungewöhnlich zügigen und radikalen Umsteuerung in der Stadtentwicklungspolitik Berlins bei. Planung erweist sich damit nicht nur als Prozess der räumlichen Bedeutungszuweisung, sondern darüber hinaus und entscheidend als Bedeutungsverankerung im Bewusstsein der Einwohner.

Konventionelle Fachplanung: Internationaler Flughafen Berlin-Brandenburg

Indem das zweite Projekt, das hier herangezogen wird, die politische Steuerung des Ausbaus des Flughafens Schönefeld zum Internationalen Flughafen Berlin-Brandenburg, diese doppelte Leistung bisher nicht erbrachte, droht dem Projekt nach einem Start in gründerzeitlicher Euphorie nun ein negatives Image. Berlin muss den Verlust einer "Job-Maschine", der Wachstumsbranche Luftverkehr, befürchten. Wer auf die Chancen verzichtet, die sich im Luftverkehr bieten, der wird – so der Bundespräsident bei der erneuten Inbetriebnahme eines auch mit Berlin konkurrierenden Flughafens in Düsseldorf – "sich bald ins wirtschaftliche Abseits manövrieren", woran in einem hoch industrialisierten Land niemanden gelegen sein kann.

Die gegenwärtige Lage der Flughäfen in der Region Berlin ist Relikt der Nachkriegszeit und der Ost-West-Konfrontation. Anders als im Fall des Stadtumbaus des Berliner Zentrums gelingt es den Promotoren des internationalen Flughafenprojekts nicht, eine breite öffentliche Debatte mit dem Ziel zu entfachen, einen städtischen Konsens in den Grundfragen des Berliner Flugverkehrs zu formulieren und zu dokumentieren. Dort hätten Fragen ihren Ort gehabt wie jene nach den zukünftigen Standorten und ihrer Anbindung an das städtische Verkehrsnetz, nach den bestgeeigneten Betreibern und Finanziers des Vorhabens, nach dem Verhältnis zur Deutschen Lufthansa, nach der Kapazität und schließlich nach all den sozialen und wirtschaftlichen Chancen und Risiken des Projekts. Zurecht spricht der Berliner Ex-Senator Herwig Haase von einer „Jahrhundertentscheidung“, die Berlin treffen müsse. Doch dessen ungeachtet verweigern die Projektakteure der Berliner Bevölkerung Information und Debatte.

Statt dessen zieht die übliche Standort- und Projektplanung alle Register, nachdem sich Ende 1991 deren Hauptakteur mit der Berlin Brandenburg Flughafen Holding GmbH und den drei Gesellschaftern Land Berlin (37%), Land Brandenburg (37%) und Bundesrepublik Deutschland (26%) etabliert hat. Der Planungsvorgang ist in der Sache hochkomplex, denn er hat öffentliche und private Investitionen raumwirksam zu lenken, unterschiedliche Verwaltungsebenen vertikal zu verbinden sowie verschiedene Fachplanungen horizontal zu koordinieren. Die Fachplanungen folgen verschiedenen Rechtsmaterien der Raumordnung, Haushaltsordnung, Verkehrsentwicklung, der Partizipation der betroffenen Öffentlichkeit, des öffentlichen Bauens und der Umweltpolitik und sind insgesamt schwer überschaubar. Angesichts der allgemeinen Aufholjagd, in die sich Berlin gegenüber den Großstädten in den westeuropäischen Prosperitätszonen zu begeben hat, zieht sich schon der erste Schritt der Festlegung des Standorts unangemessen lange hin. Erst 1996 bestimmen die drei Gesellschafter sowie der Berliner Senat im sogenannten Konsensbeschluss den Ausbau des Flughafens Schönefeld und im Gegenzug die Schließung der städtischen Flughäfen Tempelhof und Tegel. Der mit Schönefeld konkurrierende Standort Sperenberg bleibt weiterhin im Spiel, da er als Ersatzfläche bis zum Zeitpunkt der Baureife Schönefelds vorgehalten werden soll. Seit diesem Zeitpunkt befasst sich die 1996 von der Holding eingerichtete Projektplanungs-Gesellschaft Schönefeld mit zwei Vorgängen:

- Einen Planfeststellungsantrag beim zuständigen Fachministerium in Potsdam nach öffentlicher Anhörung zum Bescheid zu bringen, und
- der Frage der Privatisierung der Holding wie des Flughafens.

Die politischen Akteure Berlins sehen mit dem Großprojekt unterschiedliche Entwicklungspotentiale für die Stadt und die Region angesprochen, sie verzichten allerdings auf eine übergreifende, im breiten Konsens getragene Potentialbewertung. An positiven Effekten werden erwartet:

- Stärkung der Berliner Funktion als Ost-West-Drehscheibe,
- intensivere regionale Kooperation Berlin-Brandenburg,
- Steigerung des wirtschaftlichen Potentials mit zusätzlichen Erwerbsmöglichkeiten,
- Steigerung der touristischen Anziehungskraft Berlins und der Region,
- Einstieg in ein Großprojekt der Public-Private-Partnership,
- zusätzliche innerstädtische Lärmberuhigung sowie erweiterte städtische Entwicklungsflächen.

Die Akteure sprechen vor allem Beschäftigungs- und harte Standorteffekte an. Sie gehen nur wenig ein auf Aspekte der touristischen Wachstumsbranche oder der wichtigen weichen Faktoren des städtischen Reputationsgewinns und der Kostenvorteile für in Berlin basierte internationale Dienstleistungen und kulturelle wie wissenschaftliche Einrichtungen.

Heute sind die Initiatoren des internationalen Flughafenprojekts eher auf dem semantischen Rückzug. Ein Großflughafen soll es nun nicht mehr werden und ein Drehkreuz mit Umsteigemöglichkeiten nicht sein. Dennoch darf sich das Projekt „international“ nennen und soll gefälligst viele Direktflüge anbieten. Die politische Steuerung des Projekts folgt den traditionellen Planungs- und Standortverfahren, die auch Bürgerbeteiligung vorsehen. Insofern besteht kein Anlass zur Kritik, wenngleich bisher etliche Pannen auftraten, die zum Teil auf fehlende Professionalität des Projektpersonals, zum Teil auf den in Doppelmandaten und Ämterüberschneidungen sichtbar werdenden Politikfilz der Stadt, Region und des Bundes rückführbar sind. Der von den drei Akteuren Anfang der 1990er Jahre relativ schnell gefundene Konsens bedeutete nicht mehr als eine Grundübereinstimmung, einen Kompromiss auf dem kleinsten gemeinsamen Nenner. Die unterschiedlichen Präferenzen etwa zur Kapazität oder zu den Standorten, die beispielsweise auch Stendal oder Leipzig mit einbeziehen, waren damit nicht vom Tisch.

Je länger das Verfahren nun dauert und je mehr zusätzliche Akteure hinzustoßen und je häufiger anfangs nicht erwartete Entscheidungen nötig werden, um so größer wird die Wahrscheinlichkeit von neuen Konflikten, in denen sich Präferenzdifferenzen artikulieren und die zu einer Verlangsamung der Implementation führen. Aaron Wildavsky hat in Policy-Analysen herausgefunden, dass der Widerspruch von Konsensbeschluss und fortdauernder Präferenzdivergenz zum langsamen Scheitern öffentlicher Projekte führen kann und – in pessimistischer Sicht – führen muss. Ursachen des Scheiterns sind dann zum Beispiel falsche Erwartungen der Akteure an das komplexe Projekt, ihre mangelnde Bereitschaft, flexibel zu reagieren und aus Erfahrungen zu lernen, bis hin zum schwindenden Interesse der ersten Akteursgeneration, das Vorhaben noch zu Ende zu bringen. Das Flughafenprojekt Berlin-Brandenburg umfasst bisher nur drei Grundentscheidungen, nämlich die zur Gründung der Flughafenholding, die Standortauswahl und die Entscheidung über die Privatisierung des Projekts. Bringen hier die beteiligten drei Staatsregierungen schon unterschiedliche administrativ-politische "Zielkulturen" ein, so treten zusätzliche Policy-Ziele durch die mit der Zeit wechselnden Parteikoalitionen der drei Regierungen hinzu. Der Akteurs- und Präferenzkreis wurde darüber hinaus erweitert um Bürgerinitiativen bei der Standortentscheidung. Das Projektmanagement war in nicht weniger als 17 Leistungsbereiche zu gliedern und zu privatisieren. Hinzu kommen weitere Mitspieler bei der Privatisierung des Flughafens. Fernerhin treten Fluggesellschaften als Akteure bei den Finanzentscheidungen auf, Gerichte bei der rechtlichen Würdigung strittiger Entscheidungsmaterien sowie als latente Standortkonkurrenten die Länder Sachsen und Sachsen-Anhalt im Hinblick auf eine Revision der Grundentscheidung.

Fazit und Ausblick

Nimmt man das skizzierte Leistungsprofil der Regierungen der Großen Koalition in den Blick, dann erweist sich die Stadt als regierungsfähig, dies jedoch mit erheblichen Einschränkungen. Den vorrangigen Regierungszielen der Gewährleistung von Sicherheit, Recht, Partizipation und sozialer Wohlfahrt wird zugearbeitet, wenngleich unterschiedlich erfolgreich. Zwischen der Fülle der städtischen Aufgaben und den knappen einsetzbaren Ressourcen ergibt sich eine Lücke, die die Regierungen Berlins nur durch eine Strategie der Kreditfinanzierung fehlender Haushaltsmittel zu schließen in der Lage sind. Die jährliche Kreditfinanzierungsquote schwankt zwischen 10 und 18%. Sie lässt den Anteil der Zinszahlungen an den jährlichen Gesamtausgaben innerhalb eines Jahrzehnts auf rund 10% steigen. Schon allein das hohe Maß an städtischer Verschuldung lässt sich mit Bürgermeister Klose durchaus als Indiz der Unregierbarkeit der Stadt begreifen. Man kann von einer strukturell bedingten Überlastung der städtischen Politik sprechen – Zusammenhänge, die der Stadt nur langsam und umfassend erst gegenwärtig bewusst werden.

Den Regierungen der rot-grünen Koalition sowie der Großen Koalition von CDU und SPD mangelt es seitens der Einwohner an breiter „subjektiver Zurechnung“ (Joachim Raschke) all der Fähigkeiten, die „gutes Regieren“ hervorbringen. Handwerkliche und mentale Schwächen stehen besonders in der Kritik. Die „strategische Handlungsfähigkeit“ konzentriert sich über weite Zeiträume nicht auf Seiten der Regierung, sondern liegt bei der Parteiführung der CDU mit den Rechtsanwälten Eberhard Diepgen, Klaus Landowsky und Peter Kittelmann, also nur bei einer der beiden Koalitionsparteien. Eine erfolgreiche Regierungssteuerung scheitert nicht zuletzt an den noch nicht überwundenen Magistratsstrukturen, die vom Ideal der „schwachen Regierung“ geprägt sind. So kann der Regierende Bürgermeister schon von der Struktur des politischen Systems Berlins her kaum mehr als die schwachen

Rollen des Moderators der Regierung und des Managers der Koalitionskrisen übernehmen. Zur schwachen Regierung gehört die Praxis der negativen Koordination der Verwaltungsressorts sowie die besondere parteipolitische Macht der Parteikreisvorstände, durch deren Nadelöhr alle wichtigen Kandidaturen und Nominierungen gehen müssen. Aus dem in Berlin obwaltenden Prinzip der Ressortzuständigkeit mit den Folgen des „Ressortegoismus", der Ämterdopplung und -mehrung lassen sich flexible Führungpraktiken und gesamtstädtische Politikkonzepte nicht entwickeln. Großprojekte von gesamtstädtischen oder gar gesamtstaatlichen Rang werden auf Ressortzuschnitte herunterdividiert. Daraus lassen sie sich dann Themen gewinnen für öffentliche Debatten nicht des Projekts selbst, sondern einzelner Aspekte oder Folgen. In diesem Kontext müssen Politik und Verwaltung auch dort versagen, wo sie den Zielen und Projekten ihrer Stadtpolitik im Sinne einer Gesellschaftssteuerung Zustimmung und Unterstützung seitens der Einwohnerschaft und damit längerfristige politische Stabilität auf informativen und kommunikativen Wegen zu organisieren hätten. Zugespitzt formuliert und am Beispiel des Flughafenprojekts demonstriert erweisen sich Politik und Verwaltung in den Fängen des politischen Systems und der Regelungssysteme der Ressorts als instabilster Faktor der Politikgestaltung. Beschränkte Regierungsfähigkeit besteht folglich nicht nur bezüglich des Regierungsziels der *Wohlfahrtssicherung*, sondern auch bezüglich eines zweiten Eckpunkts des „guten und richtigen Lebens" in der Stadt, der *Partizipation* möglichst aller an der städtischen Politik. Überlastung der Politik meint dann ihre Schwäche, die politische Fähigkeiten der Stadtgesellschaft zur Lösung städtischer Aufgaben effektvoll einsetzen zu können.

Den Ausweg aus diesem Dilemma, für das Martin Jänicke in Analogie zum Marktversagen den Ausdruck „Staatsversagen" vorschlug, weist das andere der beiden Berliner Projekte. Wenngleich Politik und Verwaltung sich die Federführung beim Projekt der Umsteuerung der Stadtentwicklung mittels des „Stadtforum Berlin" nicht nehmen lassen, öffnen sie sich doch in völlig unkonventioneller Weise gegenüber der räsonierenden Stadtgesellschaft. Im Ansatz ist darin die Abkehr vom herkömmlichen Steuermann-Modell der Stadtführung akzeptiert. Die Zivilgesellschaft wird als Chance für die städtische Steuerung begriffen. Die Steigerung und Steuerung der Effektivität von Projekten kann durch Partizipation in Stadt- und Regionalforen erreicht werden, die dazu beitragen, Themen zu bündeln, zu verdichten und zu beschleunigen. Vieles spricht dafür, dass die Möglichkeiten des bisherigen städtischen Steuerungsmodells ausgeschöpft sind. Angesichts internationalisierter Produktion und Kapitalverwertung, polarisierter Beschäftigungs- und Sozialstrukturen und hierarchisierter Konsummodelle sind von den Einwohnern Berlins sowie denen anderer Städte neue „Stadtverträge“ zu schließen. Kooperativ-konsultative Stadtführung, das könnte das Berliner Beispiel lehren, führt aus der beschränkten Regierungsfähigkeit zu neuen Handlungsräumen.

Helmut Wiesenthal

Reformakteure in der Konjunkturfalle – Zur gegenläufigen Entwicklung von theoretischem „Wissen“ und praktischem Wollen[1]

Einleitung

In einem Beitrag über politische Themenkonjunkturen findet sich die graphisch illustrierte These von der gleichzeitigen Präsenz dreier sich in ihren Wirkungen saldierender zyklischer Prozesse (Ruß-Mohl 1993: 365). Extrem kurzfristigen Schwankungen unterliegen danach die vom hohen Aufmerksamkeitswert des Neuen bestimmten Themenangebote der Medien. Sie konfrontieren die Pressesprecher der Parteien mit einer mindestens wöchentlich, oft sogar täglich wechselnden Agenda. Eine mittlere Frequenz weisen die dezidiert als Entscheidungsthemen ausgewiesenen Reformbedarfe und -projekte aus, die den „issue cycle“ der Politik bilden; ihre Lebensdauer bemisst sich nach Jahren und übersteigt oft die Dauer der Legislaturperiode. Die niedrigste Frequenz hat dagegen der Wandel von allgemeinen Orientierungen. Die langwelligen Grundschwingungen, denen allgemeine Wertorientierungen, politische Philosophien folgen, überdauern nicht selten den Wechsel der Generationen. Nach ihnen bestimmen sich die kaum mehr hinterfragten Grundwerte und Leitideen der Politik, z.B. vom Verhältnis von Staat und Gesellschaft, von Charakter und Umfang der Staatsaufgaben oder allgemeinen Verfahrensprinzipien.

Wie auch immer man sich die Interaktion der drei Konjunkturzyklen vorstellen mag, man geht gewiss nicht fehl mit der Annahme von i.d.R. asymmetrischen Einflussbeziehungen zwischen ihnen. Während die kurzwelligen

1 Für wertvolle Hinweise zur Überarbeitung des Manuskripts danke ich Julia Wendel.

Schwingungen von erratischen Ereignissen und der umherschweifenden Aufmerksamkeit der Akteure angestoßen sind, folgen sie doch gleichzeitig der langwelligen Konjunkturkurve. Sie mögen zwar deren Verlauf modulieren, sind aber nicht imstande, die formbestimmenden Parameter Frequenz und Amplitude zu verändern. Dagegen scheinen die langwelligen Schwingungen erheblichen Einfluss auf die Themen des (mittelwelligen) „issue cycle", z.B. die Art und Weise ihrer ideologischen Einfärbung und normativen Interpretation, zu haben. So waren beispielsweise der Parteienwettbewerb und populäre Interpretationen des politischen Konflikts in der Weimarer Republik noch stark von antagonistischen Konfliktbegriffen und jenen eschatologischen Heilslehren geprägt, deren Konjunktur in der Emanzipationsphase der Arbeiterbewegung in der zweiten Hälfte des 19. Jahrhunderts eingesetzt hatte.

Weitere Beispiele für die Prägung der aktuellen Themenkonjunktur durch die länger anhaltende, sich aber dennoch allmählich wandelnde Grundstimmung finden sich in vielen Themenfeldern der sog. Reformpolitik. Auch hier waren Problemdiagnosen (und sind teilweise noch) in Begriffen kodiert, die den Weltbildern sozialer Bewegungen aus der Frühzeit des industriellen Konflikts entstammen. Das gilt beispielsweise für die bis in die jüngste Vergangenheit vorgenommene Interpretation der Umweltproblematik im Lichte emphatischer Markt- und Kapitalismuskritik, desgleichen für die Thematisierung des Wohlstandsgefälles zwischen reichen Industrie- und armen sog. Entwicklungsländern. Erst im Laufe des letzten Jahrzehnts wich die grobkörnige Kausalerklärung vom Typ „Das sind alles Folgen des Kapitalismus" einer differenzierten Betrachtung der konkreten historischen Verursachungsbedingungen. So unterschiedlich deren Ergebnisse auch ausfallen mögen, so machen sie doch immer wieder eines deutlich: dass der zuvor einem vermeintlich „erklärenden" Generalkonzept leichtfertig subsumierte Sachverhalt Resultat einer Vielzahl von institutionellen und prozessualen Variablen von beträchtlicher Merkmalsvarianz ist.

Die Interferenz mittelfristiger Themen- und langfristiger Ideenkonjunkturen ist ein theoretisch trivialer, aber phänomenologisch und hinsichtlich seiner Wirkungen vertrackter Sachverhalt. Statt hier noch weitere Belege seiner Allgegenwart anzuführen, sei auf einen Umstand aufmerksam gemacht, der Beobachtern und Betroffenen leicht entgehen mag: So gewiss der dynamische Charakter des Verhältnisses von mittel- und langfristigen Konjunkturen ist, so schwierig ist es doch, anhand einer Momentaufnahme festzustellen, ob sich die „langwellige" Idee gerade im Aufstieg oder Abschwung befindet. Insoweit Anlässe und Themen des politischen Handelns einer eigenen Logik, nämlich der des „issue cycle" unterliegen, also keineswegs bloße Epiphänomene der langfristigen Grundstimmung sind, mag sich zwischen dem programmatischen Anspruch der Akteure einerseits und der ihre Erfolgschancen (mit-)bestimmenden Ideenkonjunktur andererseits ein mehr oder weniger glückliches Entsprechungsverhältnis einstellen. Im günstigeren Fall mögen Akteursprofil und Ideenkonjunktur konvergieren, unter weniger günstigen Bedingungen driften sie u.U. weit auseinander.

Besonders gravierend scheinen Situationen, die durch gegenläufige Dynamiken bestimmt sind. Während beispielsweise die Akteure im Begriff sind, sich einer ihrem ursprünglichen Anliegen ungünstigen Ideenkonjunktur anzupassen, was i.d.R. ein Prozess von mehreren Jahren ist, mag die langwellige Konjunkturkurve ihren Höhepunkt überschritten haben und ein allmählicher Bedeutungsverlust der als Anpassungsziel erkorenen Ideen einsetzen. Wird der Wandel der „herrschenden" Ideen wiederum erst mit erheblicher Verspätung vom Akteur erkannt, so besteht die Gefahr einer neuen Inkongruenz, nun aber mit umgekehrter Verteilung der Vorzeichen: „Wer zu spät kommt, den bestraft das Leben" – oder die Verkünder von Schlimmerem als Spruchweisheiten. Politische Akteure, deren Gestaltungsanspruch über den Horizont der Tagesaktualitäten hinausgreift, bedürfen deshalb einer gewissen Sensibilität für die Gelegenheiten und Risiken, mit denen die langwellige Ideenkonjunktur sie konfrontiert. Es handelt sich um ein Feld, dessen Beobachtung zu wichtig ist, um es allein den Experten der Ideenproduktion oder der professionellen Politikberatung zu überlassen.

Langer Rede kurzer Sinn: Am Anfang des ersten Jahrzehnts eines neuen Jahrhunderts und am Ende der ersten Regierungsperiode der Partei Bündnis 90/Die Grünen auf Bundesebene spricht einiges für die Vermutung, dass die Partei im Begriff ist, den Kontakt zum aktuellen Stand der Ideenkonjunktur zu verlieren, während sie sich noch um ihre Anpassung an einen zunehmend überholten Stand des Wissens und normativen Meinens bemüht. Seit längerem bestrebt, sich den politischen Realitäten zu öffnen, ist sie auf dem Weg einer Ideenkonjunktur Tribut zu zollen, die ihren Höhepunkt überschritten hat und nicht mehr allzu lange Bestand zu haben verspricht. Würde sie auf dem eingeschlagenen Pfad fortschreiten, werden sich ihre Bestands- und Erfolgsbedingungen nicht, wie vielleicht gutgläubig angenommen wird, verbessern, sondern vermutlich nachhaltig verschlechtern.

Diese Prognose ist alles andere als „sicher". Sie ist jedoch eine Quintessenz von Überlegungen auf der Grundlage von Beobachtungen, welche in Teilgebieten der Sozialwissenschaften angestellt wurden und die mit großer Wahrscheinlichkeit auch in die Sphären des politischen Denkens durchsickern werden. Gleichwohl bieten die folgenden Darlegungen keine „Beweise", sondern verweisen in erster Linie auf empirische Sachverhalte, die es verdienen, kritisch geprüft zu werden. Ihre Prüfung und Diskussion möge dazu anregen, dem Möglichkeitsraum intentionalen politischen Gestaltens wieder mit größerer Neugier als in der Vergangenheit zu begegnen. Dass es sich dabei nicht um einen Raum mit festgezurrten Grenzen handelt, dürfte aus dem vorher Gesagten deutlich geworden sein. Deshalb empfiehlt sich seine laufende Vermessung gerade jenen Akteuren, die politische Gestaltungsansprüche und den Begriff der Institutionenpolitik noch nicht aufgegeben haben.

Die historische Idee der „großen" Reform

Es ist kein Geheimnis, aber vielleicht schon etwas in Vergessenheit geraten, dass die Grünen, als sie Ende der siebziger Jahre durch erste Wahlerfolge auf sich aufmerksam machten, in vieler Hinsicht ein „Kind der Zeit" waren. Das gilt auch für das am Ende der 1970er Jahre noch dominierende Verständnis von der prinzipiellen Realisierbarkeit „großer" Reformen. Gewiss, die Grünen wandten sich entschieden gegen den „Machbarkeitswahn" umwelt- und gesellschaftspolitisch ignoranter Technokraten, die dem naiven Fortschrittsmythos huldigten und etwaige Neben- und Spätfolgen ihres Tuns als bedeutungslos ausgaben. Bevorzugte Gegenstände der „grünen" Kritik waren das einem Maximierungsgebot unterliegende Wirtschaftswachstum und die staatlich protegierten Hochtechnologien in der Energie-, Chemie- und Rüstungsproduktion. Aber so emphatisch die grüne Industrie- und Zivilisationskritik auch ausfiel, sie war selbst von einem nicht minder emphatischen Machbarkeitsbegriff – und zwar hinsichtlich des für notwendig gehaltenen Kurswechsels – geprägt.

Das („Saarbrücker") Bundesprogramm von 1980, das erst im Frühjahr 2002 von einem aktualisierten Grundsatzprogramm abgelöst worden ist, sah in den verschiedenen Bereichen grüner Reformpolitik tiefgreifende Veränderungen von Wirtschaft und Gesellschaft vor. Mit lakonischer Selbstverständlichkeit schlossen sie manches ein, was zuvor Kernbestandteil der sozialistischen Programmatik war. Letztere war mehrere Jahre lang der Bezugspunkt einer einflussstarken Strömung im grünen Ideenpool, des Ökosozialismus. Konzentrierten sich deren prominenteste Vertreter auf das Kenntlichmachen der Ursachen alles Schlechten dieser Welt,[2] so beschäftigte sich der pragmatischere Flügel der am „Grundwiderspruch" orientierten Grünen mit den Reformprojekten, die sich eine gemeinsame Regierung mit der SPD vorzunehmen hätte (Scherer/Vilmar 1985). Sie schlossen u.a. die Einführung von Wirtschaftsdemokratie und Investitionslenkung, der 30-Stunden-Woche, eines „anderen" Gesundheitswesens und alternativer Verteidigungskonzepte ein. Auch das Plädoyer der sog. Realpolitiker „Für einen grünen Radikalreformismus" (Fischer 1983) versprach nicht weniger als den „Umbau der Industriegesellschaft" (Fischer 1989). Und selbst die Teile der Grünen, die sich dem „Prinzip Leben" statt expliziter Institutionenpolitik verpflichtet sahen (Hasenclever/Hasenclever 1982; Kelly 1983), waren keineswegs reformpolitisch anspruchslos. Sie thematisierten die zivilisatorischen Widersprüche und warben um Einsicht in die Notwendigkeit eines gründlichen Wandels. Dass sie so wenig Interesse an den konkreten Projekten einer gesellschaftlichen Totalreform zeigten, hatte seine Ursache in einem realistischen Verständnis des Strategie- und Zeitbedarfs: Man wusste um die Unvermeidlichkeit des weiten Umwegs über das Denken und Handeln der Individuen.

Die Ziele des Radikalreformismus und die Interventionsrhetorik des „Umbauprogramms" von 1986 prägten das Erscheinungsbild der Grünen über die 1980er Jahre bis zur Vereinigung mit Bündnis 90. Dabei besaßen die Grünen niemals das Monopol auf den Topos der Radikalreform. Vielmehr war die politische Reflexion auf das „ganz Andere" Bestandteil der Ideenwelt aller Linksparteien seit dem Aufschwung der Arbeiterbewegung im 19. Jahrhundert. Sie bestimmte das programmatische Anspruchsniveau der oppositionellen SPD wie auch der westdeutschen Gewerkschaften, die

---

2 „Nur die Befreiung der Arbeit von der Herrschaft des Kapitals ermöglicht (...) auch die Befreiung der Natur" (Ebermann/Trampert 1984: 211).

erst im Untergang des Realsozialismus ihren Frieden mit der Wirklichkeit des Kapitalismus machten (Wunder 1989). Selbst manche Wahrnehmung des Zusammenbruchs der DDR war noch von der Vorstellung einer politisch inszenierten Alternative zum realen Kapitalismus geprägt. „Der Weg zu einer sozial entwickelten Form des Kapitalismus scheint eher länger zu sein als der zu einem sich entwickelnden, innovationsfähigen Sozialismus", mutmaßten die Autoren des Umbaupapiers der SED/PDS-Reformer (Land (Hg.) 1990: 60).

Die Vorstellung von der Möglichkeit politischer Entscheidungen, die Lebensverhältnisse zum Besseren zu wenden, gehört zur Moderne wie das Wahlrecht zur Demokratie. Wie die Fortschrittsidee selbst ist sie ein Kind der Aufklärung und – darum, möchte man sagen – von paradoxem Charakter. Der Gedanke einer Selbstgestaltung der Gesellschaft im Medium demokratischen Entscheidens ruht auf zwei Säulen, die sich nicht selten im Wege stehen: einerseits auf der Annahme kontingenter gesellschaftlicher Ordnungen, die politisch konstruierbar und implementierbar sind, andererseits auf dem Prinzip einer die jeweilige Ordnung unbeschadet lassenden Austauschbarkeit ihrer Hüter, d.h. der Machtausübenden. Diese doppelte Kontingenz, mit welcher „demokratische" Sozialisten Schwierigkeiten haben, weil sie die Möglichkeit einräumen müssen, dass auch die „beste" aller Ordnungen samt ihrer Hüter abgewählt werden kann, sorgt für Turbulenz im Reich der Ideen. Wo immer Fortschritt und demokratische Gestaltung zusammengedacht wurden, bedurfte es eines Dritten, um sich eine gleichermaßen wünschenswerte wie „gemachte" Gesellschaft vorzustellen: der Idee eines alle Gesellschaftsmitglieder einenden Ziels.

Die von demokratischen Reformern verfochtenen Ziele durften folglich nicht exklusiver Natur sein, sondern mussten als universell konsensfähig gelten, nicht zuletzt auch, um breite Unterstützung zu finden. Das widerspricht bekanntlich dem überlieferten Verständnis von Klassenpolitik. Während letztere auf die Überwindung ihrer Feinde in einem antagonistischen Nullsummenkonflikt zielte, hat moderne Reformpolitik dem Kriterium der Pareto-Optimalität zu genügen. Damit ist zwar die Idee des Gewinnens auf Kosten anderer nicht für immer aus der Welt geschafft, aber ihrer Praktikabilität sind enge Grenzen gezogen. Demokratische Reformpolitik wird deshalb nicht zufällig mit positiven – und möglichst hohen – Wachstumsraten assoziiert, die zu ermöglichen das vornehmste Ziel der Politik ist.

Dabei galt die Rezeptur der Wachstumsförderung im Allgemeinen und speziell die des Keynesianismus zunächst allein der Dämpfung konjunktureller Schwankungen durch die kontrazyklische Einnahme- und Ausgabenpolitik. Wachsende Staatsaufgaben, das wichtigste der dafür infrage kommenden Mittel, übten bald enorme Attraktivität auf die Befürworter jeglicher Art von Reformpolitik aus. Das zweckbezogene Interesse an konjunktureller Nivellierung machte einem nicht minder großen Interesse am Gebrauchswert der „keynesianischen" Mittel Platz. So wurden „soziale Reformen" zum Pendantbegriff des Keynesianismus. Ein breiter Strom von Reformvorschlägen bewirkte die Wiederbelebung des Selbstgestaltungsgedankens, der in Schlüsselbegriffen wie „staatliche Planung" und „aktive Politik" beredten Ausdruck fand (Scharpf 1972 und Mayntz/Scharpf 1973).

Die Ära des praktischen Reformoptimismus war überraschend kurz. Datiert man ihren Beginn auf die Verkündung von vier gleichrangigen Zielen der Wirtschafts- und Finanzpolitik im Stabilitätsgesetz von 1967, so währte sie kaum länger als eine Dekade. Schon zum Amtsantritt des Kabinetts Helmut Schmidt 1974 gab es Anzeichen der Erschöpfung politischer Möglichkeiten angesichts eines nach wie vor umfangreichen und erst in Teilen abgearbeiteten Programms der staatlichen Gesellschaftsmodernisierung. Die unbearbeitet gelassenen Teile und ihre aktuellen Fortschreibungen bilden seitdem die Erblast jeder Reformpartei im Mitte-Links-Spektrum.

Wenn Linksparteien ihre Besonderheit, d.h. ihre politische Identität, vor allem an dem probleminduzierten „Reformwillen" demonstrieren, haftet ihrem Selbstverständnis stets ein Moment des Kontrafaktischen an. Ist doch der Reformwille i.d.R. ein Epiphänomen des Mangels an Reformmitteln. Dementsprechend wurden viele Reformprogramme der letzten Jahrzehnte vor dem Hintergrund einer ausgesprochen *ungünstigen* Reformkonjunktur propagiert. Der Mangel an Mitteln wurde fast zum Qualitätsausweis des Willens. Dass dann auch konservativ-liberale Regierungen beim Versuch der restlosen Umsetzung ihrer Vorstellungen scheiterten, tat der Hypostasierung der Reformansprüche kaum Abbruch. Erst am Ende der 1990er Jahre zeichnete sich eine Anpassung der Reformer an die reformwidrigen Umstände ab. Nun gilt der Hinweis auf die Grenzen des Machbaren nicht mehr als Indiz mangelnden Willens, sondern ist Beleg politischer Ehrlichkeit.

Als die rot-grüne Regierung Ende 1998 ins Amt kam, signalisierte zwar der kleinere Partner noch eine schwache Präferenz für anspruchsvolle Reformen, aber schon die Formulierung von einer „neuen Republik“ (Kerstin Müller), zu der man aufbrechen wolle, drückte ebensoviel Bescheidenheit wie Ambition aus. Die harsche Reaktion der Öffentlichkeit auf die Magdeburger Parteitagsbeschlüsse, die u.a. eine prohibitive Kraftstoffbesteuerung vorsahen, hatte die Reformbegeisterung stark gedämpft. Nach dem ambivalenten Echo auf den Atomausstieg, die Reform des Staatsbürgerschaftsrechts und seit längerem angestrebte Modernisierungen in verschiedenen Bereichen gilt die Reformtoleranz der Wählerschaft als ausgereizt. Für alle weitergehenden Projekte, insbesondere solche, welche die Ursachen der verfestigten Arbeitslosigkeit – und damit auch vertraute institutionelle Ordnungen – berühren, fehlt es an ausreichender Unterstützung.

Im Vorfeld der Bundestagswahl 2002 scheinen Nüchtern- und Bescheidenheit noch deutlicher als jemals zuvor die wichtigsten Qualitätsmerkmale politischer Programme zu sein. Das Äußerste, was Bewerber um die Regierungsmacht zu offerieren wagen, ist – wie in den meisten Bundestagswahlkämpfen seit 1983 – die Modifizierung einiger Regulationen der Vorgängerregierung, die das schmale Feld der Konterreform nicht überschreiten. Wiederwahlambitionen sind damit schwerlich zu begründen. Riskierte es die amtierende Regierung, dezidierten Reformabsichten Profil zu verleihen, so würde sie nicht nur nach den Gründen ihrer Untätigkeit in der Vergangenheit gefragt, sondern auch als Risikoquelle eigener Art identifiziert. Damit dürfte die Kurve der Reformbereitschaft politischer Akteure auf einem Tiefpunkt angelangt sein.

Gleichzeitig hat die Politik, so scheint es, eine tiefe Kluft zwischen der politischen und der wissenschaftlichen Bewertung von Reformchancen überwunden. Denn vom Standpunkt der einschlägigen Wissenschaften aus betrachtet, war der Reformdiskurs der Politik schon seit langem hohl und haltlos.

Die wissenschaftliche Reformskepsis

Prinzipielle Skepsis gegenüber der Vorstellung einer planmäßigen Umgestaltung der Gesellschaft artikulierte sich schon bald nach dem Zweiten Weltkrieg. In einem 1959 publizierten Aufsatz kontrastiert Charles E. Lindblom zwei Methoden politischer Planung: das Standardmodell der rationalen Nutzenmaximierung im Verhältnis von Zweck und Mitteln einerseits und die in der Praxis bevorzugte Methode des pragmatischen Vergleichs der gegebenen Alternativen andererseits. Das Standardmodell würde zwar die wissenschaftlichen Theorien dominieren, aber in der administrativen und politischen Praxis folge man ausschließlich der pragmatischen Vergleichsmethode. Weil kaum jemals alle benötigten Informationen vorlägen und eine konsistente Präferenzordnung nur höchst selten gegeben sei, seien die Praktiker im Regelfall außerstande, zwischen Zwecken und Mitteln korrekt zu unterscheiden. Stattdessen verglichen sie alternative „Pakete", die typische Kombinationen aus Zwecken und Mitteln darstellten. Angesichts derart ungenügender Voraussetzungen, d.h. der Unsicherheit über so viele Entscheidungsparameter, sei die als Durchwursteln („muddling through") apostrophierte Pragmatik die einzige praktikable Methode.

In dem zu einiger Berühmtheit gelangten Aufsatz über die Wissenschaft des Durchwurstelns verwies Lindblom unter anderen auf Herbert A. Simon, der unter dem Titel „Models of Man" bereits 1957 eine Sammlung von Studien über die Grenzen rationalen Handelns vorgelegt hatte. Sie begründen das Konzept der *bounded rationality*, auf dem heute große Teile der Mikroökonomie, der Managementlehre und der Politikwissenschaften aufbauen. Es geht von der begrenzten Kapazität des individuellen Aufmerksamkeits- und Informationsverarbeitungsvermögens aus und erklärt die Unmöglichkeit der strikt rationalen, d.h. die Maximierung des Nutzens ermöglichenden Handlungswahl. Unter den rationalen Reaktionen auf das Komplexitätsgefälle zwischen dem Handelnden und der Handlungswelt sind insbesondere drei hervorzuheben: die *heuristische Exploration* der bestehenden Optionen, die *Sequenzialisierung* komplexer Vorhaben in überschaubare Einzelschritte und die Selbstbeschränkung des Akteurs auf *befriedigende* (anstelle von maximalen) Nutzenniveaus, d.h. die Zurückverlagerung des entscheidenden Kriteriums aus der „objektiven", aber intransparenten Umwelt in die Sphäre der subjektiven Anspruchsbildung.

Das Konzept der *bounded rationality* hat sich als ausgesprochen fruchtbar bei der Analyse des Entscheidungsverhaltens von Managern, Administratoren und Politikern erwiesen, insbesondere wenn es sich um Kollektiventscheidungen in öffentlichen Institutionen handelt. Die von mancherlei Zufällen und wechselnder Aufmerksamkeit der Beteiligten bestimmten Entscheidungsprozesse finden im „garbage can model of decision-making" (Cohen u.a. 1972) eine prägnante Beschreibung. An sie konnte auch der neo-institutionalistische Ansatz der Politikwissenschaft anknüpfen, der auf den Einfluss von Tradition, Routinen und einer situativen „Logik der Angemessenheit" (March/Olsen 1989) abstellt. Wie die übrigen Spielarten der *bounded rationality* thematisiert er die Orientierungen und Entscheidungsweisen, welche die Akteure in Anspruch nehmen, um subjektiv befriedigende Antworten auf objektive Rationalitätshindernisse zu finden.

Im Laufe der 1960er Jahre erfuhr die Botschaft des rationalitätskritischen Ansatzes weitere Unterstützung durch die Einsichten, die die Public Choice-Theorie vermittelte. Zwei Erkenntnisse über Besonderheiten des kollektiven Entscheidens erwiesen sich als besonders stimulierend: das *collective action*-Problem (Olson 1965) und die *social choice*-Problematik (Arrow 1963). Ersteres thematisiert die Wirkungen des „rationalen" Trittbrettfahreranreizes auf Organisationen, die Kollektivgüter produzieren, d.h. Nutznießer außerhalb des Kreises der Beitragleistenden haben. Um die lähmende „Logik des kollektiven Handelns" zu überwinden, bedürfen Mitgliederverbände, wie z.B. politische Parteien, besonderer Praktiken, um Mitglieder zu gewinnen und zu motivieren. Alle dafür geeigneten Maßnahmen, z.B. private Anreize, exklusive Überzeugungen oder charismatische Führer, haben Rückwirkungen auf die Organisationspraxis und die tatsächlich verfolgten Ziele.

Die *social choice*-Problematik resultiert aus der Unterschiedlichkeit der individuellen Präferenzen. Weil sich ungleiche Präferenzordnungen nicht in einem widerspruchsfreien Zielsystem zusammenfassen lassen, bleiben kollektive Akteure internen Spannungen ausgesetzt. Die unvermeidliche Ungleichbehandlung der Mitgliederinteressen belastet die interne Willensbildung und behindert das geschlossene Auftreten in der Interaktion mit Dritten. Diese Hindernisse des kollektiv-rationalen Handelns schlagen sich u.a. in drei Problemen nieder: im tendenziellen Vorrang organisationsbezogener Eigeninteressen vor den Interessen der Organisationsmitglieder, in der Anfälligkeit demokratischer Politik für populistische Praktiken und in reduzierten Ansprüchen an die Qualität kollektiver Entscheidungen zugunsten gegnerbezogener Wettbewerbskalküle und symbolischer Aktivitäten.

Einen dritten Strang von Forschungen, die die generelle Skepsis gegenüber anspruchsvollen Reformen begründen, bilden Untersuchungen, die sich mit der praktischen Umsetzung politischer Entscheidungen beschäftigen. Die

Implementationsforschung, ein Teilgebiet der Politikanalyse, war durch offensichtliche Diskrepanzen zwischen Anspruch und Wirklichkeit vieler Politikprogramme angeregt worden. Bahnbrechend war eine Studie über die Umsetzung von Bundesprogrammen in der kalifornischen Stadt Oakland (Pressman/Wildavsky 1973). Als Ursachen für die Kluft zwischen Programmzielen und -folgen entdeckte die Implementationsforschung die Eigeninteressen, Abstimmungsprobleme und unzureichenden Handlungskapazitäten auf Seiten der staatlichen Akteure sowie widersprüchliche Interessen und unterschätzte Handlungsspielräume bei den Politikadressaten.

Auch aus anderer Richtung wurden Zweifel an der Selbstgestaltungsfähigkeit moderner Gesellschaften angemeldet. Erfahrungsbasis des Zweifels waren die Schwierigkeiten demokratischer Regierungen bei dem Versuch, den konkurrierenden Forderungen von Wähler- und Interessengruppen nachzukommen und dabei für stetiges Wirtschaftswachstum, eine niedrige Inflationsrate und Vollbeschäftigung zu sorgen. Das zeitweise beobachtete Unvermögen wurde einem Missverhältnis zwischen der Struktur gesellschaftlicher Interessen auf der einen Seite und den Organisationsformen der demokratischen Politik auf der anderen zugeschrieben. Daran entzündete sich eine Debatte über die Grenzen der Regierbarkeit moderner Staaten (z.B. Crozier u.a. 1975; Hennis u.a. (Hg.) 1977). Die These der relativen *„Unregierbarkeit“* konvergierte mit Feststellungen zur Unmöglichkeit konsistenter langfristiger Planungen (Kydland/Prescott 1977).

Schließlich ist noch die Perspektive der soziologischen Systemtheorie auf die Möglichkeiten rationaler Politik zu erwähnen. Hier widersprechen bereits die Grundannahmen der Theorie jeder Vorstellung von einem handhabbaren Konzept rationaler gesellschaftlicher Steuerung (Luhmann 1984). In Abhandlungen, in denen Niklas Luhmann explizit auf politikwissenschaftliche Themen eingeht, wird die Möglichkeit zielsicherer politischer Reformen unzweideutig verneint. Politisches Handeln muss vielmehr „davon ausgehen, dass die Verhältnisse, auf die es seine Bemühungen richtet, sich in unerwarteter Weise durch die Bemühung selbst ändern“ (Luhmann 1981: 10). Den unvorhersehbaren Nebenfolgen des Steuerungsversuchs ist deshalb ein größeres Risiko zu bescheinigen als der Hinnahme des Status quo.

Der wissenschaftliche Befund scheint eindeutig, die Botschaft der skeptischen Theoriestücke wirkt überzeugend. Die Antworten, welche sozialwissenschaftliche Grundlagentheorien auf die Frage nach der Möglichkeit umfassender Reformen bereithalten, fallen samt und sonders negativ aus. Sie verdichten sich zu einem Theorem der Unmöglichkeit, dessen erkenntnistheoretische Fundierung im Kritischen Rationalismus (Popper 1972) über jeden Zweifel erhaben ist. Die empirische Evidenz des Theorems scheint durch die Folgen des chiliastischen Staatsterrorismus nationalsozialistischer und sowjetischer Prägung hinreichend belegt. Positiv gewendet postuliert das Unmöglichkeitstheorem die Alternativlosigkeit des schrittweisen, situativ angepassten und anhand seiner unmittelbaren Resultate lernenden Handelns. Soll „rationale“ Politik verantwortbar bleiben, so erschöpft sie sich in „piecemeal technology“ (Popper 1972; Elster 1987). Komplexere Projekte der Selbstgestaltung der Gesellschaft sind unrealisierbar oder, falls sie dennoch in Angriff genommen werden, potentiell desaströs.

Die präzise artikulierte Skepsis der Wissenschaft stand lange Zeit in einem auffallenden Kontrast zum Reformoptimismus der Parteiprogramme im Mitte-Links-Spektrum. Mochten die mit dem Stand der Forschung vertrauten Sozialwissenschaftler die großsprecherischen Reformambitionen von SPD und Grünen mit Häme oder freundlicher Ironie bedenken, praktizierende Politiker räumten allenfalls hinter vorgehaltener Hand ein, dass ihre Pläne unrealistisch seien. Gleichwohl gelang es den Grünen, ihren Aufstieg trotz zunehmender Skepsis gegenüber der Möglichkeit radikaler Reformen zu bewerkstelligen. Das mag zum einen als Hinweis auf die begrenzten Konsistenzansprüche des politischen Personals verstanden werden; zum anderen erklären sich hieraus nicht zuletzt die stetigen Reputationsgewinne der realpolitischen Strömung. In dem Maße, wie sie für das Parteiprofil bestimmend wurden, fanden die reformskeptischen Argumente nun auch Eingang in die parteiinterne Diskussion. In politischen Debatten mit „linken“ Sozialdemokraten kam es immer häufiger vor, dass Grüne sich zum Verteidiger des Realitätsprinzips machten. Auch der 2001 vorgelegte Entwurf für ein Grundsatzprogramm fiel deutlich moderater, weil in Diagnose und Therapievorschlägen differenzierter, aus als alle vorangegangenen Programme.

Zwei Beispiele erfolgreicher Großreformen

Die systematische Skepsis gegenüber ambitionierten Reformen ist den akademischen Professionen seit 40 Jahren vertraut. Die Argumente sind bekannt und der – häufiger politisch als wissenschaftlich motivierte – Widerspruch ist verstummt. Selbst einstmals engagierte Vertreter des Unmöglichkeitstheorems sehen keinen Grund mehr, besonderen Werbeaufwand für ihre Erkenntnisse zu betreiben. Doch die Ruhe an der Front des Pro und Contra täuscht. Unabweisbar bieten sich die unerwarteten Reformerfolge nach dem Kollaps des Sozialismus an, im Lichte des Unmöglichkeitstheorems holistischer Reformen diskutiert zu werden. Sollten sie dessen Annahmen widersprechen, würde das der systematischen Skepsis erhebliche Erklärungslasten auferlegen.

Zu einer Zeit, in der nun auch Politiker die prinzipielle Reformskepsis pflegen und das Versprechen eines Kanzlerkandidaten, „nicht alles anders, aber vieles besser machen“ zu wollen, schon überzogen wirkt, sieht es so aus, als würde die empirische Basis der generellen Skepsis erodieren. Unter „passenden“ Umständen und mittels „klug“ gewählter Instrumente scheinen anspruchsvolle Reformen durchaus realisierbar. Mit dieser Feststellung soll keineswegs einer Wiederbelebung utopischer Programme das Wort geredet werden. Aber es ist an der Zeit, die dem Unmöglichkeitstheorem zugrunde liegenden Annahmen einer sorgfältigen Prüfung zu unterziehen. Nachdem die Idee der Selbstgestaltung der Gesellschaft am Tiefpunkt ihrer Glaubwürdigkeit angelangt ist, könnte ein Umschlagen des Pendels in die andere Richtung bevorstehen. Das mag ein Blick auf erfolgreiche politische Gestaltungsleistungen in der ferneren und der jüngsten Geschichte europäischer Staaten belegen.

Sowohl die Schaffung sozialer Sicherungssysteme im Übergang vom 19. zum 20. Jahrhundert und die „dritte Welle“ der Demokratisierung nach dem Zweiten Weltkrieg als auch die Transformation sozialistischer Staaten am Ende des 20. Jahrhunderts und die Einführung einer gemeinsamen europäischen Währung in zwölf Ländern, die Anfang 2002 vollendet wurde, sind Reformen eines Kalibers, das im Licht der Reformskepsis als „kritisch“ zu werten ist. Zwar mögen manche ihrer Umstände von den „Normalbedingungen“ des politischen Prozesses in konsolidierten Demokratien abweichen, doch stehen Umfang und Reichweite der Reformen für exakt jenes Anspruchsniveau von Reformpolitik, auf das sich die Hypothese des notwendigen Scheiterns bezieht. Empirische Fälle erfolgreicher Reformpolitik vermögen deshalb die Bedingungen der Möglichkeit anspruchsvoller und wirkungsmächtiger Reformen zu erhellen. Werfen wir zunächst einen Blick auf Eigentümlichkeiten der Entscheidungsprozesse, die zur Ersteinführung sozialer Sicherungssysteme führten, und sodann auf den Schwierigkeitsgrad des postsozialistischen Reformprojekts.

Die Begründung moderner Sozialstaatsinstitutionen

Aus der umfangreich dokumentierten Geschichte des Sozialstaats werden im Folgenden vier Fälle herausgegriffen, in denen die *Ersteinführung* von Institutionen der sozialen Sicherung erfolgte. Es handelt sich um die im Deutschen Reich (1883-88) eingeführten Unfall-, Kranken- und Altersrentenversicherungen, die allgemeine Volksrente in Dänemark (1891) und Schweden (1913) sowie die gesetzliche Arbeitslosenversicherung in England (1911). Die vorgenannten Fälle anspruchsvoller Sozialreformen weisen eine Reihe von Gemeinsamkeiten auf.[3] Erstens basiert jeder einzelne Fall auf einem markanten Bruch mit überlieferten Probleminterpretationen, institutionellen Traditionen und etablierten Zuständigkeitszuschreibungen. Der Innovationsgrad der Reformen drückt sich in der Anerkennung eines nachhaltigen Wandels der Sozialstruktur und der Identifikation von zuvor unbekannten oder „unüblichen" staatlichen Aufgaben aus.

Zweitens zeichnet sich der Politikentwicklungsprozess durch einen innovationsförderlichen Motiv-Mix aus: Das sachliche und problemorientierte Innovationsinteresse paarte sich mit strategischen und taktischen Kalkülen des politischen Machtwettbewerbs. Dabei mochten letztere entweder (wie im deutschen Fall) auf die sichere Reproduktion einer gesellschaftlichen und institutionellen Ordnung, die Bewahrung der moralischen Reputation im Kontext des säkularen Demokratisierungsprozesses (wie in Skandinavien) oder

3 Den hier vorgestellten Befunden liegen insbesondere die Studien von Köhler/Zacher (Hg. 1981), Kuhnle (1978), Olsson (1990), Petersen (1990), Reidegeld (1996) und Ritter (1983) zugrunde. Für eine ausführlichere Darstellung der vier Fälle vgl. Wiesenthal (2002).

die Chancenverteilung im Parteienwettbewerb (wie in England) bezogen sein.

Drittens war die konkrete Gestalt der geschaffenen Institutionen in hohem Maße von der Struktur des politischen Entscheidungssystems geprägt. Es waren die das Parteiensystem strukturierenden sozialen Cleavages, die Exklusion bestimmter sozialer Klassen oder Kategorien (u.a. der Frauen) sowie von der Verfassung bestimmte Repräsentationsverhältnisse und Entscheidungsprärogative, welche über einzelne Merkmale und Parameter der sozialpolitischen Innovation entschieden.

Viertens fällt auf, dass zur Bearbeitung des begrifflich neu gefassten Problems nicht neue „Mittel" gesucht wurden. Die Auswahl einer problemangemessenen policy geschah vielmehr innerhalb eines weitgefassten, aber prinzipiell vertrauten Instrumentenkatalogs, wobei man entweder nationalen Traditionen bzw. Aversionen Rechnung trug oder auf im lokalen Rahmen erprobte Formen rekurrierte. Von einer Pfadabhängigkeit der Instrumentenwahl kann dennoch nicht die Rede sein, weil regelmäßig mehrere Alternativen von ähnlicher funktionaler Reputation zur Verfügung standen. So fiel die Entscheidung für das Versicherungsprinzip im Deutschen Reich in Konkurrenz mit der Alternative eines Ausbaus des ebenfalls schon praktizierten Haftpflichtrechts.

Fünftens lässt sich in jedem der vier Fällen eine Gruppe von Protagonisten ausmachen, die die Substanz des Projektes über die zahlreichen Stufen der Propagierung und Koordination bis zur Erlangung der Zustimmungsfähigkeit zu sichern verstanden. Als argumentationsstarke Vordenker hatten sie eine wichtige Funktion für das Zustandekommen des Deutungswandels und in der Arbeit von Untersuchungsausschüssen. Sie besorgten die flexible Adaption des Projekts an sich wandelnde Umstände und waren die Entdecker der politischen Gelegenheitsfenster. Als „politische Unternehmer" der Politikentwicklung und Bündniskonstruktion waren sie für den Erfolg der Reformprojekte entscheidend. Die Kontinuität der oft über mehrere Jahrzehnte[4] reichenden Reformbemühungen war im Wesentlichen ihr Verdienst.

4 So bedurfte es in Deutschland einer Zeitspanne zwischen zwölf und 18 Jahren, um ausgearbeitete Reformkonzepte verbindlich werden zu lassen. Vom Beginn der Diskussion über die Altersversorgung bis zur Verabschiedung der Volksrente verstrichen in Dänemark rund 40 und in Schweden knapp 30 Jahre.

Gleichwohl operierten die politischen Akteure durchweg unter Bedingungen hoher Unsicherheit. Sie bewegten sich in einem dynamischen und komplex bedingten Handlungsraum mit diffusen Kausalitäten. Ein Gutteil des Erfolgs verdankt sich der ständigen Suche nach „günstigen" Gelegenheiten das Projekt voranzubringen. In diesem Sinne handelte es sich bei den frühen Sozialreformen nicht um die Abarbeitung zweckrationaler Pläne, sondern um situativ sensible Experimente mit der sozialen Wirklichkeit. Bevor wir näher auf die Möglichkeiten der Akteure eingehen, mit hoher Unsicherheit und Entscheidungskomplexität umzugehen, seien die postsozialistischen Transformationen als zweiter Testfall betrachtet.

Die erfolgreiche Etablierung von Demokratie und Marktwirtschaft

Deutlicher als die Gründungsprozesse des Sozialstaats tragen die Transformationsprozesse der ehemals sozialistischen Staaten einen revolutionären Zug. Ihr Spezifikum sind die gleichzeitige Demokratisierung des politischen Systems und der Umbau des Wirtschaftssystems. Entgegen skeptischer Prognosen zeichnete sich schon nach wenigen Jahren in mehreren Ländern eine positive Bilanz ab. Parteien und Parlamente hatten sich zu den „entscheidenden" politischen Institutionen entwickelt; die Entflechtung und Privatisierung der Staatsbetriebe sowie die Konsolidierung des Staatshaushalts hatten ausländische Direktinvestitionen angeregt und positive Wachstumsraten – nach dem oft drastischen Rückgang der Produktionstätigkeit – ermöglicht. Nicht weniger bedeutsam sind die Erfolge bei der Errichtung einer rechtsstaatlichen Ordnung mit unabhängigen Verfassungs- und Zivilgerichten sowie der Umbau der öffentlichen Verwaltung.

Die Form der folgenden Bemerkungen zu Ergebnissen der Transformation weicht von der vorangegangenen Beschreibung der Sozialstaatsinnovationen ab. Ein Grund ist der größere Bekanntheitsgrad der jüngeren Ereignisse in Mittel- und Osteuropa, der detaillierte Schilderungen erübrigt. Ein zweiter Grund liegt im Vorhandensein einer Reihe von skeptischen Hypothesen über den Ausgang der Transformationsprozesse, die teilweise explizit auf das erwähnte Unmöglichkeitstheorem Bezug nehmen. Da sie die Aufmerksamkeit auf die „kritischen“ Aspekte der Transformation lenken, gibt ihre Prüfung Aufschluss über die Tauglichkeit einzelner Annahmen des Theorems.

Gemäß den skeptischen Erfolgsprognosen manifestierte sich die besondere Komplexität der Transformationspolitik in fünf spezifischen Risiken:

(1) Neben dem unübersehbaren Rechtsdefizit der Übergangsgesellschaften bestand ein *kulturelles* Voraussetzungsdefizit der neuen Institutionen (Sztompka 1993). Es wurde an der Abwesenheit einer lebendigen Bürgergesellschaft und eines fruchtbaren Verhältnisses zwischen den Sphären des Privaten und des Öffentlichen festgemacht. Informierte Beobachter warnten vor dem Beharrungsvermögen „sozialistischer“ Werte und dem Enttäuschungspotential der auf ihnen basierenden unrealistischen Erwartungen.

(2) Weil die neuen Institutionen erkennbar das Resultat politischer Wahlentscheidung sind, wurde des Weiteren ein Mangel an Akzeptanz befürchtet. Sie würden als willkürlich selektiert wahrgenommen werden, was sowohl die Legitimität des Setzungsaktes als auch ihren Geltungsanspruch untergraben müsste. Folglich war mit der Geltungskonkurrenz von Elementen der alten und der neuen Institutionenordnung zu rechnen. Darunter würde die Effektivität der politischen Steuerung leiden.

(3) Ein weiteres Transformationsrisiko wurde hinsichtlich der Kontextadäquanz „importierter“ Institutionen vermutet. Immerhin werden einigen der westeuropäischen Vorbildinstitutionen Effektivitäts- und Rationalitätsmängel attestiert, die sie nicht unbedingt als „beste“ Lösungen für zeitgenössische Problemlagen auszeichnen. Weil sich die akuten Probleme der Transformationsländer beträchtlich von jenen unterscheiden, zu deren Bearbeitung vor 150, 100 oder 50 Jahren Rechtssysteme und Sozialinstitutionen „erfunden“ worden waren, sei der Institutionentransfer mit erheblichen Anpassungsproblemen belastet.

(4) Die Übernahme komplexer Institutionensysteme krankte an der für sozialistische Gesellschaften typischen Knappheit „sozialen Kapitals“ i.S. von Robert Putnam (1993). Das belegen die im Ergebnis sehr ungleichen Assoziationsprozesse im Parteiensystem und im Bereich der verbandlichen Interessenorganisation. Da Parteien von der hohen Aufmerksamkeit für Wahlen und ihrer *gatekeeper*-Funktion für öffentliche Ämter profitierten, erwies sich das Parteiensystem dem Verbändesystem im Wettlauf um Organisationsressourcen regelmäßig überlegen (Wiesenthal 1996). Die Verbändesysteme sind dagegen auch heute noch schwach, fragmentiert und wenig repräsenta-

tiv. Sie taugen weder zur Vertretung funktionaler Interessen im politischen System noch zur Übernahme von Aufgaben der sektoralen Steuerung.

(5) Als gravierendstes Erfolgsrisiko galt der Umstand der „dualen Transition“, d.h. der Gleichzeitigkeit von politischem und ökonomischem Wandel (Offe 1991). Er machte die Transition vom Sozialismus zu einem konzeptionell und historisch einzigartigen Projekt. Da es mit der Demokratisierung zu einer enormen Ausweitung der Chancen politischer Partizipation kommt, wurde ein effektives Veto der mit hohen Übergangskosten belasteten Bevölkerungsmehrheit erwartet. Je schmerzhafter die Reformen ausfielen und je demokratischer das politische System sei, desto sicherer drohe der Abbruch des Reformprogramms. Da sich demokratische Systeme auf Dauer weder dem Willen der Bevölkerungsmehrheit noch dem Opportunismus der politischen Akteure entziehen könnten, wurde mit erheblichen Abstrichen am Reformprogramm gerechnet.

Die hier umrissenen Risiken belegen im Detail, auf welche Weise sich die Grenzen der individuellen Informationsverarbeitung, der kollektiven Entscheidungsrationalität und der Abwesenheit eines konsensfähigen Konzepts der Systemrationalität empirisch bemerkbar zu machen drohen. Es mag deshalb genügen, an Indikatoren des Reformerfolgs zu erinnern und auf einige Ursachen der – zumindest für eine Reihe von mitteleuropäischen Ländern – positiven Reformbilanz zu verweisen.

So wird immerhin acht der 13 europäischen Reformländer,[5] und zwar Estland, Lettland, Litauen, Polen, Slowakei, Slowenien, Tschechien und Ungarn, bescheinigt, heute das gleiche Niveau politischer Freiheit etabliert zu haben wie die konsolidierten Demokratien Westeuropas.[6] Diese acht Reformländer sind auch die Spitzenreiter der ökonomischen Erholung. Auf der Skala des mit der Kaufkraftparität gewichteten Pro-Kopf-Sozialprodukts hatten Slowenien und Tschechien 1999 das Niveau von Griechenland und Chile erklommen, während die Slowakei, Ungarn und Polen den etwas niedrigeren Lebensstandard der Türkei (wieder-)erreicht hatten. In Anerkennung der erzielten Transformationsfortschritte erhielten inzwischen zehn Staaten den Status von EU-Beitrittskandidaten.

---

5 Insgesamt sind es einschließlich der DDR 29 ehemals sozialistische Länder, die sich nach 1989 der Transformation ihres Institutionensystems unterzogen.

6 Länder mit einem äquivalenten Freiheitsniveau sind Deutschland, Frankreich, Großbritannien und Italien (vgl. http://freedomhouse.org/research/freeworld/2000/table5. htm).

In welchem Maße waren die Transformationsprozesse mit den prognostizierten Komplexitätsproblemen und Rationalitätsgrenzen belastet? Vergleichende Untersuchungen zeigen, dass der Komplexitätsüberschuss des anspruchsvollen Projekts auf beiden Ebenen politischen Gestaltens, der Ebene der „policies" und der Ebene der „politics", mit per Saldo positiven Resultaten bearbeitet wurde.[7] Im Spannungsfeld von Privatisierungsprogramm und Beschäftigungskrise zeigten sich die Reformakteure der erfolgreicheren Länder durchaus im Stande, das Risiko des Scheiterns zu antizipieren und durch Wahl geeigneter policies zu meistern (Wielgohs 2001). Sie wechselten flexibel zwischen verschiedenen Optionen der Unternehmensprivatisierung (Beyer/Wielgohs 2001), verstanden sich auf eine zeitliche Streckung des Beschäftigungsabbaus, um dem Privatsektor Gelegenheit zur aufholenden Entwicklung zu geben, förderten die Gründung von Klein- und mittelgroßen Unternehmen und schufen mittels Arbeitslosenversicherung, Frühpensionierung und aktiver Arbeitsmarktpolitik ein Sicherungsnetz für entlassene Arbeitnehmer. Mit policies, die gelegentlich den Empfehlungen der Weltbank zuwiderliefen, wie z.B. *vouchers* und *citizens grants* als Instrumenten der sog. Massenprivatisierung, wurden exakt jene Legitimationsklippen umschifft, die der „dualen" Transformation bescheinigt worden waren.

„Kluge" Policy-Entscheidungen lagen nicht nur der Auswahl, dem Timing und der Sequenzierung von Maßnahmen der Wirtschaftstransformation zugrunde (Beyer 2001), sondern betrafen auch die Gestaltung der Entscheidungs- und Partizipationsordnungen. So finden sich auf der *Politics*-Ebene kooperative Arrangements zwischen Regierung und (potentiellen) außerparlamentarischen Oppositionskräften, namentlich den Gewerkschaften, die vertrauensbildende Kommunikationen begünstigten. Präventivarrangements der Konsenssicherung halfen, aufkommende Konflikte im Bereich der Arbeits-, Einkommens- und Sozialpolitik zu entschärfen. Sie wirkten als vorbeugender Flankenschutz für Reformen mit vorübergehenden, aber konzentrierten sozialen Nachteilen.

Der Vollständigkeit halber ist zu erwähnen, dass die postsozialistischen Transformationen auch von einer Reihe *günstiger* Umstände profitierten. So zeigten viele Bürger (noch) positive Einstellungen zu einer „starken" Regierung bzw. einem „starken" Staat. Auch existierte eine ausgesprochen re-

---

7 Für eine ausführlichere Diskussion der Erfolgsfaktoren vgl. Wiesenthal (2000).

formgünstige Struktur der Interessenrepräsentation mit konsensorientierten Reformeliten auf der einen Seite und schwachen Interessenverbänden auf der anderen. Konsensförderlich war auch der Mythos eines quasi natürlichen Zusammenhangs von repräsentativer Demokratie und prosperierender Wirtschaft, der sich erst in der unvermeidlichen Transformationskrise verflüchtigte. Umstände und Faktoren dieser Art konstituierten ein „Gelegenheitsfenster", das die Akteure rechtzeitig identifizierten und ebenso erfolgreich zu nutzen wussten wie die Protagonisten der frühen Sozialreformen.

Zwischenfazit

Die an beiden Fällen anspruchsvoller Reformpolitik beobachteten Akteurkompetenzen und Steuerungsleistungen sind schwerlich mit den komplexitätstheoretischen Annahmen des Unmöglichkeitstheorems in Einklang zu bringen. Im Einzelnen lassen sich folgende Differenzen zwischen den Prämissen des Theorems und den empirischen Befunden ausmachen: (1) Die auf der Mikroebene lokalisierten Grenzen der individuellen Informations- und Entscheidungsrationalität (Stichwort *bounded rationality*) erwiesen sich als weniger gravierend und prinzipiell überwindbar. Wenngleich es erwartungsgemäß an Belegen für „vollständig" rationales Handeln mangelt, verfügten doch die Akteure über eine große Skala von mehr oder weniger problemgeeigneten, d.h. potentiell zielführenden Alternativen. Von einer „absoluten" Komplexitätsfalle für anspruchsvolle Reformen kann deshalb nicht die Rede sein. Entgegen vielen Befürchtungen wurden die postsozialistischen Reformen auch nicht von kulturellen *legacies* nachhaltig behindert.

(2) Was die auf der Mesoebene vermuteten Ressourcen-, Identitäts- und Strategieprobleme kollektiver Akteure sowie das Rationalitätsdefizit kollektiver Entscheidungen angeht, so ist der Beobachtungsbefund weniger überraschend. Die im Unmöglichkeitstheorem unterstellten Hindernisse waren empirisch beobachtbar, wenngleich in unterschiedlichem Maße bedeutsam. Im Falle der Sozialreformen bedurfte es der zeitraubenden Errichtung mehrheitsfähiger Befürworterkoalitionen, um den organisierten Widerspruch zu überwinden. Das geringe Gewicht von „rent-seekers" und organisierten Partikularinteressen in den mitteleuropäischen Transformationsländern ist dage-

gen der besonderen institutionellen Verfasstheit sozialistischer Gesellschaften und speziell ihrer „Unterorganisation" zum Zeitpunkt des Untergangs zuzuschreiben.

(3) Auf der Makroebene war in beiden Fällen – entgegen der theoretischen Prognose – das notwendige Wissen von systemrationalen, d.h. dem funktional relevanten Kontext angepassten, institutionellen Formen verfügbar. Die in ihrem Gestaltungsanspruch begrenzten frühen Sozialreformen bedurften offensichtlich keines Konzepts der umfassenden Systemrationalität. Sie blieben auf ein oder zwei Teilsysteme der Gesellschaft beschränkt, die über je eigene Adaptionspotentiale verfügten. Die gleichwohl von den Akteuren ausgefochtenen Weltbildkontroversen über die „richtige" Gesamtsystemrationalität (nach dem Schema „liberaler Kapitalismus" versus „Staatssozialismus") waren weder für die Ergebnisse der Konzeptualisierung noch der Implementierung der Reformen bedeutsam. Im Falle der postsozialistischen Transformationen war die Frage nach dem angemessenen Konzept der Systemrationalität durch das unstrittige Beispiel der westlichen Institutionensysteme beantwortet. Es war instruktiv, weil hinreichend klare empirische Referenzen gegeben sind. Die implizierten Freiheitsgarantien und Bürgerrechte bildeten effektive Korrekturpotentiale. Folglich ist die mit dem Unmöglichkeitstheorem assoziierte Annahme zurückzuweisen, dass das Selbstwissen der Gesellschaft von ihren politischen und ökonomischen Basisinstitutionen stets unzureichend sei.

Anspruchsvolle Reformen: möglich, aber voraussetzungsvoll

Wie die Fälle der Ersteinführung sozialer Sicherungssysteme und der prognosewidrige Erfolg von Transformationsprozessen in Mitteleuropa belegen, gehören anspruchsvolle Reformprojekte nicht durchweg in den Bereich der Phantasie. Die Diskrepanz zwischen dem Katalog skeptisch stimmender Theoriestücke einerseits und empirischen Beobachtungen andererseits verdient es also, sorgfältig sondiert zu werden. Offensichtlich addieren sich die für sich genommen stringent scheinenden Theoreme über spezifische Rationalitätsgrenzen nicht zu einer Allaussage, derzufolge keine rationalen Reaktionen auf Rationalitätsprobleme möglich sind.

Dieser Befund bestätigt die Vermutung, dass die Konjunktur des wissenschaftlichen Räsonnements über die Bedingungen anspruchsvoller Reformen einer anderen Rhythmik folgt als die Konjunktur des Selbstvertrauens politischer Akteure. Wie wäre es sonst zu erklären, dass der theoretische Reformzweifel von der Existenz der offensichtlich nichtsubsumierbaren Sachverhalte, etwa dem Entstehungsprozess der modernen Sozialstaaten, so lange unberührt blieb? Weniger überraschend ist dagegen, dass sich die Protagonisten des Systemwechsels nicht mit den akademischen Zweifeln an der Durchführbarkeit ihres Projekts aufhielten. Und von ähnlich geringem Überraschungswert sind jene Analysen der postsozialistischen Transformation, die nicht nur ungleiche Erfolgsbedingungen und -indikatoren konstatieren, sondern auch den erfolgreicheren Fällen Übergangskrisen und Perfektionsmängel nachweisen können (z.B. Müller (Hg.) 1998).

Es gibt also nach wie vor guten Grund, den Rat von Carl Joachim Friedrich (1963: 381) zu befolgen, mit dem Begriff des „politisch Unmöglichen" sehr vorsichtig umzugehen. Die Neigung, das gesellschaftliche Selbstgestaltungspotential – aus prinzipiellem Zweifel am Fortschrittsmythos oder schlecht informierter akademischer Redlichkeit – zu unterschätzen, ist keine Tugend. Sie bewirkt eine Selbsteinschüchterung, die sich im Modus der „self-fulfilling prophecy" zu bestätigen vermag. Dennoch wäre es leichtfertig, fortan allen mutigen Ideen und Großprojekten der Gesellschaftsreform einen Blankokredit einzuräumen. Nicht alles, was nötig erscheinen mag, ist möglich; nicht alles, was möglich ist, kann als sachlich adäquat durchgehen. Inkongruenzen im Verhältnis von Reformbedarfsdiagnosen, problemadäquaten Reformprogrammen und mehrheitsfähigen Reformkoalitionen werden das politische Handlungsfeld auch weiterhin bestimmen. Doch sollten sie die Wahrnehmungen der Akteure nicht derart trüben, dass günstige Gelegenheiten ungenutzt verstreichen.

Welche Schlüsse lassen sich aus der Erkenntnis der prinzipiellen, aber voraussetzungsvollen Möglichkeit ambitionierter Reformen ziehen? Die Frage nach den positiven Möglichkeitsbedingungen lässt sich nicht auf die gleiche Weise beantworten wie die Frage nach den Geltungsgrenzen des Unmöglichkeitstheorems. Wollte man versuchen, die notwendigen und hinreichenden Bedingungen aufzulisten, so würde der gleiche Fehler einer rhetorischen Überdetermination des Sachverhalts riskiert, den bereits die notorischen Skeptiker begingen. Die Menge der zur Definition eines Gelegenheitsfensters zu sondierenden Variablen dürfte mindestens im Bereich dreistelliger Zahlen liegen. Welche von ihnen aufgrund bestimmter Ausprägungen tatsächlich ein Fenster konstituieren, ließe sich selbst ex post nur tentativ ermitteln.

Angesichts der Komplexität realer Politikprozesse wirken die Ratschläge, die sich im Einklang mit dieser Diagnose geben lassen, vergleichsweise trivial:

(1) Vertreter anspruchsvoller Reformpläne täten gut daran, nur einen begrenzten Teil ihres Programmkatalogs als Munition für politische Konflikte bzw. den Parteienwettbewerb zu verwenden. Für die gewichtigeren Projekte wären vielmehr Anschlussstellen auch bei Akteuren außerhalb des eigenen Lagers zu suchen und zu pflegen, um das Anliegen gegen die Simplifikations- und Negationsanreize des politischen Wettbewerbs abzuschirmen. Denn Reformen, die durch polarisierte Mehrheitsentscheidungen zu Stande kommen, stehen in der Gefahr, beim nächsten Regierungswechsel annulliert zu werden. Das gilt insbesondere für Projekte, die große Teile der Bevölkerung als oktroyierte Antworten auf nicht gestellte Fragen empfinden.

(2) An die Homogenität der Befürworterkoalition eines Projektes sollten keine zu hohen Ansprüche gestellt werden. Von der Unfruchtbarkeit eines fundamentalistischen „Sofortismus“ abgesehen, ist prinzipielle Offenheit für eine Palette alternativer Konzeptionen zu empfehlen, unter denen nach Maßgabe der mittelfristigen Relevanzkonjunkturen und der allemal knappen „windows of opportunity“ gewählt werden muss. Diese Perspektive korrespondiert dem Arbeitsstil einer Projektwerkstatt, in der Ideen auf alternierende Weise instrumentiert und auf das Konkretionsniveau von Schubladenpartituren gebracht werden.

(3) Die anspruchsvollsten Projekte einer Institutionenreform wären aus dem Vorstellungshorizont dessen, was in einer Legislaturperiode geleistet werden kann, herauszunehmen und auf die Schiene diskursiver, von Organisationsgrenzen und -identitäten unbehinderter Erörterungen zu setzen. So ist wohl davon auszugehen, dass die anspruchsvolleren Projekte einer institutionellen Modernisierung Deutschlands zur Zeit erst das Stadium der kontroversen Problemidentifikation erreicht haben. Ernsthafte Reformambitionen hätten sich folglich an der Entwicklung eines angemessenen „Deutungsrahmens“ zu bewähren und erst einmal auf eine Neujustierung der „Grenzen des akzeptablen politischen Handelns“ (Nullmeier 1993: 184) hinzuarbeiten.

(4) Selbst die von einer mehrheitsfähigen Befürworterkoalition[8] prozessierten Projekte werden stets den Charakter von Experimenten mit der sozialen Wirklichkeit (Ostrom 1999: 519) haben. Geeignete Weisen der Vorbereitung gehen deshalb nicht in der immer detaillierteren Spezifikation der einzelnen Parameter des Projektes auf, sondern schließen die Erkundung von Flexibilitätspotentialen, zielunschädlichen Alternativen und äquifinalen Instrumenten ein. Das, nicht aber die ex ante-Definition eines idealen Erfolgspfades, ermöglicht es den Akteuren, mit Unsicherheit und Entscheidungskomplexität in dynamischen Handlungsfeldern erfolgreich umzugehen. Fast überflüssig zu erwähnen ist, dass geschlossene Weltbilder und politische Ersatzreligionen die denkbar schlechtesten Voraussetzungen für die Erschließung des politischen Möglichkeitsraums abgeben.

Schlussbemerkung

Es bedarf keiner Erläuterung, dass die Partei Bündnis 90/Die Grünen in ihrer gegenwärtigen Verfassung nicht in der Lage ist, den Anforderungen an einen rationalen Umgang mit den Hindernissen anspruchsvoller Reformen gerecht zu werden. Litt doch die reformpolitische Praxis der rot-grünen Bundesregierung von 1998-2002 an einem eklatanten Mangel an Strategie- und Steuerungsfähigkeiten, der v.a. die Grünen an der Nutzung der eroberten Chancen hinderte (Raschke 2001). Den Grünen fehlten überraschenderweise selbst auf programmatisch so prominenten Politikfeldern wie der Umwelt-, Energie- und Gesundheitspolitik professionell vorbereitete Policyprojekte, die dem antizipierbaren Bedarf an Bündnispartnern und öffentlicher Unterstützung (Stichwort „Erwartungssteuerung“)[9] sowie instrumentellen Alternativen hätten gerecht werden können.[10]

---

8 Hier wie an anderer Stelle des Beitrags wird auf das von Paul A. Sabatier entwickelte „advocacy coalition framework“ der Politikanalyse Bezug genommen. Vgl. Sabatier/Jenkins-Smith (1999).

9 Raschke (2001) kritisiert u.a. die unzureichenden Anstrengungen grüner Regierungsmitglieder, durch frühzeitige Einstimmung der Öffentlichkeit auf die fokussierten Probleme für ausreichende Akzeptanz der Reformpolitik zu sorgen.

10 Insbesondere der Atomausstiegs-„Strategie“ wird eine vernichtende Bewertung zuteil: „ohne Linie“, „ohne Kampf“, „ohne Kommunikation“ (Raschke 2001: 205).

Wenn die in diesem Beitrag vorgestellten Überlegungen zutreffen, werden sich nicht nur die Grünen, sondern alle mit einem wie auch immer gearteten Modernisierungsprojekt befassten Akteure auf einen schleichenden Wandel der Policy-Philosophie einstellen müssen. Er wird die Abkehr von der gerade erst eingeübten Ablehnung anspruchsvoller Reformen bringen – gewiss nicht auf kurze Sicht, aber vermutlich schon in der Perspektive einer Dekade. Auf diesen Wandel des Reformklimas sind die Parteien des Mitte-Rechts-Spektrums dank ihrer Oppositionsrolle besser vorbereitet als ihre linken Konkurrenten. Für das Schicksal letzterer dürfte deshalb entscheidend sein, ob und wann es ihnen gelingt, die unter den Loyalitätsanforderungen der Regierungsarbeit eingefrorenen Kreativitätspotentiale wieder freizusetzen und an einem breiten zeitgenössischen Ideenspektrum statt an vergangenen Identitätsbedürfnissen auszurichten.

Literatur

Arrow, Kenneth J. 1963: Social Choice and Individual Values, New Haven: Yale University Press

Beyer, Jürgen 2001: Jenseits von Gradualismus und Schocktherapie – Die Sequenzierung der Reformen als Erfolgsfaktor, in: Wiesenthal, Helmut (Hg.), Gelegenheit und Entscheidung. Wiesbaden: Westdeutscher Verlag, S. 169-190

Beyer, Jürgen/Wielgohs, Jan 2001: Postsozialistische Unternehmensprivatisierung und die Anwendungsgrenzen für Pfadabhängigkeitstheorien, in: Dittrich, Eckhard (Hg.), Wandel, Wende, Wiederkehr. Transformation as Epochal Change in Central and Eastern Europe: Würzburg: Ergon Verlag, S. 79-107

Cohen, Michael D./March, James G./Olsen, Johan P. 1972: A Garbage Can Model of Organizational Choice, in: Administrative Science Quarterly 17, S. 1-25

Crozier, Michel J./Huntington, Samuel P./Watanuki, Joji 1975: The Crisis of Democracy, New York: New York University Press

Ebermann, Thomas/Trampert, Rainer 1984: Die Zukunft der Grünen. Ein realistisches Konzept für eine radikale Partei, Hamburg: Konkret Literatur Verlag

Elster, Jon 1987: The Possibility of Rational Politics, in: Archives Européennes de Sociologie 28, S. 67-103

Fischer, Joschka 1983: Für einen grünen Radikalreformismus, in: Kraushaar, Wolfgang (Hg.), Was sollen die Grünen im Parlament?, Frankfurt am Main: Verlag Neue Kritik, S. 35-46

Fischer, Joschka 1989: Der Umbau der Industriegesellschaft. Plädoyer wider die herrschende Umweltlüge, Frankfurt am Main: Eichborn

Friedrich, Carl Joachim 1963: Man and His Government, New York: McGraw-Hill

Hasenclever, Wolf-Dieter und Connie 1982: Grüne Zeiten. Politik für eine lebenswerte Zukunft, München: Kösel-Verlag
Hennis, Wilhelm/Graf Kielmansegg, Peter/Matz, Ulrich (Hg.) 1977: Regierbarkeit. Studien zu ihrer Problematisierung, Stuttgart: Klett-Cotta
Kelly, Petra K. 1983: Um Hoffnung kämpfen. Gewaltfrei in eine grüne Zukunft, Bornheim-Merten: Lamuv-Verlag
Köhler, Peter A./Zacher, Hans F. (Hg.) 1981: Ein Jahrhundert Sozialversicherung in der Bundesrepublik Deutschland, Frankreich, Großbritannien, Österreich und der Schweiz, Berlin: Duncker & Humblot
Kuhnle, Stein 1978: The Beginnings of the Nordic Welfare States: Similarities and Differences, in: Acta Sociologica, Supplement, S. 9-35
Kydland, Finn E./Prescott, Edward C. 1977: Rules Rather than Discretion: The Inconsistency of Optimal Plans, in: Journal of Political Economy 85, S. 473-491
Land, Rainer (Hg.) 1990: Das Umbaupapier. Argumente gegen die Wiedervereinigung, Berlin: Rotbuch
Lindblom, Charles E. 1959: The Science of Muddling Through, in: Public Administration Review 19, S. 79-88
Luhmann, Niklas 1981: Politische Theorie im Wohlfahrtsstaat, Wien: Olzog
Luhmann, Niklas 1984: Soziale Systeme, Frankfurt am Main: Suhrkamp
March, James G./Olsen, Johan P. 1989: Rediscovering Institutions, New York: Free Press
Mayntz, Renate/Scharpf, Fritz W. 1973: Kriterien, Voraussetzungen und Einschränkungen aktiver Politik, in: dies. (Hg.), Planungsorganisation, München: Piper, S. 115-145
Müller, Klaus (Hg.) 1998: Postsozialistische Krisen, Opladen: Leske+Budrich
Nullmeier, Frank 1993: Wissen und Policy-Forschung. Wissenspolitologie und rhetorisch-dialektisches Handlungsmodell, in: Héritier, Adrienne (Hg.), Policy-Analyse. PVS Sonderheft 24, Opladen: Westdeutscher Verlag, S. 175-196
Offe, Claus 1991: Das Dilemma der Gleichzeitigkeit. Demokratisierung und Marktwirtschaft in Osteuropa, in: Merkur 45, S. 279-292
Olson, Mancur 1965: The Logic of Collective Action, Cambridge, MA: Harvard University Press
Olsson, Sven E. 1990: Social Policy and Welfare State in Sweden, Lund: Arkiv förlag
Ostrom, Elinor 1999: Coping with Tragedies of the Commons, in: Annual Review of Political Science 2, S. 493-535
Petersen, Jørn Henrik 1990: The Danish 1891 Act on Old Age Relief: A Response to Agrarian Demand and Pressure, in: Journal of Social Policy 19, S. 69-91
Popper, Karl R. 1972: The Poverty of Historicism, London: Routledge & Kegan Paul
Pressman, Jeffrey L./Wildavsky, Aaron 1973: Implementation. How Great Expectations in Washington are Dashed in Oakland, Berkeley: University of California Press
Putnam, Robert D. 1993: Making Democracy Work. Civic Traditions in Modern Italy, Princeton: Princeton University Press
Raschke, Joachim 2001: Die Zukunft der Grünen. "So kann man nicht regieren". Mit einem Beitrag von Achim Hurrelmann, Frankfurt am Main/New York: Campus
Reidegeld, Eckart 1996: Staatliche Sozialpolitik in Deutschland, Opladen: Westdeutscher Verlag

Ritter, Gerhard A. 1983: Sozialversicherung in Deutschland und England, München: Beck
Ruß-Mohl, Stephan 1993: Konjunkturen und Zyklizität in der Politik: Themenkarrieren, Medienaufmerksamkeits-Zyklen und „lange Wellen", in: Héritier, Adrienne (Hg.), Policy-Analyse. PVS Sonderheft 24, Opladen: Westdeutscher Verlag, S. 356-368
Sabatier, Paul A./Jenkins-Smith, Hank C. 1999: The Advocacy Coalition Framework: An Assessment, in: Sabatier, Paul A. (Hg.), Theories of the Policy Process, Boulder: Westview Press, S. 117-166
Scharpf, Fritz W. 1972: Komplexität als Schranke der politischen Planung, in: Politische Vierteljahresschrift Sonderheft 4, S. 168-192
Scherer, Klaus-Jürgen/Vilmar, Fritz 1985: Ökosozialismus? Rot-grüne Bündnispolitik, Berlin: Verlag Europäische Perspektiven
Simon, Herbert A. 1957: Models of Man. Social and Rational, New York: John Wiley & Sons
Sztompka, Piotr 1993: Civilizational Incompetence: The Trap of Post-Communist Societies, in: Zeitschrift für Soziologie 22, S. 85-95
Wielgohs, Jan 2001: Varianten erfolgreicher Privatisierungspolitik - Die Konditionierung und Steuerung der Unternehmensprivatisierung in Estland, Polen und der Tschechischen Republik, in: Wiesenthal, Helmut (Hg.), Gelegenheit und Entscheidung, Wiesbaden: Westdeutscher Verlag, S. 93-168
Wiesenthal, Helmut 1996: Organized Interests in Contemporary East Central Europe: Theoretical Perspectives and Tentative Hypotheses, in: Ágh, Attila/Ilonszki, Gabriella (Hg.), Parliaments and Organized Interests. The Second Steps, Budapest: Hungarian Centre for Democracy Studies, S. 40-58
Wiesenthal, Helmut 2000: Die politische Organisation des Unwahrscheinlichen. Sozialtheoretische Lehren der Transition vom Sozialismus, in: Hinrichs, Karl/Kitschelt, Herbert/Wiesenthal, Helmut (Hg.), Kontingenz und Krise, Frankfurt am Main/New York: Campus, S. 189-217
Wiesenthal, Helmut 2002: Konjunkturen des Machbaren – Beobachtungen auf der Fährte der rationalitätskritischen Theorie, in: Nassehi, Armin/Schroer, Markus (Hg.), Der Begriff des Politischen. Sonderheft „Soziale Welt", i.E.
Wunder, Dieter 1989: Der Zusammenbruch des „realen Sozialismus" und das Selbstverständnis der Gewerkschaften, in: Gewerkschaftliche Monatshefte 40, S. 714-718

Fritz Kuhn

Strategische Steuerung der Öffentlichkeit?

Lässt sich öffentliche Kommunikation strategisch steuern? Können politische Parteien erfolgreich Öffentlichkeitssteuerung betreiben? Um mich dieser Frage zu nähern, möchte ich in diesem Beitrag zunächst einige Bemerkungen zum Thema Strategiefähigkeit machen. In einem zweiten Schritt werde ich dann fragen: Was sind die Bedingungen erfolgreicher Kommunikation? Darauf aufbauend werde ich drittens etwas ausführlicher auf die Frage nach den Möglichkeiten und Grenzen einer strategischen Öffentlichkeitssteuerung durch politische Parteien eingehen. Es folgen einige skeptische Bemerkungen zu journalistischen Appellen, die auf eine „Entschleunigung" der Medienkommunikation zielen. Abschließend werde ich versuchen, eine zusammenfassende Antwort auf die Frage nach einer strategischen Öffentlichkeitssteuerung zu geben.

Strategiefähigkeit

Zunächst also zur Frage nach der Strategiefähigkeit von politischen Parteien, wobei es hier insbesondere um die Fähigkeit zur strategischen Steuerung von Öffentlichkeit geht. Was die Planbarkeit von Öffentlichkeitssteuerung angeht, so hege ich im Kern einen bejahenden Skeptizismus. Wie sich die darin enthaltene Skepsis begründet, kann ich am besten am Beispiel des Schachspiels verdeutlichen. Strategische Schachspieler sind Spieler, die den Grundzug eines Schachspiels anhand der eigenen Stärken und der Annahmen über die Stärken der Gegner festlegen. Darin unterscheiden sie sich von taktischen

Spielern, die lediglich zwei oder drei Züge vorherbestimmen. Und der Witz bei erfolgreichen strategischen Spielern liegt darin, dass sie eine bestimmte Bedingung erfüllen müssen: Strategische Spieler müssen dauernd ihre Annahmen über die Strategie im konkreten Spiel überprüfen und gegebenenfalls ihre Strategie ändern, um erfolgreich zu sein. Dabei kann man allerdings oft beobachten, dass meist das, was im Spielverlauf durch diese Änderungen und taktischen Anpassungen herausgekommen ist, dann nachher zur vornhinein geplanten Strategie erklärt wird. Das gilt jedenfalls für das Schachspiel. Es sei denn, man hat verloren. Dann unterbleiben derartige „strategische" Rekonstruktionen des eigenen Spielverhaltens meist. Strategische Planung als Voraussetzung von Steuerung setzt also die prinzipielle Anpassung einer Strategie voraus. Selten sind Parteien dazu rechtzeitig in der Lage.

Ein zentrales Problem für mich als Politiker, das sich wahrscheinlich auch für alle anderen stellt, die über Strategien reden, liegt nun darin, dass *eigene Strategien* im Kern *nicht kommunikabel* sind. Anders gesagt: Man kann eigentlich gar nicht öffentlich über seine Strategien reden – es sei denn, man hat nicht verstanden, was eine Strategie ausmacht. Dieses Problem – die grundlegende Nicht-Kommunizierbarkeit der eigenen Strategien – ist deutlich zu unterscheiden von dem Umstand, dass man im Politikbetrieb eigene Strategien spinnen und anschieben muss und zwischenzeitlich auch vor Journalisten über Strategien reden muss. Das ist aber nicht gleichzusetzen mit der öffentlichen Darstellung der eigenen Strategie. Um Missverständnissen vorzubeugen: Damit soll nicht gesagt werden, dass Journalisten eine andere Strategie erzählt bekommen als die, die man als handelnder Politiker tatsächlich verfolgt. Das Problem der Nicht-Kommunizierbarkeit von Strategien ist anders gelagert. Wenn man als handelnder Politiker einem Journalisten in einem Hintergrundgespräch die eigene Strategie darlegen würde, dann hätte man nicht verstanden, was eine Strategie ist. Was sagen Politiker, wenn sie über ihre Strategie reden? Sie machen vielleicht ein paar Eckpunkte und reden über etwas, das schon aufgegangen ist oder doch vielleicht bald aufgeht. Wenn tatsächlich Strategien von langer Hand vorbereitet werden, dann steht ihre öffentliche Darstellung in den Augen der Journalisten unter Taktikverdacht – und damit im Gegensatz zu einer Strategie. Es geht also kommunikativ nicht. Die eigene Strategie ist so wenig kommunikabel wie Glaubwürdigkeit. Man kann nicht überzeugend über die eigene Glaubwürdigkeit sprechen. Aus ähnlichen Gründen kann man auch nicht über die eigene Strategie sprechen, jedenfalls nicht mit Aussicht auf wirklichen Erfolg.

Bedingungen für erfolgreiche Kommunikation

Aus der Linguistik lassen sich mindestens *vier Bedingungen erfolgreicher Kommunikation* herleiten. Diese Bedingungen sind bei der politischen Sprach- oder Kommunikationssteuerung oder bei der Anlage der Öffentlichkeitsarbeit zu beachten.

Die erste Bedingung lautet: Man muss *verständlich* sein. Die zweite Bedingung ist: Man muss Relevantes und Informatives sagen. Die *Relevanz* bemisst sich an denjenigen, zu denen man spricht oder denen man sich zeigt. Man verletzt diese Bedingung zum Beispiel, wenn man unterinformativ ist, aber auch, wenn man überinformativ ist. Die angesprochenen Menschen brechen die Kommunikation meist ab, wenn sie feststellen, dass jemand z.B. überinformativ ist, also mehr sagt, als für diejenigen, zu denen er spricht, relevant ist. Die dritte Bedingung ist die schwierigste: Ich meine die Bedingung der Wahrhaftigkeit oder *Glaubwürdigkeit.* Die Kommunikation bricht ab, wenn einer der Beteiligten den Eindruck hat, der andere sei nicht glaubwürdig. Es geht dabei nicht um die Wahrheit von Tatsachenaussagen, sondern um den Eindruck, den man im Gespräch gewinnt. Die bisher genannten drei Bedingungen – Verständlichkeit, Relevanz und Glaubwürdigkeit – gelten zunächst für erfolgreiche direkte Kommunikation. Ich glaube aber, dass sie übertragbar sind auf inszenierte Kommunikation über die Medien.

Jede öffentliche Kommunikation ist in bestimmter Weise inszeniert. Damit sind die genannten Bedingungen aber nicht außer Kraft gesetzt. Auch die Inszenierung hat Inhalte. Öffentliche Kommunikation hat damit nicht zwangsläufig etwas mit Manipulation vom Menschen zu tun. Denn wir – die Zuschauer oder Zuhörer – können trotzdem überprüfen, ob die genannten Bedingungen erfolgreicher Kommunikation eingehalten werden oder nicht. Ich glaube, dass es bei der inszenierten Kommunikation – und alles ist in einem bestimmten Umfang inszeniert – dennoch ganz „normal“ zugeht, weil die Zuschauer die Qualität der Inszenierung beurteilen. Und es macht keinen nennenswerten Unterschied, ob sie die Qualität einer Inszenierung beurteilen oder die Qualität von etwas irgendwie Authentischerem. Sie legen bei ihrer Beurteilung das gleiche Raster von Bewertungskriterien an. So verhalten wir uns auch im Theater. Wir gucken uns an, was da gespielt wird, und fragen uns: ist das stimmig, ist es authentisch, ist es glaubwürdig? Dieses Raster wird mehr oder weniger automatisch durchgeprüft. Deswegen ist die oft vorgebrachte kulturkritische Klage: „Das ist doch inszenierte Kommunikation" in der Politik nicht weiterführend. Es macht überhaupt nichts, dass eine öffentliche Kommunikation inszeniert ist. Es ist völlig gleichgültig, ob jeder Satz von irgendeiner Abteilung vorher dreimal geprüft worden oder spontan geäußert ist. Die entscheidende Frage ist: Haben wir die richtigen Kriterien der Überprüfung? Wie sind sie begründet? Sind sie kommunikativ stimmig? Entsprechen sie dem, was die Leute interessiert oder nicht? Das gilt auch in Bezug auf die berüchtigte Bundesratssitzung zum Einwanderungsgesetz vom 22. März 2002. Der CDU-Aufstand war einfach schlecht inszeniert. Man verlas vorgefertigte Erklärungen. Der hessische Ministerpräsident Koch musste mitten im Wutausbruch lächeln. Man konnte spüren, dass die Inszenierung von Empörung den Sinn hatte, vom eigentlichen Thema, nämlich der Reform der Einwanderung, abzulenken. Peter Müllers Eingeständnis setzte dem Ganzen lediglich die Krone auf.

Die vierte Bedingung für erfolgreiche Kommunikation ist eine, die in einem persönlichen Gespräch nicht immer so wichtig ist. In der inszenierten öffentlichen Kommunikation hat sie aber auf jeden Fall große Bedeutung. Sie heißt: Man muss unterhaltsam sein. *Unterhaltsamkeit* ist zweifellos ein Begriff, den man unterschiedlich verstehen kann. Ich verwende den Begriff unterhaltsam nicht in einem negativen Sinne und meine damit auch nicht einfach Spaßigkeit oder Witz oder Lustigkeit. Ich verstehe ihn eher so, wie er im Brechtschen Theater gemeint ist. Selbst das ernsteste Stück muss in irgendeiner Weise fesselnd sein, es muss unterhaltsam sein. Es darf jedenfalls nicht dröge oder langweilig sein, wenn es Erfolg haben soll. Mit Unterhaltsamkeit meine ich in unserem Zusammenhang alles, was die Zeit aufmerksam vergehen lässt. Darunter können spaßig-lustige Elemente fallen, aber auch eine authentische Ernsthaftigkeit. Es gibt Menschen, die können mit eindringlichster Ernsthaftigkeit unterhaltsam sein. Sie können fesselnd sein, authentisch wirken und so die knappe Ressource Aufmerksamkeit auf sich ziehen, auf eine Art und Weise, die ich unterhaltsam nennen würde.

Unterhaltsamkeit ist also für mich nichts per se Negatives. Und sie steht auch nicht immer in einem Widerspruch zu Glaubwürdigkeit. Es kann passieren, dass beides nicht zusammen passt. Ein Beispiel, das sich im Sommer 2001 unmittelbar aufdrängte, war zweifellos die Diskussion um das Verhalten und den Ansehensverlust von Rudolf Scharping. Im Ergebnis waren sich nahezu alle Beobachter in ihrem negativen Urteil einig. Unterhaltsam war es zwar, was Scharping mit und um seine Truppenbesuche und seinen Urlaub über die Medien veranstaltet hatte. Aber es passte nicht zu dem, was er als Verteidigungsminister tun muss und was die Öffentlichkeit von einem Verteidigungsminister erwartet. Vor allem dann nicht, wenn Soldaten in gefährliche Situationen geschickt werden. Jeder Schritt in dieser lebensweltlichen Art, wie Rudolf Scharping sie vorgeführt hat, kostet Glaubwürdigkeit – angesichts des Rollenbildes, das wir von einem Verteidigungsminister haben. Das setzt die Bedingung der Unterhaltsamkeit aber nicht außer Kraft: Beide Bedingungen gelten.

Insgesamt habe ich vier Bedingungen für erfolgreiche Kommunikation formuliert: Verständlichkeit, Relevanz, Glaubwürdigkeit und Unterhaltsamkeit. In der Linguistik ist es relativ gut untersucht, dass eine Verletzung dieser vier Maximen schnell zum Abbruch der Kommunikation führt. Man hört nicht mehr zu, man wendet sich ab, man schaltet einen Gang zurück. Meine These ist: Das ist auch bei der öffentlichen Kommunikation nicht anders. Und dieser Umstand bleibt nicht ohne Konsequenzen für die Frage nach der Steuerbarkeit öffentlicher Kommunikation. Damit bin ich nun bei meinem nächsten Schritt, der Frage nach den Bedingungen für erfolgreiche strategische Steuerung von Öffentlichkeit.

Bedingungen für erfolgreiche strategische Steuerung der Öffentlichkeit

Die erste Bedingung: Wenn man wirklich strategisch Kommunikation steuern will, dann braucht man eine *kleine Gruppe von Entscheidern*, die in der Lage ist, eine Strategie zu formulieren, durchzudiskutieren, zu erwägen, ggf. zu variieren und dann zu bestimmen. Und zwar ohne dass sie explizit über diese Strategie redet. Man braucht also eine Situation der Festlegbarkeit einer

Strategie. Dass dies in Parteien wirklich so möglich ist oder gar so gelingt, ist ziemlich selten der Fall.

Der zweite Punkt: Man muss es schaffen – es wird ja in Parteien viel darüber diskutiert – die *Vielstimmigkeit* zu *reduzieren* und eine Strategie in den Botschaften zu vereinheitlichen. Deswegen sind Machtzentren immer stärker auch Kommunikationszentren. Macht hat heute sehr viel zu tun mit der Frage: Schafft man es, diese Aufgabe zu bewältigen, oder hat man nicht die Möglichkeit, Kommunikation einer Strategie entsprechend zu strukturieren?

Der dritte Punkt: Wenn man strategisch kommunizieren will, dann muss man einen klar fassbaren und *relevanten Inhalt* bestimmen können. Und man muss sich klar darüber sein, *für wen* das, was man steuern will, relevant ist: für die Öffentlichkeit, für die Wähler, für die Multiplikatoren im Bereich des Journalismus.

Bei der Planbarkeit und Festlegbarkeit einer Strategie kommt man, glaube ich, praktisch sehr schnell in Schwierigkeiten, weil oft *für die veröffentlichende Meinung andere Dinge relevant sind als für diejenigen, die man erreichen will.* Ich halte das für eines der Kernprobleme der Steuerbarkeit von Kommunikation. Der Filter, durch den man gehen muss, wenn man über die Medien kommunizieren will, hat eigene Relevanzstrukturen, die nicht mit den letztlich anvisierten Adressaten übereinstimmen. Die Journalisten halten sehr oft ganz andere Dinge für wichtig, als diejenigen, die man auf dem Wege über die Medien erreichen will. Manche Parteien versuchen deswegen, nicht über die Medien, sondern „außen herum" zu gehen und einen Teil der Leute selbst zu erreichen, etwa über interne Kanäle. So haben es die Republikaner in Baden-Württemberg immerhin acht Jahre geschafft, gegen jede öffentliche Meinung relevant über interne Verteiler zu kommunizieren, und sie haben sich auf diese Art und Weise ganz stabil gehalten.

Neben der unterschiedlichen Relevanz für Adressaten und filternde Journalisten stellt sich bei der Medienkommunikation ein weiteres Problem. Die Öffentlichkeit ist segmentiert in Teilöffentlichkeiten. Parteien können hier trotzdem im Sinne strategischer Öffentlichkeitssteuerung tätig werden, wenn sie wissen, über welche Medien sie welche Adressatengruppe erreichen können. Die *Segmentierung der Öffentlichkeiten* findet nun allerdings auch in den Medien selbst ihren Ausdruck. Gerade bei führenden Talkshows wie der Sendung von Sabine Christiansen werden lauter verschiedene Teilöffentlichkeiten zusammengewürfelt. In einem solchen Rahmen kann man nicht mehr gezielt adressieren. Man muss – wie die Medienleute sagen – mehrfach adressieren. Man muss gucken, dass man seine Zielgruppen auf unterschiedlichen Strängen bedient. Aber auch dabei wird man keinen Erfolg haben, wenn man nachhaltig die genannten Maximen der Kommunikation verletzt. Dann gibt es eine Störung in der Kommunikation, die sofort sanktioniert wird. Beim Fernsehen geschieht das meist durch Umschalten oder Wegschalten.

Der vierte Punkt: Man muss komplexe Inhalte auf *stimmige Begriffe* reduzieren und auf *einfache Botschaften* bringen können. Das Kriterium heißt *Verständlichkeit und Wiederholbarkeit*: Die Botschaft ist so einfach zu gestalten, dass sie wiederholbar ist und mit einer großen Zahl oder Schlagzahl auch kommuniziert werden kann. Zu diesem Punkt gibt es bekannte Beispiele aus den Debatten der 70er und 80er Jahre, die seinerzeit unter dem Titel „Begriffe besetzen" geführt wurden. Für die damaligen Generalsekretäre der CDU, für Kurt Biedenkopf und vor allem für Heiner Geißler, war es damals eine geradezu traumatische Vorstellung, dass die SPD dauerhaft bestimmte Begriffe besetzt hätte und diese nun zurückerobert werden müssten. An diesem Beispiel kann man auch sehen, dass solche Versuche in aller Regel nicht erfolgreich sind. So war die CDU in den 1970er Jahren wild entschlossen, den Begriff der Solidarität für sich zu erobern, was nach meiner Auffassung kläglich gescheitert ist, weil diese Strategie nicht zu dem Inhalt gepasst hat, den die CDU glaubwürdig vertreten konnte. Dieses Beispiel führt zurück zum Punkt der Glaubwürdigkeit: Man kann Öffentlichkeit nicht steuern, öffentliche Botschaften nicht erfolgreich kommunizieren, wenn dies in einen Konflikt mit der eigenen Glaubwürdigkeit führt. In diesem Zusammenhang ist es nach meinem Dafürhalten von zentraler Bedeutung, ob man es schafft, für die eigenen Botschaften entsprechende Bilder zu finden. Dabei meine ich sowohl Sprachbilder, also Metaphern, die „selbsttragend" sind. Zu denken wäre hier etwa an Gorbatschows „Das gemeinsame Haus Europa bauen", eine Metapher, die sehr viele Anschlussstellen für jeden hatte, der darüber sprechen wollte. Ich meine aber auch reale Bilder, die man für eine Botschaft und für eine strategisch gesteuerte Kommunikation einsetzen will.

Wendet man sich nach den Beispielen aus der Vergangenheit nun der Gegenwart zu, so wäre meine These zur Frage der Öffentlichkeitssteuerung: Die rot-grüne Regierung hat selten ihre Regierungsarbeit im oben genannten Sinne dargestellt. Sie arbeitete bisher zuvorderst über die Aura der führenden Personen. Zentrale Begriffe wie „Modernisierung" und „Reformpolitik" blieben eher abstrakt. Allerdings hat es die Opposition zu keiner Zeit vermocht, Begriffe von größerer strategischer Kraft ihnen gegenüberzustellen. Sie hat es nicht einmal versucht.

Glaubwürdigkeit ist eine zentrale Bedingung, die auch für die Möglichkeit der Steuerung von öffentlicher Kommunikation gilt. Wenn man Glaubwürdigkeit besitzt für ein bestimmtes inhaltliches Konzept, das man durchsetzen will, dann kann man damit auch in der öffentlichen Kommunikation erfolgreich sein. Wenn die Glaubwürdigkeit fehlt, wird man scheitern. Die berühmte Formel der SPD „Innovation und Gerechtigkeit" aus dem letzten Bundestagswahlkampf wäre nicht so erfolgreich gewesen, wenn die SPD mit Schröder und Lafontaine nicht zwei Personen gehabt hätte, die jeweils für einen dieser Begriffe glaubwürdig standen. Mit Glaubwürdigkeit ist hier weniger eine menschliche Qualität als vielmehr das öffentliche Image angesprochen, der Eindruck, der sich in der Öffentlichkeit einstellt: Der eine steht für Gerechtigkeit, der andere für Innovation. Meine These ist: Wenn es diese Personenkonstellation nicht gegeben hätte, dann hätte diese Begrifflichkeit nicht verfangen und die Wahl auch nicht gewonnen werden können. Im Umkehrschluss ergibt sich daraus: Man kann ein Programm wie „Innovation und Gerechtigkeit" nicht steuern, wenn man nicht die entsprechenden „Glaubwürdigkeitsträger" hat. Damit ist natürlich auch eine Grenze der Planbarkeit angesprochen. Eine Strategie kann man nur entwickeln, wenn man die zugehörigen Glaubwürdigkeitsbedingungen mit realisieren kann. Und Glaubwürdigkeit vermittelt sich in der öffentlichen Kommunikation am ehesten über Personen, deren Aura, deren Authentizität, deren Ausstrahlung. Wenn diese Bedingungen nicht gegeben sind, dann kann strategische Öffentlichkeitssteuerung nicht erfolgreich sein. Im Umkehrschluss heißt das: Keine Partei kann irgend etwas an Öffentlichkeitssteuerung und Kommunikation planen, das nicht in ihrem Handwerkskasten, in ihrem Inventar, das sie personell und sächlich von ihrer Ausstattung her hat, vorgesehen ist. Wenn man diese Voraussetzungen nicht beachtet, dann führt das im letzten Wahlkampf erfolgreiche Beispiel der SPD durchaus in die Irre. Das Lächerlichste, was jetzt alle Parteien machen können, wäre deshalb, dass sie alle nach dem KAMPA-Muster agieren, auch wenn sie die dazu nötigen Fähigkeiten und Möglichkeiten, die erforderlichen Ressourcen und Personen gar nicht haben.

Wenn die SPD jetzt den Begriff der Sicherheit ins Zentrum rückt, wie es bei dem geplanten Motto „Sicherheit im Wandel" der Fall wäre, tritt folgende schwierige Frage auf: Woher kommt die Glaubwürdigkeit für einen solchen Begriff? Dieser Begriff war ja ursprünglich eher als soziale Sicherheit gemeint gewesen, nicht als öffentliche Sicherheit. Jetzt wird er in Folge der terroristischen Anschläge umgedeutet. Die SPD hat einerseits Glück gehabt bei der Wahl dieses Mottos. Andererseits kann es durchaus sein, dass sie damit nicht erfolgreich sein wird, weil sie dieses Motto nicht derart in einer Person zum Ausdruck bringen kann wie beim letzten Bundestagswahlkampf das Motto „Innovation und Gerechtigkeit". Im Übrigen ist das Problem der Glaubwürdigkeit von „Innovation und Gerechtigkeit" mit dem Abgang von Lafontaine deutlich gewachsen. Am Schröder-Blair-Papier kann man sehen, dass es nicht gelungen ist, die Botschaft des Mottos von 1998 theoretisch zu bündeln und zu einem Konzept zu machen, das sich erfolgreich kommunizieren lässt. Damit steht natürlich die Frage im Raum: Wie kann diese – 1998 erfolgreiche – Linie weiter gezogen und unter veränderten Bedingungen erfolgreich vermittelt werden?

Was meine eigene Partei, Bündnis 90/Die Grünen, angeht, so hatten wir als junge Regierungspartei lange mit Glaubwürdigkeitsproblemen zu kämpfen, die beim Übergang von langjähriger Opposition zur Regierung zwangsläufig entstehen. Glaubwürdigkeit wird nicht nur gemessen an der Frage, wer gegenwärtig was sagt und wie dabei Inhalt und Person zusammenpassen. Sie wird auch gemessen an der Frage, was die Partei früher einmal gesagt hat. Und da stecken wir in der klassischen Glaubwürdigkeitsproblematik einer langjährigen Oppositionspartei. So hat die Partei früher in der Opposition den Sofortausstieg aus den Atomkraftwerken gefordert. In der Regierung sagt sie jetzt: „20 Jahre dauert es noch". Wenn sie glaubwürdig kommunizieren will, dann muss sie dieses beides zusammenbringen. Sie muss eine konsistente Erzählung liefern, die das gegenwärtige Handeln aus dem der Vergangenheit ableitet.

Letzter Punkt: das Thema *Unterhaltsamkeit*. Man kann keine Steuerung von öffentlicher Kommunikation machen, wenn man sich nicht sicher sein kann, dass die knappste Ressource, die jeder einzelne hat und die die Medien filtern, nämlich die Aufmerksamkeit, entsprechend beachtet wird. Wenn man Aufmerksamkeit erzeugen und über eine gewisse Strecke halten will, dann braucht man einen Appeal für Unterhaltsamkeit. Alle Leute aus dem Fernsehmedium wissen das ganz genau. Ohne Beachtung der Bedingung Unterhaltsamkeit wird eine Steuerung von öffentlicher Kommunikation nicht erfolgreich sein können, weil ihr die nötige Aufmerksamkeit fehlt, die sie braucht, um überhaupt Wirksamkeit entfalten zu können. Es kann zwar manchmal sein, dass das, was kurzfristig Aufmerksamkeit erzeugt, inflationiert wird. Eine solche Inflation schafft allerdings nicht die Notwendigkeit aus der Welt, zunächst einmal die Aufmerksamkeit der Adressaten durch Unterhaltsamkeit zu erzeugen und zu erhalten.

Ein interessantes aktuelles Beispiel ist in diesem Zusammenhang sicher die *18%-Kampagne der FDP*. Es handelt sich dabei zweifellos um eine hervorragende Geschichte, um Aufmerksamkeit zu erzielen. Sie ist auch unterhaltsam in dem Sinne, wie Wetten unterhaltsam sein können, selbst aussichtslose Wetten. Aber es bleibt die Frage: Wie lange trägt diese Geschichte? Wie lange kann eine Partei es der politischen Öffentlichkeit gegenüber für spannend erklären, ob so ein Ziel erreicht werden kann oder nicht? Was die inhaltliche Begründung der 18%-Idee angeht, handelt es sich um einen Abgesang auf die Demokratie als rationale Interessenvertretung. War es bisher üblich, dass Parteien den Wählern erklären, was sie zur Optimierung des Allgemeinwohls tun wollen, erklärt nun die FDP dem Wahlvolk, was sie von ihm an Prozenten erwartet. Das ist eine durchaus bemerkenswerte Umstellung des Demokratieprozesses. Aber es handelt sich ganz klar um eine gesteuerte Kommunikation – mit der Erwartung, dass man die Öffentlichkeit über längere Zeit für diese Frage interessieren kann.

Die kommunikativen Maximen der Verständlichkeit, der Relevanz, der Glaubwürdigkeit und der Unterhaltsamkeit gelten immer zusammen. Und die Kommunikationsteilnehmer, die sich etwas anhören, prüfen fast automatisch diese vier Punkte ab, auch in der Politik. Betrachtet man die 18%-Kampagne der FDP vor diesem Hintergrund, dann ist sie einfach nichts anderes als ein Experiment. Diese Kampagne ist sehr verständlich und sie ist sehr unterhaltsam. Insoweit ist es eine gute Kampagne. Gefährdet ist die Kampagne dadurch, dass ihre Unterhaltsamkeit inflationär werden kann und dass ihre Relevanz kritisch ist: Für wen ist sie wie lange relevant und von Bedeutung? Ferner steht die Glaubwürdigkeit in Frage, jedenfalls mit jedem (Zwischen-) Wahlergebnis, das weit davon abweicht und nach dem man feststellen muss: 18% – schön und gut, aber es sind trotzdem nur 5 oder 6% dabei herausgekommen. Ich glaube, dass man die vier Kriterien immer zusammen sehen und abwägen muss. Stark ist die Kampagne bei Verständlichkeit und Unterhaltsamkeit, schwach ist sie bei Relevanz und Glaubwürdigkeit.

Wirft man in diesem Zusammenhang einen Blick auf die letzten Landtagswahlen in Hessen und Hamburg, dann zeigt sich, dass die Kampagnen von Koch und Schill im Hinblick auf zwei dieser Bedingungen sehr stark waren. Und das haben Rot und Grün unterschätzt. Die Kampagne von Schill war einfach zu verstehen und sie war von einer Relevanz, die Rot und Grün unterschätzt haben. Die komplexe Argumentation lag bei Rot-Grün. Das gilt auch für Hessen: Die Ängste, die da waren, und die Roland Koch mit sehr fatalen Mitteln instrumentalisiert hat, sind von Rot und Grün unterschätzte Ängste. Auch wenn selbst die Frankfurter Allgemeine Zeitung geschrieben hat, die Kampagne von Koch sei überzogen, politisch bedenklich und nicht erfolgversprechend – das hat ihre Wirkung eher noch verstärkt.

Beschleunigung der Medienkommunikation und die Aufgaben des Journalismus

Die Ereignisse des 11. September 2001 sind in Medien und Politik häufig als Zäsur dargestellt worden. Sie haben einige Journalisten – wie etwa Ruprecht Eser – veranlasst, eine neue Ernsthaftigkeit in der Medienkommunikation zu fordern und dem immer rascheren Themenwechsel eine Art *„Entschleunigung"* in der Berichterstattung mit mehr Hintergrundanalysen entgegenzusetzen. Das journalistische Ethos, das hinter solchen Appellen steht, teile ich zwar. Ich sehe allerdings bei nüchterner Betrachtung keinen Grund, warum sich nach den Terroranschlägen in den Medien irgendetwas im Sinne von Entschleunigung ändern sollte. Denn die Frage der Be- oder Entschleunigung ist ja keine Frage des Ethos der Journalisten oder der beteiligten Politiker, sondern auch eine Frage der ökonomischen Strukturen auf dem Medienmarkt. Was in der Berichterstattung über den 11. September 2001 leider untergegangen ist: Eine Stunde nachdem die Bilder aus New York über die Medien kamen, gab es eine Tickermeldung von RTL, auf der nur stand, RTL sei der erste Kanal gewesen, der das Ereignis auf dem Bildschirm gehabt hätte. Ich habe eigentlich gedacht, dass diese Mitteilung mehr kommentiert und skandalisiert würde. Aber das hat niemand gemacht – und das zeigt ja, worum es geht. Die Beschleunigung ist ein ökonomischer Mechanismus, der sich auf der Ebene des Fernsehens den vielen Sendern und der wachsenden

Konkurrenz verdankt. Und da glaube ich nicht an die Möglichkeit des Appells an ein Innehalten.

Das muss nicht heißen, dass wir nicht Wege finden, ernst und vernünftiger über die Konsequenzen dieses terroristischen Anschlags zu diskutieren und z.B. eine öffentliche Debatte über das Verhältnis von Freiheit und Sicherheit zu führen. Ich glaube, dass diese Debatte auch kommt – einfach deshalb, weil sie wichtig ist. Weil viele Menschen genau diesen Konflikt jetzt spüren: Viel mehr Sicherheit, aber die will ich nicht zu Lasten meiner eigenen Freiheit haben. Deswegen wird sich für Parteien, die das verstehen, und die in der Lage sind, das in der öffentlichen Kommunikation aufzugreifen, eine zusätzliche Chance ergeben.

Die Beschleunigung, von der alle reden und oft klagend reden, ist allerdings vor allem wegen eines Punktes wirklich ein Problem. Sie geht zu Lasten der Komplexität. Und wenn wir mehr politische Felder haben, bei denen die Komplexität zunimmt, dann zwingt uns dies angesichts der Beschleunigung in den Medien und der zunehmenden Zeitsegmentierung dazu, Komplexität zu reduzieren. Wenn man verständlich bleiben will, geht es aber nicht ins Abstrakte, was die vernünftigste Möglichkeit wäre, Komplexität zu reduzieren, sondern es geht ins Pseudo-Konkrete und in die Simplifizierung. Das heißt, je stärker die Medien beschleunigen, umso mehr Probleme ergeben sich kommunikativ für Journalisten und Politiker mit der Frage: Kann die Relevanzbedingung aufrecht erhalten werden? Das ist das eigentliche Problem von Beschleunigung. Wenn man mehr Inhalt will, außerhalb von Komplexität, dann müsste man in der Tat entschleunigen.

Ich sehe die *Aufgaben von Journalisten* in erster Linie darin, dass sie als Anwälte der Bürger auf die Einhaltung der genannten kommunikativen Maximen achten. Was die Verständlichkeit angeht, so gelingt das, glaube ich, relativ gut. Bei dem Kriterium der Relevanz gelingt das hingegen oft nicht. Um hier nicht nur der eigenen Intuition zu trauen, müsste man von journalistischer Seite natürlich auch über ein Instrumentarium verfügen, um zu wissen: Was ist für die Leute wirklich relevant? Glaubwürdigkeit und Wahrhaftigkeit einzufordern, das gelingt einigermaßen, jedenfalls da, wo wir einen aufklärenden Journalismus haben. Und bei der vierten Bedingung, Unterhaltsamkeit, spielen natürlich auch die Journalisten ein eigenes Spiel, was ich nicht beklagen würde. Ich glaube, der eigentliche Job, den die Journalisten ausfüllen müssen, ist: Anwalt und Sanktionierer zu sein, wenn die kommunikativen Maximen verletzt werden. In diesem Sinne müssen die journalistischen Anwälte auch der Entinhaltlichung von Politik entgegengetreten, die sie selbst beklagen.

Ist strategische Steuerung der Öffentlichkeit möglich?

Wie steht es nun mit den Möglichkeiten und Grenzen einer strategischen Steuerung von Öffentlichkeit? Es gibt die Möglichkeit, öffentliche Kommunikation zu steuern. Aber diese Möglichkeit ist durch eine Vielzahl von einschränkenden Bedingungen sehr reduziert. Diese Einschränkungen haben mit Ressourcen, mit Personen, mit Glaubwürdigkeitsfragen und mit Veränderungen in der Umwelt der Parteien zu tun. Letzten Endes können Parteien immer wieder kurzfristig Teile öffentlicher Kommunikation wirksam steuern. Und die Kunst besteht darin, den roten oder grünen oder wie auch immer gearteten Faden aufrechtzuerhalten und über Strategie zu reden, eine Strategie, die man allerdings auch modifizieren können muss. Damit sind wir wieder beim Schachspiel. Im Laufe der Partie wäre dann etwas anderes zu sagen, als man es schriftlich hinterlegt hatte, bevor die Partie begonnen wurde.

Am Schluss darf ich das, was ich beim Thema strategischer Steuerung der Öffentlichkeit empfinde, vielleicht auf ein Bild bringen: Man sitzt auf einem Baumstamm, der in einem Hochwasser oder gar in einem reißenden Fluss treibt, und stellt sich die Frage: Kannst Du den steuern? Die Frage nach der Öffentlichkeitssteuerung führt zunächst einmal zur Erkenntnis: Man kann vieles eben nicht steuern, man ist allen möglichen Zufälligkeiten, Strömungen und Widrigkeiten des Flusses ausgesetzt. Aber zu sagen, man hätte selbst keinen Einfluss darauf, ob man durchkommt oder herunterfällt, wäre auch ignorant. Eine falsche Bewegung und man liegt im Wasser. Es gibt ein paar stabilisierende Bewegungen, die man gemeinhin als Steuerung ausgibt, wenn man durchgekommen ist.

Klaus-Peter Schmidt-Deguelle

Mehr als nur reaktives Handeln. Die Praxis der Medienberatung

Als Berater eines Ministers gehört es zur alltäglichen Erfahrung: Deutschland ist in Sachen Medienberatung der Politik ein Entwicklungsland. Doch die grundlegenden Wandlungen der Medienlandschaft in den letzten Jahren erzwingen ein verändertes und professionelleres Kommunikationsverhalten in der Politik. Unter anderem daraus ergibt sich die Notwendigkeit, dass ein Minister sich beraten lässt, mit welchem Medienvertreter er wann und worüber spricht. Und welche Themen er wie bespricht. Und wann und worüber er möglichst nicht spricht.

Der Grund dieses radikal gewachsenen Bedarfs an Medienberatung liegt in einer grundlegend gewandelten Ausgangslage: Geändert hat sich die Geschwindigkeit, mit der Politik in den Medien präsentiert wird: Politik muss immer häufiger „reagieren", statt selbst zu „agieren". Meldungen und Artikel erscheinen, die hektisch recherchiert sind, auf fehlerhaften Informationen beruhen und Unrichtigkeiten enthalten. Aufgrund der großen Konkurrenz unter den Medien und des durch technologische Aufrüstung bedingten immer höheren Tempos gelangt alles sofort auf den Meinungsmarkt, ohne dass die Informationen hinreichend geprüft oder gegengecheckt worden wären. Die betroffenen Politiker müssen ebenso schnell reagieren: Unrichtiges muss richtiggestellt werden, aber so geschickt, dass nicht neue Missverständnisse entstehen und es nicht zu einem ganzen Rattenschwanz an Nachberichterstattung kommt. Immer öfter steht nicht eine Informationsabsicht über eigene Pläne im Vordergrund der Medienarbeit, sondern die Abwehr unzutreffender Meldungen und unrichtiger Nachrichten.

Das führt dazu, dass Politik heute mehr reaktiv als aktiv betrieben wird. Wahrscheinlich ist mehr als zwei Drittel der politischen Kommunikation reaktiv. Die Politik passt sich der Hektik der Medien an. Damit ist die eigene Ressort-Kommunikation weniger planbar, im Zentrum steht das geschickte Reagieren auf die gerade aktuelle Situation – Politiksteuerung wird nur noch begrenzt mit langem Atem oder auch nur mittelfristig geplant. Sie beginnt immer mehr, die Züge von Reaktion auf scheinbar unabänderliche Tagesereignisse anzunehmen. Das Diktat der Medien bestimmt das politische Kommunikationsgeschäft.

Grundsätzlich ist Gelassenheit eine wichtige Tugend, ansonsten können manche Kommunikationssituationen aus dem Ruder laufen: Ohne Not werden Dinge in die Welt gesetzt, die nicht mehr rückholbar sind. So gerät man selbst unter Zugzwang und ist in der Folge zu ständigem Nachsteuern und Reagieren genötigt. Die Hoffnung, dass Ereignisse wie der 11. September 2001 die Hektik und Gehetztheit beenden und einen bedachtsameren Ton in die Politik einbringen könnten, hat getrogen. Politiker schaffen es nicht und werden es nicht schaffen, die ihnen entgegengehaltenen Mikrophone, die auf sie wartenden Kameras zu ignorieren und anders als gewohnt zu reagieren. Ein Innehalten, ein längeres strategiebedingtes Nachdenken über die kommenden Schritte wird allzu oft von der (Medien-)Wirklichkeit eingeholt. Politiker unterliegen, zumal in dieser deutschen Wahlgesellschaft mit Landtagswahlen im Rhythmus weniger Monate, immer stärker der Gefahr, sich hyperaktuellen Entwicklungen zu beugen, und dies zwingt sie, Dinge zu tun, die sie noch kurz vorher für unmöglich gehalten hätten. Das mag man beklagen, es ist aber kaum zu ändern. So kommt es vielmehr darauf an, als Berater eines Politikers und als Politiker selbst mit dieser medialen Situation umzugehen – um sie positiv zu nutzen.

Hinzu kommt eine gravierende Veränderung des Medienverhaltens. Innerhalb der Gesellschaft findet eine unaufhaltsame Atomisierung von Kommunikationsprozessen statt. Es entstehen z. T. gegeneinander abgeschottete Teilöffentlichkeiten mit eigenen Seh- und Lesegewohnheiten. Es gibt Stadtteile, in denen nur noch kostenlose Anzeigenblätter oder gar keine Zeitungen mehr gelesen werden. Der Anteil derjenigen, die überhaupt noch Nachrichtensendungen sehen, ist relativ klein; bei anderen Gruppen dagegen steigt das Informationsbedürfnis. Es gibt aber kaum noch Presseorgane und Fernsehsender, die auf alle diese Teilöffentlichkeiten einwirken. Als Leitmedium mit Breitenwirkung ist heute in vielem nur noch die Bild-Zeitung prägend. Das hängt weniger mit der „Seriosität“ des Springer-Blatts zusammen – gerade auch falsche oder gar gefälschte Bild-Stories können tagelang die politische Diskussion bestimmen – als vielmehr mit dem völlig veränderten Berufsbild der jüngeren Journalisten-Generation, die aufwendige Recherche vermeidet und auch allzu oft eine „falsche“ Bild-Schlagzeile der Quote oder Auflage wegen für nachplappernswert hält. Da hilft aber kein Lamentieren, die „Medienarbeiter“ in der Politik müssen und können diese Mechanismen nutzen – wenn sie ihren Job verstehen.

Politik ist u. a. deshalb inzwischen darauf angewiesen, ihre Botschaften auch in Medien zu platzieren, die mit Politik wenig oder gar nichts zu tun haben. Zur erfolgreichen Information und Steuerung der Öffentlichkeit muss es deshalb gehören, möglichst auch dort vorzukommen, wo die Ressortgrenzen längst überschritten sind. Ob es sich um Medien wie ein Apotheker-Blatt, ein Prominenten-Magazin oder ein Lifestyle-Heft handelt – Personen und ihre Politik können darin Platz finden. Dabei stellen sich selbstverständlich Fragen nach der Gewichtung, der Relevanz der Zielgruppe und des Geschicks, in einem solchen Umfeld überhaupt Politisches zu präsentieren. Nicht immer kann es gelingen, Botschaften genau an die gewünschte Zielgruppe zu richten. Die Argumente werden daher oft mit der „Schrotflinte“ verteilt.

Wie grundlegend sich die Medienszenerie gewandelt hat, ist beispielsweise auch am Niedergang der politischen Magazine und dem gleichzeitigen Aufstieg der Sendung „Sabine Christiansen“ ablesbar. Trotz des späten Sendetermins am Sonntag Abend hat „Sabine Christiansen“ fast nie weniger als vier Millionen Zuschauer. Es gäbe weitere Belege für die These, dass Politik notwendig zum Politainment wird und dass das kaum zu verhindern ist. Politik muss sich heute anders präsentieren, um noch interessant gefunden zu werden. Die „Kernerisierung“ – jetzt auch des öffentlich-rechtlichen Fernsehens – also der Verzicht auf Kontroverse zugunsten der Konversation ist nicht aufzuhalten, darauf muss man sich einstellen. Schließlich können sich die Bürger aber auch aufgrund solcher Sendeformate und „entpolitisierter“ Politikdarstellung entscheiden, wen sie wählen, weil sie ihn oder sie sympathischer, netter, klüger oder volkstümlicher finden, wenn denn die Inhalte, die auch hier immer mit transportiert werden sollten, vielleicht auch noch passen. Damit muss auch die europäische Demokratie leben, die amerikanische tut es längst.

Die gewandelte Mediensituation verändert natürlich auch den Dialog zwischen Politik und Bürgern – er ist nachhaltig gestört: immense Informationsvervielfachung auf der einen Seite, ohne dass es zu einem wirklichen Dialog mit den Menschen käme. Anonymität der politischen Entscheidungswege auf der anderen Seite dank Komplexität und Ebenen-Verlagerung – nach Brüssel, zur G7 etc.. Entpolitisierung ist eine Folge bzw. eine Begleiterscheinung dieser Entwicklung. Deshalb ist meist nicht mit vertieftem politischen Interesse oder mit einer festeren Bindung an Parteien oder politische Überzeugungen zu rechnen. Politik konkurriert in den Medien fast gleichwertig mit Sex, Crime, Prominentenklatsch und Freizeitberichten. Politik muss sich gegenüber diesen Unterhaltungsthemen beharrlich Aufmerksamkeit erkämpfen, sie weicht also immer mehr auf Unterhaltungsformate aus. Diese Nutzung verändert die Politikkommunikation: Politik selbst muss unterhalten und unterhaltsam gemacht werden. Nur die Unterhaltsamkeit der Politik sichert ihr noch Aufmerksamkeit und verleiht ihr möglicherweise Bindungskraft. Die heikle Aufgabe der Politikberatung besteht darin, die Unterhaltsamkeit nicht über die Substanz zu stellen, denn das kostet Glaubwürdigkeit, Ansehen – und vielleicht auch das Amt (siehe Scharping).

Eine gezielte Themensteuerung ist unter diesen Bedingungen nur eingeschränkt möglich. Die großen politischen Ereignisse und Reformvorhaben werden natürlich in allen Medien aufbereitet und verbreitet. Zugleich ist es sehr schwer geworden, Themen zu platzieren, die nur für eine kleine Gruppe von Menschen – außerhalb der Schlagzeilen-Schlachten – relevant sind. Allerdings passiert es, dass wenig Spektakuläres und sehr Spezielles in einem politischen Spezialgebiet skandalisiert und dadurch plötzlich in den Vordergrund geschoben wird. Dadurch können bisher öffentlich unbeachtete Details eines komplexen Reformwerks unverhofft zum Dreh- und Angelpunkt von Anerkennung oder Ablehnung einer Reform werden. So ist Medienbeachtung, -benutzung, -beeinflussung die neue Währung, in der politisches Gewicht gemessen wird. Die Fähigkeiten einer Regierung, ihre Politik „an die Leute zu bringen“, die Themen zu setzen und die *positiven* Schlagzeilen zu füllen, wird zum entscheidenden Erfolgsmaßstab.

Die zentrale Aufgabe der Politikvermittlung heute ist es, unter den beschriebenen Bedingungen einer atomisierten Kommunikationssituation langfristige Ziele an die Bürger zu vermitteln. Dazu muss man die Medien in der Art und Weise nutzen, wie es geschieht – mit der Akzentsetzung mindestens gleichgewichtig auf Unterhaltung und Human Touch. Diesen Widerspruch kann man nicht auflösen. Man muss vielmehr mit ihm strategisch umgehen, wenn man daran interessiert ist und dafür sorgen soll, dass eine politische Grundbotschaft beim Wähler ankommt.

Die Arbeit mit Finanzminister Hans Eichel hat sich seit 1999 deutlich verändert, die Aufgaben haben sich verschoben. Die ganz große Hektik des Anfangs ist vorbei. Kommunikationsschulung für den Minister – Fernseh-Training, Rede-Training, Interview-Training – ist nicht mehr erforderlich. Auch die „Krawatten-Frage" – die Überprüfung des äußeren Erscheinungsbildes eines Politikers – ist bewältigt. Zum üblichen Aufgabenfeld des Beraters gehört neben der Teilnahme an der täglichen Lage, der Planung von Medienterminen, der Pflege der Presse einschließlich der Verabredung von Exklusivstories und Hintergrundgesprächen mit ausgewählten Journalisten auch die Manöverkritik. Öffentliche Auftritte und Reden des Ministers werden besprochen, auch um Rückfälle in alte Gewohnheiten zu verhindern. Das Profil und Image der Person Eichel („Kassenwart", „eiserner Hans") ist trotz ungünstigerer äußerer, insbesondere ökonomischer Umstände im Jahre 2002 gefestigt. Erforderlich ist beständig ein gewisses Nachjustieren. So ist Hans Eichel nach dem 11. September 2001 die Formulierung unterlaufen, dass er sich auch von den Terroristen seinen Sparkurs nicht zerbomben lasse. Derartiges ist natürlich für einen Öffentlichkeitsarbeiter der Super-GAU. Das hätte nicht passieren dürfen, zeigt aber, dass Politiker gelernte Floskeln – unpassend – in einer Situation verwenden, auf die man nicht vorbereitet war.

Gründe für den medialen Erfolg des Politikers Hans Eichel liegen in der Person, aber auch in den Chancen, die speziell dieses Amt bietet. Grundvoraussetzung jeder Medienberatung ist die Beratungsfähigkeit und -willigkeit des betreffenden Politikers. Ohne die Mitwirkungsbereitschaft, den Willen zur ständigen Arbeit an sich und dem eigenen Auftreten ist jede Kommunikationsberatung verlorene Mühe. Manche Politiker gelten als beratungsresistent, das ist bei Eichel nicht der Fall. Er kann Rat von außen annehmen. Zudem bietet das Amt des Finanzministers besondere Möglichkeiten. Ein Finanzminister ist nicht dazu da, täglich politische Erklärungen abzugeben. Eher selten muss er auf aktuelle Themen reagieren. Im Zentrum seiner Tätigkeit stand vielmehr die Gestaltung des Paradigmenwechsels der Finanzpolitik nach der Demission Oskar Lafontaines. Diesen Paradigmenwechsel durchzusetzen und öffentlich kommunikabel zu machen, war eine sehr mühselige Arbeit. Es hat ein halbes Jahr gedauert, bis überhaupt einer der schreibenden oder sendenden Kollegen akzeptiert hatte, dass es in Deutschland möglich ist zu sparen. Dieser Politikwechsel, der ja auch in der Partei nicht vorbereitet war, musste stufenweise gesteuert werden – auch mit der Übermittlung von Hiobsbotschaften und recht trockenen Informationen. In Verbindung mit typisch rot-grünen Begriffen wie „Nachhaltigkeit" ließ sich ihnen jedoch ein positiver Dreh geben. Der Paradigmenwechsel, die positive Besetzung des Sparens als Politikziel, ist hervorragend gelungen, wobei es erheblicher Penetranz bedurfte, die immer wieder gleiche Botschaft zu verkünden, etwa die, dass Deutschland aus der Schuldenfalle heraus müsse und die Schulden von heute nicht auf die kommende Generation verlagern dürfe. Und weil das Ministerium den eigenen Erfolg zunächst einmal absichtlich klein geredet hat, war die Überraschung um so größer, als es dann doch gelang, 30 Milliarden DM Einsparung im Haushalt 2000 zu erreichen.

Strategiefähigkeit eines Politikers heißt daher, trotz der aktuellen Erfordernisse, die die Mediengesellschaft mit sich bringt, langfristige Botschaften zu entwickeln und einigermaßen beizubehalten, wenn es die Umstände zulassen. Die Fragen nach dem Erreichen eines ausgeglichenen Haushalts, nach der Rückführung der Neuverschuldung bleiben auch nach einem großen haushaltspolitischen Konsolidierungserfolg weiterhin erhalten. Welche Ereignisse noch Auswirkungen auf die Finanzen haben werden, ist niemals genau abzuschätzen. Nur muss versucht werden, in der öffentlichen Darstellung zu vermitteln, dass ein eventuelles zeitlich befristetes oder punktuelles Abrücken von dieser Politik der Konsolidierung kein Abrücken vom Prinzip bedeutet. Der inhaltliche Kurs der Bundesregierung darf nicht in Frage gestellt werden: Diese Regierung steht dafür, diesen Staat zu sanieren unter einem Stichwort, das am Anfang der Legislaturperiode zwischen Kanzleramt und den einzelnen Ministerien geprägt worden ist: „Deutschland erneuern". Diese Grundbotschaft muss durchgehalten werden, auch wenn das Ziel etwas später erreicht werden sollte. Meist gehen Handlungsmöglichkeiten verloren, wenn man die eigene Linie verlässt. Deshalb müssen einige wenige zentrale Überlegungen auch in Krisensituationen als Leitziel der Politikkommunikation beibehalten werden.

Um diese notwendige Kontinuität in der Verbreitung einer Zentralbotschaft zu sichern, gehört die Begleitung von Projekten im Ministerium zur Kernaufgabe der Medienberatung. Sie wird zu einem festen Bestandteil der normalen Planungs- und Konzeptionstätigkeit in der Regierung. Jedes größere Vorhaben steht – abgesichert durch die Mitsprache eines Medienberaters in den Sitzungen des Ministers, der Abteilungsleiter und Staatssekretäre – auch auf dem Prüfstand der Kommunizierbarkeit in den Massenmedien: Welche Folgen hat ein bestimmtes gesetzgeberisches Vorhaben in der Öffentlichkeit? Wie kann es platziert werden? Welche Lobby-Gruppen, politische Konkurrenten und Presseorgane könnten wie reagieren? Dieser Medientest ist nicht nur für neue Vorhaben erforderlich. Gerade auch die Umsetzung von Gesetzen und Verordnungen bedarf der kommunikativen Planung. Letztlich läuft dieses Vorgehen auf eine integrierte Regierungs- und Medienplanung hinaus. Regierungspolitik und Öffentlichkeitsdarstellung werden eng miteinander verkoppelt. Jede geplante Maßnahme muss auf ihre Medientauglichkeit befragt werden. Und die Maßnahmenplanung muss sich ihrerseits daran ausrichten, was in der Öffentlichkeit an Themen und Problemen kursiert. Das bedeutet keine Abkehr von fachlich sorgfältig durchdachter Politik. Doch die sachliche Angemessenheit allein genügt nicht. Die Medieneffekte, die Wirkung zunächst in den Redaktionsstuben, dann bei der Bevölkerung und schließlich die Rückwirkung dieser Resonanz auf Printmedien, Hörfunk und Fernsehen, müssen genauestens bedacht werden.

Öffentliche Kommunikation und Sachthematik sind eng miteinander verknüpft. Die Meldungen über die im Jahr 2001 radikal wegbrechenden Einnahmen aus der Körperschaftssteuer beispielsweise waren katastrophal. Noch dazu erfolgten sie zum Zeitpunkt der Ernennung Stoibers zum Kanzlerkandidaten der Union. Die Möglichkeiten, diesen als wenig sozial eingestellten Politiker darzustellen, entfielen, weil zugleich die Steuerpolitik der rotgrünen Regierung als höchst unternehmensfreundlich erscheinen musste. Der Regierung konnte ein Konstruktionsfehler mit sozialer Schlagseite in der Steuerreform unterstellt werden. Zwar handelt es sich beim Ausfall des größten Teils dieser Steuereinnahmen um einen Einmal-Effekt. Schon Anfang 2002 steigen die Steuereinnahmen wieder, weil die von überraschend vielen Unternehmen in Anspruch genommene Neuregelung von Rückstellungen sich nur in einem einzigen Jahr steuermindernd auswirkt. Doch diese Information lässt sich in der Öffentlichkeit schon weit weniger einfach vermitteln.

Das Verhältnis von strategischer Planung und reaktivem Handeln lässt sich gut an der Debatte über den „Blauen Brief" der Europäischen Union im Frühjahr 2002 illustrieren. Angesichts eines gewachsenen Haushaltsdefizits drohte der Bundesrepublik gemäß den Statuten des Maastricht-Vertrages über die Währungsunion und den Verfahrensweisen der EU-Kommission eine Ermahnung zur Einhaltung der Stabilitätsrichtlinien, volkstümlich „Blauer Brief" genannt. Man hätte das durchaus hinnehmen können, selbst wenn ein Blauer Brief der Union als willkommene Wahlkampfmunition gedient hätte. Außerdem war intern klar, dass die Kommission im zuständigen Finanzministerrat nicht die erforderliche Mehrheit bekommen würde. In einem Interview hatte sich Bundeskanzler Gerhard Schröder aber auf die Linie festgelegt, dass es einen solchen Brief der EU nicht geben dürfe. Der Finanzminister war dadurch gezwungen, in den Verhandlungen mit der EU eine Position einzunehmen, deren Folgen nicht mehr eindeutig abzuschätzen waren und die zudem kommunikativ schwer zu „verkaufen" war. Was so als Reaktion begann, wurde in der Folge aber zu einer unvorhergesehenen neuen Politikoption. Die durch das Verhalten gegenüber der EU noch erhöhte Notwendigkeit zur haushaltspolitischen Kontrolle konnte in das Konzept eines „Nationalen Stabilitätspaktes" übersetzt werden, in den die Bundesländer weit stärker eingebunden wurden, als ein halbes Jahr vor der Bundestagswahl erwartet werden konnte. Der „Blaue Brief" ist nun medial ersetzt durch eine positiv besetzbare gemeinsame Anstrengung aller Beteiligten in Bund und Ländern, die Haushaltsdefizite zu senken.

Ein Erfolg des Finanzministers, der „leider" am Tag des Insolvenzantrages der Holzmann-AG gelang und einen Tag vor der Abstimmung im Bundesrat über das Zuwanderungsgesetz. Er war vier Wochen vorher von den meisten Kommentatoren für unmöglich erachtet worden, jetzt ging er in der Aktualität des Medienzirkusses unter.

Die Risiken solcher – auch aus kurzfristigen Reaktionen geborener – Strategien liegen dort, wo politische Konzepte auf größeren Protest stoßen. Wenn Zumutbarkeitsgrenzen überschritten werden, muss eine öffentlichkeitssensible Regierung zurücksteuern. Aber auch die Forcierung von Problemlösungen, etwa in der Arbeitsmarktpolitik, kann notwendig sein. Wenn sich jahrelang Politikdefizite angehäuft haben, muss mit klaren Botschaften und radikaleren Reformideen geantwortet werden – auch gegen gewerkschaftlichen Einspruch.

Es wäre jedoch ein Irrtum, in der verstärkten kommunikativen Steuerung von Politik bloß einen Trend zur Inszenierung zu sehen. Natürlich muss bei allen Auftritten des Kanzlers und der Minister auf die Bildertauglichkeit geachtet werden. Doch ohne eine Korrespondenz von Inhalt und Inszenierung funktioniert Politik nicht. Man darf nicht einfach nur Inszenierung bieten. Das wird durchschaut. Es müssen Inhalte angeboten und die Bürger müssen auch beteiligt werden und den Eindruck gewinnen, dass sie auch als Co-Regisseure die Politik beeinflussen und mitgestalten können.

Ein weiteres Risiko der Kommunikationssteuerung liegt in der Konkurrenz zwischen den einzelnen Regierungsstellen. Immer wichtiger wird daher die Koordination der politischen Kommunikationsstrategien unter den Ministerien bzw. zwischen ihnen und dem Kanzleramt. Laufen die wichtigen Fragen im Kanzleramt bei Kanzleramtsminister Steinmeier zusammen, gelingt die Steuerung des Regierungsgeschehens meist. Man benötigt zentrale Planung, um internes Gegeneinander zu verhindern. Das schließt eine klare Priorisierung und zeitliche Rangfolge der Reformvorhaben ein. In Wahlkampfzeiten ist zudem eine Koordination mit den Wahlkampfzentralen der Parteien erforderlich. Für die letzten Monate vor der Bundestagswahl 2002 ist daher eine Koordinationsgruppe zwischen Wahlkampfzentrale und Regierungszentrale installiert worden. Hier wird festgelegt, wer auf politische Kritik und Vorwürfe der Opposition reagiert und welche Themen noch angesprochen werden. Die Aufgabenplanung der Ministerien ist hier mit eingebunden. Der Wahlkampf der Koalitionsparteien kann so mit der Regierungspolitik abgestimmt werden.

Wie in den USA wächst auch in der Bundesrepublik die Rolle der medialen politischen Kommunikation. Es findet insgesamt eine Amerikanisierung der politischen Verhältnisse statt. Das hat gravierende Folgen insbesondere für die Parteien. Ihre Bedeutung wird weiter sinken, die der Medien weiter steigen. Man kann dies zu Recht Mediokratie nennen. Doch verschiebt sich das Zentrum der Macht nicht zu den Medien. Einer Regierung, die Reformarbeit und Kommunikation klug miteinander verbindet, kann es gelingen, weitgehend die öffentliche Meinung zu bestimmen und die wesentlichen Themen zu setzen. Eine Regierung, die es versteht, auf dem Klavier der Medien souverän zu spielen, ist fähig – bis hin auch zur Manipulation –, das Parlament und insbesondere die eigenen Abgeordneten zu lenken. Mittels des medienvermittelten Drahts zu den Bürgern wird das politische Geschehen gesteuert – über die Meinungsbildung in den eigenen Koalitionsparteien hinweg. Auf Regierungsebene lassen sich Strategien entwerfen und medial umsetzen. Im Zusammenspiel von Kanzleramt, Ministern und Medienexperten können grundlegende Botschaften und langfristige Politikkonzepte an den Bürger vermittelt werden. Regierungen, die sich auf die Medien einlassen und mit ihnen zu agieren verstehen, stehen im Mittelpunkt des Politikprozesses.

Noch ist Spin Doctoring und Medienberatung in Deutschland die Ausnahme. Es steht nicht neben und hinter jedem Minister ein Medienberater. Zwar werden bereits die möglichen Abgeordneten des nächsten Deutschen Bundestages von kleinen Kommunikations- und Medienagenturen geschult, doch sind das andere Niveaus der Kommunikationsberatung als das der Begleitung eines Ministers und der Arbeit in der Leitung eines Ministeriums. Um hier mehr Professionalität zu erreichen, müssen jene Hindernisse beseitigt werden, die einer freiberuflichen, auf Zeit gestellten Tätigkeit im Zentrum des Ministeriums entgegenstehen. Noch ist die Tätigkeit in den Pressestellen der Ministerien eine Dauertätigkeit im „Beamtenstatus". Das muss sich ändern. Ein Minister muss seine eigene Mannschaft wie in den USA mitbringen können, muss die Kommunikationsstäbe austauschen können und mit Leuten besetzen dürfen, die sich auf begrenzte Zeit aus ihren alten Berufen heraus in die Politik begeben. Spin Doctoring ist eine Aufgabe auf Zeit und sie sollte im Rahmen von Beraterverträgen erfolgen. Die Mitarbeiter in den Pressestellen der Ministerien haben meist keine journalistische Erfahrung, die Ausstattung der Öffentlichkeitsarbeit mit Ressourcen ist z. T. völlig unzulänglich. Hier wird an der falschen Stelle Zurückhaltung geübt. Professionelle PR erfordert journalistisch erfahrenes Personal und verlangt eine größere Finanzausstattung. Entscheidend sind jedoch flexible Strukturen: eine Abkehr von festen Stellenplänen, vom Beamtenstatus oder von der Besoldung nach dem BAT.

Medienberatung und Spin Doctoring müssen deshalb keine eigenständige Profession werden. Auch eine Institutionalisierung als akademischer Ausbildungsgang ist nicht nötig. Erforderlich sind vielmehr Mechanismen, die Menschen mit geeigneten Erfahrungshintergründen den Wechsel in eine derart politiknahe Beratungsposition erlauben. Denn der Bedarf an Medienberatung wird wachsen. Deutschland muss recht bald den Status eines „Entwicklungslandes" verlieren.

Rüdiger Schmitt-Beck

Laufen, um auf der Stelle zu bleiben: „Postmoderne" Kampagnenpolitik in Deutschland

Aus verschiedenen Gründen geraten die politischen Parteien immer mehr in Stress. Der Druck der Probleme, für die von ihnen Lösungen erwartet werden, wächst. Funktionierende Lösungen zu finden, wird aber immer schwieriger. Gleichzeitig werden die Wähler immer wankelmütiger. Wenn Parteien erkennen, dass sie sich solcherart in der Klemme befinden, reagieren sie typischerweise, indem sie ihre strategische Öffentlichkeitsarbeit intensivieren (Mair u.a. 1999; exemplarisch aus der Innenperspektive: Machnig 2001). Wird die Legitimation durch Leistung immer schwieriger, soll Legitimation durch Kommunikation an ihre Stelle treten. Das bringt nicht verlässlich Entlastung, aber auf jeden Fall neue Probleme. Die Parteien begeben sich damit nämlich auf schwieriges Terrain. Auf dem Parcours lauern viele Engpässe, Schlaglöcher und Stolpersteine; man kommt also leicht zu Fall. Die Parteien finden sich in einer Lage nicht unähnlich der Perspektive, in der die Helden auf den Bildschirmen von Computerspielen oft dargestellt werden: Während die Herausforderungen ihrer Umwelt auf sie eindrängen, strampeln sie angestrengt, um auf der Stelle zu bleiben. Echte Vorwärtsbewegungen finden kaum statt. Aber wer an einem der Hindernisse hängen bleibt, die unentwegt heran sausen, ist draußen.

Parteien in der Zange

In verschiedener Hinsicht ist das Gestaltungshandeln der Parteien mit zunehmender Komplexität konfrontiert. Durch die wachsende Verflechtung politischer Problemkomplexe steigt die Zahl der Variablen, die für den Erfolg politischer Entscheidungen und Programme relevant sind. Die Art der Zusammenhänge zwischen diesen Variablen wandelt sich von einfachen linearen Beziehungen zu komplexen, nichtlinearen, durch vielfältige Interdependenzen gekennzeichneten Mustern. Das erschwert den Parteien die Identifikation der „richtigen" Handlungsstrategien, weil Folgen und Nebenfolgen verschiedener Handlungsoptionen kaum zu überblicken sind. Es wird schwieriger, Aktionskonzepte zu entwickeln, und unwahrscheinlich, mit einfachen Strategien rasch Ziele zu erreichen (Scharpf 1973; Zolo 1992). Immer öfter zeigen sich Regierungen überrascht über die Folgen ihrer Handlungen: weil nicht erreicht wurde, was angezielt war, oder weil ganz andere Konsequenzen eintraten als man erwartet hatte, oder beides.

Politisches Gestalten wird auch durch Souveränitätsverluste staatlicher Akteure erschwert und hinsichtlich der Erfolgsaussichten prekär, schon gar im engen zeitlichen Horizont von Wahlperioden. Transnationale Abhängigkeitsstrukturen, aber auch innerstaatliche Veto-Konstellationen, durch die verschiedene Akteure mit unterschiedlichen Zielen in die Lage versetzt werden sich wechselseitig zu blockieren, bewirken, dass die Handlungsspielräume von Regierungen stark verengt werden. Politische Programme können nicht einfach durchgesetzt werden; nur koordiniert mit anderen Akteuren und unter Berücksichtigung vielfältiger Interessen lässt sich etwas bewegen. Optimale Politikergebnisse werden dadurch wenig wahrscheinlich. Weil Entscheidungen und ihre Folgen nicht eindeutig bestimmten Akteuren zurechenbar sind, werden politische Verantwortlichkeiten diffus (Scharpf 1992).

Die soziale Legitimation des Handelns der Parteien wird aber auch durch zunehmende Komplexität der Gesellschaft erschwert, die sich durch fortschreitende soziale Differenzierung verändert. Die tradierten sozio-politischen Spaltungslinien verlieren im Hinblick auf die politischen Prioritäten der Bürger an strukturierender Kraft. Die „Stammkunden" der politischen Organisationen „sterben aus" (Streeck 1987). Parteien verlieren Mitglieder, und auf die Treue ihrer Wähler können sie weniger zählen als früher. Die Bürger, die sich nicht bestimmten Parteiorganisationen verbunden fühlen, sind zwar noch nicht in der Mehrheit, aber ihr Anteil wächst. Diejenigen mit solchen Bindungen entscheiden sich eher als früher auch einmal gegen die eigene Partei. Wahlentscheidungen werden häufiger bis kurz vor der Wahl aufgeschoben (Schmitt-Beck 2002). Die „Wanderneigung" im Elektorat wächst, Wahlergebnisse schwanken stärker und werden schwerer prognostizierbar. Das Parteiensystem verliert an Stabilität, neue Parteien tauchen auf, erringen zum Teil aus dem Stand erstaunliche Stimmenzahlen, um oft nach kurzer Zeit wieder von der Bildfläche zu verschwinden. Trends in den Ländern sind hier die Frühwarnsignale für Entwicklungen, die möglicherweise auch im Bund bald zu besichtigen sein werden.

Strategische Öffentlichkeitsarbeit als Ausweg?

Strategische Öffentlichkeitsarbeit rückt in dieser Situation zu einem Kernbereich des politischen Handelns auf: Politische Entscheidungen und Programme sprechen nicht für sich selbst, sondern sind begründungs- und erklärungsbedürftig, wenn sie in der Gesellschaft die Anerkennung finden sollen, die ihre erfolgreiche Implementation voraussetzt und derer die Parteien als Legitimitätsgrundlage bedürfen. Insoweit wird „Politikdarstellung" zum inhärenten Bestandteil der „Politikherstellung" (Sarcinelli 1987: 66). Aufgrund der zunehmenden Schwierigkeiten wirksamer politischer Gestaltung bietet es sich für die Parteien aber auch an zu versuchen, „Politikdarstellung" von der „Politikherstellung" zu entkoppeln, sie unabhängig von dieser als reines Politiksurrogat zu betreiben und so eine supplementäre Legitimationsquelle zu eröffnen, die lediglich rhetorische, aber keine materialen „Leistungen" benötigt (Guggenberger 1988).

Strategische Öffentlichkeitsarbeit in Form politischer Kommunikationskampagnen stellt sich nicht mehr als kurze und zeitlich eingrenzbare Phase im unmittelbaren Vorlauf von Wahlen dar, sondern dehnt sich immer weiter aus. Politisches Handeln gewinnt Züge der Kampagne in Permanenz (Norris 1997; Schmitt-Beck/Farrell 2002b). „Herstellung" und „Darstellung" von Politik sind nicht mehr phasenweise zu trennen, sondern vermischen sich dauerhaft. Wahlkämpfe sind schon lange nicht mehr die einzige Manifestation, wenngleich immer noch der Kulminationspunkt der strategischen Öffentlichkeitsarbeit politischer Parteien. Ihre Chancen und Probleme treten im Wahlkampf am deutlichsten zutage. Die Wahlkampagnen der Parteien stehen deswegen im Zentrum der nachfolgenden Überlegungen.

Wahlkampagnen als Form strategischer Öffentlichkeitsarbeit

Wahlkampagnen sind organisierte und geplante Kommunikationsaktivitäten, die von Parteien durchgeführt werden, um unter den Wahlberechtigten möglichst viel Unterstützung einzuwerben. Jede Partei ist daran interessiert, dass am Wahltag möglichst viele Stimmen dem eigenen Konto gutgeschrieben werden. Dazu müssen die Bürger zunächst einmal mobilisiert werden, an der Wahl teilzunehmen. Dann kommt es für jede Partei entscheidend darauf an, die mobilisierten Wähler so zu beeinflussen, dass diese in möglichst großer Zahl sie und nicht eine der Konkurrenzparteien mit ihrem Votum bedenken. Dieser Einfluss kann zwei Formen haben: Aktivierung von Wählern, die mental, beispielsweise aufgrund affektiver Parteibindungen, schon der eigenen Seite zuneigen, und Konversion von Wählern, die eher zu anderen Parteien neigen oder aber gar keinen politischen Fixpunkt haben (Lazarsfeld u.a. 1968; Schmitt-Beck/Farrell 2002b). Der Prozess der Auflösung der Parteibindungen führt dazu, dass der Sockel aktivierbarer Wähler, auf den sich die Parteien verlassen können, immer weiter schrumpft (Schmitt-Beck/Weick 2001). Gegenüber der einfacheren Aufgabe, grundsätzlich positiv eingestellte Wähler zu veranlassen, ihrer Neigung auch an der Urne Ausdruck zu verleihen, nimmt die sehr viel schwierigere Aufgabe, distanzierte Wähler in das eigene Lager herüber zu ziehen, an Bedeutung zu.

Um so mehr Sorgfalt muss auf die Planung und Gestaltung von Wahlkampagnen verwandt werden. Dabei müssen die hierfür Verantwortlichen auf zwei Fragen gute Antworten finden, die Frage der Inhalte und die Frage der Kommunikationskanäle: Welche Botschaften sollen kommuniziert werden? Wie, d.h. über welche Vermittlungsmedien sollen diese Botschaften kommuniziert werden? Das sind keine einfachen Fragen, denn bei der „Politikdarstellung“ durch Wahlkampagnen sind die Parteien mit demselben Grundproblem konfrontiert wie bei der „Politikherstellung“: einer Zunahme an Komplexität, die sie bewältigen müssen, wenn ihr Handeln zum angestrebten Ziel führen soll (Zolo 1992: 5). Sowohl die Gestaltung von Wahlkampagnen als auch ihre Wirksamkeit sind in vielfältiger Weise und tendenziell zunehmend abhängig von Umweltfaktoren, über welche die Parteien selbst wenig bis gar keine Kontrolle ausüben können. Deswegen kann sich keine Partei darauf verlassen, dass am Ende einer Kampagne das Ergebnis steht, das sie sich am Anfang als Ziel vorgenommen hatte. Wahlkampagnen werden im Kontext von Rahmenbedingungen geplant und implementiert, die Risiken, manchmal aber auch Chancen beinhalten. Es gilt, die Risiken möglichst zu minimieren und gleichzeitig die sich bietenden Chancen zu nutzen.

„Modernisierung" von Wahlkämpfen

Die Wahlkampfführung in westlichen Demokratien ist gekennzeichnet durch mehrere, miteinander verbundene Trends, die sich zusammengenommen als „Modernisierung" auf den Begriff bringen lassen: Mediatisierung, Personalisierung, Entideologisierung, Professionalisierung, Zentralisierung, Digitalisierung und Szientifizierung sind Stichworte, die in diesem Zusammenhang fallen (Swanson/Mancini 1996). Oft wird auch von einer „Amerikanisierung" des Wahlkampfes gesprochen (Plasser 2000). Dieser Begriff legt nahe, dass es sich im Wesentlichen um einen Vorgang der internationalen Diffusion von Techniken der Kampagnengestaltung handelt, die ursprünglich in den USA entwickelt wurden. Doch enthält diese Sichtweise keine Antwort auf die Frage, was diesen weltweit in unterschiedlichem Ausmaß zu besichtigenden Prozess antreibt (Farrell 1996).

Der Terminus „Modernisierung" deutet hingegen an, dass hier ein regelhaft beschreibbares Bewegungsgesetz am Werke ist. Die „Modernisierung" der Kampagnenführung lässt sich in Anlehnung an Max Webers Parteiensoziologie als jüngste Stufe der zunehmenden Rationalisierung des Parteienwettbewerbs deuten (Weber 1980: 837-68). Ihre Antriebsfeder ist die Eigendynamik des Wettbewerbs. Sie ähnelt der Dynamik von Rüstungswettläufen in der internationalen Politik, die aus „Sicherheitsdilemmata" erwachsen (Herz 1950; Buzan/Herring 1998): Keine der beteiligten Parteien kann erwarten, dass ihre Konkurrenten auf den Einsatz neuer „Waffensysteme" im Kampf um die Gunst der öffentlichen Meinung verzichten werden. Schon rein vorsorglich, um etwaige Wettbewerbsnachteile zu verhindern, muß daher jede von ihnen darauf bedacht sein, alle sich bietenden Chancen der Selbstdarstellung und strategischen Kommunikation konsequent zu nutzen und sich selbst jederzeit mit allen neu verfügbaren Techniken und Werkzeugen der Öffentlichkeitsarbeit auszurüsten.

Dazu gehört auch, dass spezielle Teilaufgaben der Kampagnenplanung und -implementation zunehmend von kommerziellen Dienstleistern übernommen werden. Viele der Partialfunktionen, die im Rahmen arbeitsteilig organisierter Kampagnen bewältigt werden müssen, können nicht mehr durch parteipolitische Organisationserfahrung, sondern nur mittels extern mobilisierter professioneller Kompetenz bewältigt werden. Parteiorganisationen müssen sich öffnen für Expertise, die nicht primär einer parteipolitischen, sondern einer professionellen Logik folgt, und diese in ihre Abläufe integrieren. Manche Parteien – wie z.B. die SPD mit ihrer „KAMPA" – gehen sogar dazu über, Planung und Steuerung ihrer Wahlkampagnen ganz aus dem Parteiapparat herauszulösen und einer Spezialinstitution zu übertragen, die auf Zeit eingerichtet wird. Konsequenz dieser Entwicklung ist ein erheblicher Mehrbedarf an finanziellen Ressourcen, denn professionell geführte Kampagnen sind nicht billig. SPD und Union planen, in den erhofften Wahlerfolg bei der kommenden Bundestagswahl jeweils gut 25 Millionen Euro zu investieren (Spiegel Online 1.2.2002).

Die Kommunikationsstrategien der Parteien richten sich nicht mehr im selben Ausmaß wie noch vor einigen Jahrzehnten an wenige, sozialstrukturell klar abgrenzbare Großgruppen mit eindeutiger Interessenbasis und tradierten politischen Loyalitäten. Die Parteien betreiben heute strategisches „targeting": Ihre kommunikativen Bemühungen orientieren sich in selektiver Weise an einem Patchwork kleiner Gruppen und regionaler Milieus. Das ist nur möglich, wenn ausgefeilte Feedback-Instrumente aus dem Methodeninventar der empirischen Sozialforschung eingesetzt werden, um Ansatzpunkte für Kampagnen zu ermitteln und deren Resonanz zu evaluieren. Die Kampagnenkommunikation richtet sich auf die Gegebenheiten moderner, nach Kriterien des Status, aber auch des Situs vielfältig differenzierter Gesellschaften ein, indem sie zunehmend politische Symbolik in den Mittelpunkt stellt. Wie Kirchheimer schon in den 60er Jahren in seinen Überlegungen zur „Allerweltspartei (catch-all party)" diagnostizierte, ist dabei der verstärkte Rekurs auf ideologisch neutrale Hochwertbegriffe, die eine allgemeine Problemlösungskompetenz suggerieren, zentral (Kirchheimer 1965; Schmitt-Beck 2001). Das verbindet sich mit einem starken Trend in Richtung einer Personalisierung der politischen Auseinandersetzung: Spitzenpolitiker und ihre Managerqualitäten rücken in der Kampagnenkommunikation in den Vordergrund.

Die Parteiorganisation als Medium direkter Kommunikation im Wahlkampf

Im wohlverstandenen Eigeninteresse streben die Parteien danach, ein Maximum an Kontrolle über die Botschaften zu behalten, die in der Wahlkampfkommunikation über sie vermittelt werden. Die direkte Kommunikation durch das Medium der eigenen Parteiorganisation scheint das in idealer Weise leisten zu können. Deswegen war die persönliche Ansprache der Wähler durch Großveranstaltungen mit Kandidaten und durch den direkten Kontakt lokaler Parteiaktivisten kennzeichnend für die klassische Wahlkampagne. Schrumpfende Mitgliederzahlen bei konstant niedrigen Aktivitätsraten der Mitgliedschaften verringern jedoch das Gewicht der Parteibasis als Kampagnenressource der Parteien. Überdies erscheinen die Parteigliederungen außerhalb der Zentrale aus der Sicht heutiger Kampagnenplaner oft als unsichere Kantonisten. Sie glauben, dass nur Kampagnen aus einem Guss zum Erfolg führen können (Norris u.a. 1999). Die öffentliche Selbstpräsentation von Parteien wird deswegen zunehmend zentral gesteuert und den dezentralen Organisationsgliederungen wird diesbezüglich Autonomie genommen. Es wird versucht, die „lose verkoppelte Anarchie" der Parteiorganisationen durch strikte Sprachregimes und zentrale Äußerungskontrollen an die Zügel der Parteiführung zu nehmen. Das erzeugt freilich innerparteiliche Konfliktpotentiale (Krebs 1996). Man erinnere sich an die Kritik aus der Labour Party an den „diktatorischen" Zügen Tony Blairs und seiner Kampagnenleitung. Es gibt also Anreize für Kampagnenplaner, sich nach Möglichkeit doch nicht so sehr auf die Mitglieder zu verlassen und diesen auf jeden Fall nur enge Spielräume für eigene Initiativen zu lassen. Auf lange Sicht führt die „Modernisierung" des Wahlkampfes zu einer Schwächung der Parteibasis (Niedermayer 2000).

Es gibt auch Bereiche, in denen technische Innovationen dazu beitragen, die organisationseigene Ressourcenbasis der Parteien für die Kampagnenkommunikation zu stärken. Sie betreffen allerdings vorwiegend die Kommunikationskapazitäten der Parteispitzen. Aufgrund der Unwägbarkeiten massenmedial vermittelter Kommunikation (s.u.) haben diese ein großes Interesse daran, alle Möglichkeiten der unvermittelten Kommunikation mit den Wählern zu nutzen, und investieren gerne, wenn sich hierzu neue Möglichkeiten eröffnen. Augenfälligstes Beispiel dieses neuen Trends einer Renaissance direkter Kommunikation zwischen Parteien und Wählern ist die wachsende Inanspruchnahme des Internets. Keine Partei verzichtet mehr auf eine Website, und die meisten von ihnen offerieren heute ein elaboriertes Bouquet elektronischer Informationsangebote. Die von Parteienstrategen zuweilen geäußerte Überzeugung, dass ohne Webpräsenz heute keine Wahlen mehr gewonnen werden könnten (SZ 7.2.2002), scheint allerdings stark übertrieben. Zwar hat der Anteil der Internetnutzer in den letzten Jahren zugenommen, aber auch 2001 waren immer noch über 60 Prozent der Deutschen ohne Zugang zu diesem neuen Medium. Ein Viertel schloss auch für die Zukunft jegliche Nutzung des Internets aus (Oehmichen 2002: 23). Und wer das Internet in Anspruch nimmt, tut dies nur im Ausnahmefall, um darüber an politische Information zu gelangen. Nur ein Bruchteil der Surfer im Computernetz, eine kleine Schicht politisch hochgradig interessierter Personen, benutzt dieses Medium, um sich online der Kommunikation politischer Parteien auszusetzen. Im Jahr 2000 besuchten gerade 8 Prozent der deutschen Wähler eine Parteien-Website (Norris 2001: 224). Ein weiterer Trend, für den erst die Computertechnik die nötigen Voraussetzungen geschaffen hat, betrifft die gezielte Ansprache der Angehörigen genau abgegrenzter Wählersegmente durch Direct Mail und Telefonwerbung (Römmele 1997).

Indirekte Kommunikation durch die Massenmedien

Insgesamt hat der direkte Kontakt der Parteien mit den Wählern in den letzten Jahrzehnten aber immer mehr zugunsten der indirekten, durch Massenmedien vermittelten Ansprache an Bedeutung verloren. Gerade Außenseiter, die neu in die politische Arena treten und gar nicht über signifikante organisatorische Ressourcen verfügen, verlassen sich fast ausschließlich auf die Medien. Zwar geht die Zahl der Zeitungsleser zurück, aber die elektronischen Medien, insbesondere das Fernsehen, stellen die notwendigen technischen Kapazitäten bereit, um so gut wie alle Bürger permanent direkt an die Kampagnen anschließen zu können (Eimeren/Ridder 2001). Die Parteien sehen in der Vermittlungsleistung der Massenmedien eine strategische Ressource, durch die Wahlkämpfe heute allgegenwärtig werden können. Sie benötigen die Massenmedien, um öffentlich sichtbar zu werden. Aber wenn sie diese als Kommunikationskanal nutzen, balancieren sie oft ziemlich ungesichert auf einem dünnen Seil.

Hinsichtlich der Massenmedien unterscheiden die Wahlkampfstrategen zwischen „paid media" und „free media" (Salmore/Salmore 1989). Erstere umfassen alle Arten bezahlter Werbung, von Wahlplakaten über Zeitungsanzeigen bis hin zu den Parteienspots im Fernsehen. Insbesondere für Anzeigen in der Presse wenden die Parteien nach wie vor erhebliche Mittel auf. Infolge der Liberalisierung des Regelungsrahmens für die Parteienwerbung in den audiovisuellen Medien, der inzwischen den – freilich immer noch kontingentierten – Kauf von Werbezeit bei Privatsendern zulässt, gewinnt aber auch die Fernseh- und Radiowerbung an Bedeutung. Der Vorteil der Werbung für die Parteien liegt auf der Hand: Sie haben größtmögliche Kontrolle über die vermittelten Inhalte. Klar sind aber auch die Nachteile: Werbung kostet Geld, und das ist knapp. Überdies besteht die Gefahr, dass der Werbung, weil sie offenkundige Überzeugungskommunikation ist, am Ende, wenn es darauf ankommt, die nötige Überzeugungskraft auf das Publikum gerade abgeht.

Kontrollverluste bezüglich politischer Medienangebote

Die größere Bedeutung für die Kampagnenkommunikation wird deswegen den „free media" zugesprochen – den Eigenangeboten der Medien, die Parteien als kostenlose Werbeträger zu instrumentalisieren versuchen. Das betrifft insbesondere die alltägliche politische Berichterstattung der Massenmedien, welche das Bild, das sich die Wähler von der Politik machen, wesentlich formt. Die Parteien versuchen, auf den Prozess der Konstruktion dieser „Medienrealität" so einzuwirken, dass diese im Sinne ihrer Kommunikationsziele möglichst günstig ausfällt (Schmitt-Beck/Pfetsch 1994). Ansatzpunkte hierfür finden sie in den Gesetzmäßigkeiten der Nachrichtenproduktion. „Newsmaking" durch Medienorganisationen ist ein nach Routinen ablaufender Prozess der Selektion von Informationsvorprodukten, der unter Bedingungen knapper Ressourcen ständig optimiert werden muss. Die Regelhaftigkeit dieses Prozesses macht die Nachrichtenproduktion kalkulierbar und eröffnet den Parteien die Möglichkeit, darauf abgestimmte Medienstrategien zu entwerfen.

Aus der Sicht von Wahlkampfplanern stellt sich die Wahlkampfführung insoweit als „Management von Medienereignissen" dar (Radunski 1983: 137). Diese müssen so beschaffen sein, dass sie mit erhöhter Wahrscheinlichkeit die Selektionsfilter des Mediensystems passieren und zu Nachrichten werden. Außerdem müssen sie natürlich die Botschaften transportieren, welche die Parteien durch die Medienberichterstattung an das Publikum weitergereicht haben wollen. Es kann sich dabei um „Pseudoereignisse" handeln, die nur stattfinden, damit die Medien darüber berichten; Jürgen Möllemanns kameragerechte Fallschirmabsprünge sind ein gutes Beispiel dafür. Häufig handelt es sich aber auch um „mediatisierte Ereignisse", d.h. Ereignisse, die einen institutionellen Stellenwert innerhalb des politischen Entscheidungsprozesses besitzen, aber mediengerecht arrangiert werden; man erinnere sich an die „Krönungsmesse" für den Kanzlerkandidaten Schröder beim Leipziger SPD-Parteitag 1998.

Diese Strategie der Parteien stößt jedoch auf Grenzen und ist auch nicht ohne Risiko. Die Transformation des Systems der audiovisuellen Medien in den letzten beiden Jahrzehnten hat dazu geführt, dass immer mehr Kanäle miteinander um die Aufmerksamkeit des Publikums wetteifern. Die Orientierung am Publikum gewinnt dadurch gegenüber der Orientierung an den Kommunikationsinteressen politischer Parteien an Bedeutung. Es wird für die Parteien insgesamt schwieriger, die politischen Informationsangebote der Medien entsprechend den eigenen Intentionen als Kanal für die Kampagnenkommunikation (aus)zu nutzen (Jarren 1998). Die Stichworte lauten Fragmentierung und Diversifikation sowie Kommerzialisierung und Infotainment. Weil immer mehr Medienangebote immer kleinere und speziellere Publika ansprechen, müssen die Parteien größere Anstrengungen unternehmen, wenn sie via Massenkommunikation immer noch Bürger in großer Zahl erreichen wollen. Es genügt nicht mehr, in einer Sendung auf einem Kanal aufzutreten, um allgemein wahrgenommen zu werden. Die gleiche Zahl an Zuschauern kann heute nur noch kontaktiert werden, wenn man gleichzeitig auf mehreren Kanälen in ganz unterschiedlichen Sendungen präsent ist.

Überdies ist die Medienöffentlichkeit ein zweischneidiges Schwert. Der Leipziger SPD-Parteitag etwa fand nicht nur die Anerkennung der Medien, sondern erntete auch Belustigung, Sarkasmus und Ironie – dieser Schuss hätte auch nach hinten losgehen können. Auch außerhalb solcher „special events" stehen die Politiker unter ständiger Beobachtung durch laufende

Kameras und offene Mikrophone. Natürlich wollen sie genau dies; wenn ihnen die Aufmerksamkeit der Medien versagt bleibt, unternehmen sie alle Anstrengungen, damit sich das ändert. Aber: Je mehr in Echtzeit öffentlich sichtbar geredet und agiert wird, desto mehr wächst die Wahrscheinlichkeit, dass auch Handlungen und Aussagen vorkommen, die sich als „Fehler" deuten lassen. Und die Medien legen eine wachsende Neigung an den Tag, Gelegenheiten hierzu nicht verstreichen zu lassen. Was die Kamera eingefangen hat, ist öffentlich und nicht mehr rückholbar, jedenfalls wenn sich ein Redakteur dafür entscheidet, das – zum Guten oder zum Schlechten – als Thema auszuwählen. Medien und Parteien sind verstrickt in eine Konstellation „antagonistischer Kooperation". Für die Kommunikationsziele der Parteien im Wahlkampf birgt das erhebliche Umwägbarkeiten.

Als Rudolf Scharping im Spätsommer 2001 ein Bad mit seiner Lebensgefährtin im Swimmingpool via Regenbogenpresse zum medienöffentlichen „Bad in der Menge" umfunktionierte, machte er Bekanntschaft mit den Gefahren dieser Strategie. Wer weiß, was aus dieser mit seiner Amtsführung ja nur äußert bedingt verknüpften Affäre für den „Minister im Liebestaumel" (Spiegel Online 27.8.2001) geworden wäre, wenn nicht ein anderer, unendlich gewichtigerer Vorfall – der Terroranschlag vom 11. September – die Aufmerksamkeit der Medien von ihm abgezogen hätte. Dieses Ereignis konnte nicht ignoriert werden und füllte nun für lange Zeit die Schlagzeilen. Dass Scharpings Wasserspiele soviel Aufmerksamkeit bekommen hatten, war hingegen nicht zwingend gewesen. Dahinter standen klare Selektionsentscheidungen von Redakteuren. Noch viel deutlicher zeigte sich die aktive Seite der Medienöffentlichkeit anlässlich der Kür der Spitzenkandidaten der SPD vor der Bundestagswahl 1998 und der CDU/CSU für die Wahl 2002. In beiden Fällen wählten die Medien das Motiv der parteiinternen Rivalität (Schröder vs. Lafontaine bzw. Stoiber vs. Merkel) als Bezugsrahmen für ihre Berichterstattung über die „K-Frage". In die Defensive gedrängt, waren die Parteien beständig bemüht, den Nachweis des Gegenteils zu führen und ihren eigenen „Spin" – faire Arbeitsteilung und vertrauensvolle Kooperation unter Kollegen – dagegenzuhalten. Rückblickend gelang das der SPD besser als der Union.

Neue Kommunikationschancen im Unterhaltungsbereich

Es scheint, dass die Bedingungen der eigenen Präsenz in den politischen Angeboten der Massenmedien für die Parteien immer weniger kontrollierbar sind. In Reaktion auf diese prekäre Situation greifen sie verstärkt auf die professionellen Dienste von Spezialisten für „Event-Marketing" bis TV-Training zurück. Gleichzeitig eröffnen neue Medienformate, insbesondere der Trend zum Infotainment, innovative, aus Sicht der Parteien durchaus günstige Perspektiven für die medienvermittelte politische Kommunikation. Sie verlagern daher ihre medienbezogenen Kampagnenaktivitäten von den im engeren Sinne politischen Formaten stärker in den Unterhaltungsbereich. FDP-Chef Guido Westerwelle arbeitete sich im ersten Halbjahr 2000 mit 12 Auftritten in Talkshows und anderen Sendungen eher unterhaltenden Charakters an die Spitze dieser Bewegung vor (SZ 3.8.2000). Auch den Container von „Big Brother" beehrte er mit seinem Besuch. Unvergessen aber auch Bundeskanzler Schröder in „Wetten dass". Fiction-Sendungen scheinen seine Berater ebenfalls nützlich zu finden, wie Schröders Gastrollen in „Gute Zeiten, schlechte Zeiten" und „Der große Bellheim" belegen.

Solche Auftritte geben Politikern die Gelegenheit, sich als Person zu inszenieren; je nach Sendungsformat verbindet sich damit aber auch die Chance, ihre Botschaften einigermaßen unbehelligt an den Filtern der politischen Medienformate vorbei zu schleusen. Unterhaltungsangebote der Medien haben somit den Vorteil, die finanziellen Ressourcen der Parteien nicht so zu beanspruchen wie die Werbung, im Vergleich zu politischen Formaten aber ein höheres Maß an Kontrolle zu erlauben (Nieland 2000). Aber auch hier ist die Kontrolle nicht perfekt; ein Talkmaster konfrontierte Bill Clinton im Präsidentschaftswahlkampf 1992 mit der Testfrage, was denn im Augenblick der Preis für einen Hamburger sei. Sehr peinlich in einem Land mit so großem Grundmisstrauen gegenüber „abgehobenen" Politikern, wenn der Kandidat ein solches alltägliches Datum aus dem Leben der von ihm umworbenen „kleinen Leute" nicht gewusst hätte.

Institutionelle, kulturelle, soziale und politische Rahmenbedingungen

Nicht nur sperrige und eigensinnige Medien beschränken als institutionelle Rahmenbedingung die Handlungsspielräume der Parteien im Wahlkampf. Bei der Gestaltung ihrer Kampagnenkommunikation setzen auch andere „harte" institutionelle Faktoren ihren Optionen Grenzen. So ergeben sich aus den Regeln der Parteienfinanzierung Beschränkungen der Mittel, die für den Wahlkampf erübrigt werden können. Das erzeugt Anreize, innovative Methoden der Spendensammlung ins Auge zu fassen; die FDP beispielsweise denkt über „fund-raising parties" nach amerikanischem Vorbild nach (SZ 29.12.2001). Auch das Format des Parteiensystems ist ein wichtiger Kontextfaktor, welcher die Optionen der Parteien kanalisiert. Alleinregierungen hat es im Bund noch nie gegeben. Jede Partei muss sich bei der Entwicklung ihrer Kommunikationsstrategie in einem komplexen Beziehungsgeflecht aus Gegnerschaften und Koalitionspotentialen verorten. Dieses wird zunehmend durch allianzstrategische „Promiskuität" geprägt (Mair u.a. 1999: 23); das erschwert den Parteien die Orientierung, impliziert für manche aber auch taktische Chancen. Wem man Stimmen abjagen will und wer besser nicht anzugreifen ist, weil ein potentieller Koalitionspartner nicht geschwächt werden sollte, muss jedenfalls genau überlegt sein. Limits möglicher Handlungsoptionen im Wahlkampf definiert aber auch die politische Kultur, verstanden als System allgemein verinnerlichter Normen der politischen Auseinandersetzung. CDU-Generalsekretär Laurenz Meyer kollidierte im Jahr 2001 schmerzlich mit dieser „weichen" Grenze des Akzeptierbaren, als er mit seinem Versuch scheiterte, Bundeskanzler Schröder mit Fahndungsfotos als „Rentenbetrüger" zu attackieren.

Wirtschaftliche und soziale Entwicklungen stellen einen der wichtigsten Kontextfaktoren für Wahlkämpfe dar. Wenn die Ökonomie schwächelt, freuen sich regelmäßig die Oppositionsparteien, während Regierungen in die Defensive geraten. Prognosemodelle, die sich ausschließlich auf ökonomische Variablen stützen, zeugen von der Bedeutung, die der Wirtschaftslage für Wahlergebnisse beizumessen ist – unabhängig von allen Kommunikationskampagnen und diesen als Bezugspunkt aufgezwungen (Bartels/Zaller 2001). Zu Beginn des Wahljahres 2002 verheißen Konjunkturperspektive, Arbeitslosigkeitsquoten und vielleicht sogar die Inflationsrate nichts Gutes für die amtierende Bundesregierung. Das Unbehagen der Bevölkerung über die Wirtschaftslage wächst (DeutschlandTREND Januar 2002). Rettung ist freilich am ehesten von außerhalb der Grenzen zu erwarten. Sollten die USA die Talsohle bald durchschritten haben, könnten sich in der Folge auch die wirtschaftlichen Perspektiven hierzulande wieder aufhellen (Münchner Merkur 9.2.2002) – ohne Zutun, gleichwohl mit vermutlich positiven Konsequenzen für die Aussichten der Regierungsparteien.

Weitere Rahmenbedingungen: Handlungen politischer Akteure und der Faktor Zufall

Auch die Handlungen anderer politischer Akteure stellen wesentliche Kontextelemente jeder Wahlkampagne dar. Die Kampagnenkommunikation der Konkurrenzparteien sollten Wahlkampfverantwortliche nicht ignorieren. Zur Professionalisierung der Kampagnenführung gehört auch die Institutionalisierung der „Gegnerbeobachtung" und die jederzeitige Bereitschaft zur „rapid response", falls dieser Gegner ein As aus dem Ärmel zieht. In amerikanischen Wahlkämpfen ist mittlerweile ein 24-Stunden-Turnus für den Schlagabtausch mittels Werbespots im Fernsehen erreicht. Vor Wahlen starten aber nicht nur die Parteien ihre Wahlkampagnen; andere politische Akteure beteiligen sich häufig ebenfalls mit Kommunikationskampagnen, um bestimmte Parteien zu unterstützen. Erinnert sei etwa an die „Wählerinitiativen" der 1970er Jahre.

Traditionell verfügen die deutschen Parteien über enge Verbindungen zu organisierten Interessen; in Wahlkämpfen manifestierte sich dieses Beziehungsgeflecht regelmäßig in kaum verschleierter Unterstützung der Verbände für die ihnen nahestehenden Parteien. Freilich haben sich diese Beziehungen im letzten Jahrzehnt stark gelockert; auf die Gewerkschaften kann die SPD ebenso wenig noch uneingeschränkt zählen wie die CDU/CSU auf die katholische Kirche oder die Grünen auf die Umweltschützer (Poguntke 2000). Mit zunehmender Entfremdung zwischen Verbänden und Parteien wächst der Grad an Umweltkomplexität, mit der die Parteien umzugehen haben. Weder können sie noch auf die uneingeschränkte Solidarität von Verbänden in der Wahlkampfkommunikation bauen, noch können sie sich darauf verlassen, dass diese in ihren sonstigen Aktivitäten auf die Bedürfnisse von Parteien Rücksicht nehmen. Zuerst denken sie an ihre Mitglieder, und deren Interessen decken sich nicht unbedingt mit denen der Parteien. Gehörte früher die Auseinandersetzung mit „Investitionsstreik"-Drohungen von Unternehmern zum normalen Geschäft von SPD-Kampagnen, so verfolgen die Sozialdemokraten derzeit mit mehr Besorgnis die Tarifpolitik der IG Metall, weil diese ihrer wirtschaftspolitischen Bilanz mit hohen Lohnforderungen und Streikdrohungen erheblich schaden könnte (taz 29.1.2002). Und damit ist die Bandbreite der Akteure, deren Handlungen auch ohne jeden inneren Bezug zum Wahlkampf doch für diesen relevant werden könnten, noch lange nicht ausgelotet. Sie reicht, um nur ein paar aktuelle Beispiele illustrativ herauszugreifen, von innerstaatlichen, aber dem Parteienwettbewerb enthobenen Institutionen wie dem Bundesverfassungsgericht (Stichwort V-Leute im NPD-Verbotsverfahren) oder dem Bundesrechnungshof (Stichwort Vermittlungsdaten der Arbeitsämter) über die EU-Finanzminister (Stichwort „Blauer Brief") bis zu afghanischen Warlords.

Selbst wenn Wahlkampagnen vorzüglich geplant sind, kann letztlich ein Faktor immer alle Pläne von einem Tag zum nächsten durchkreuzen und die Bedingungen der Auseinandersetzung auf den Kopf stellen: zufällige Ereignisse ohne jeden inneren Bezug zum Wahlkampf, insbesondere solche von großer außenpolitischer Tragweite oder auch Katastrophen. Aus heiterem Himmel können sie jederzeit alle Kommunikationsstrategien obsolet machen. Der Zusammenbruch des Regimes in der DDR im Vorfeld der Bundestagswahl 1990 ist ein herausragendes Beispiel für eine Entwicklung, auf welche die im Wahlkampf konkurrierenden Parteien nur begrenzt einwirken konnten, die jedoch jede von ihnen unter Zugzwang setzte. Die ursprünglich vorgesehenen Kampagnenpläne der SPD und der Grünen waren der grundlegend geänderten politischen Ausgangssituation nicht mehr angemessen; die Möglichkeiten dieser Parteien, auf die neue Lage wirkungsvolle wahlstrategische Antworten zu finden, waren aber offenbar begrenzt (Kitschelt 1991). Derzeit kann es keinen Zweifel geben, dass ein neuer „11. September" kurz vor dem bevorstehenden Wahltermin am 22. September 2002 die Parameter des Wettbewerbs um die Mehrheit fundamental verändern würde. Die jederzeit bestehende Möglichkeit derartiger Einbrüche „höherer Gewalt" bringt in jeden Wahlkampf ein Moment der Unvorhersagbarkeit und stellt für die professionelle Kompetenz, Flexibilität und auch Kreativität der Kommunikationsstrategen eine besondere Herausforderung dar.

Wie wirken Wahlkampagnen?

Wahlkampfplaner geben sich natürlich routinemäßig davon überzeugt, dass ihre Bemühungen für ihre Parteien wichtig sind und die Chancen des Machterwerbs mehren. Sind sie kommerziell tätig, schon allein aus Gründen des Geschäftsinteresses. Folgt man den Einschätzungen von Praktikern, so sind nach professionellen Qualitätskriterien gut geplante und implementierte Wahlkampagnen eine wesentliche Voraussetzung für Wahlerfolge. „Siege kann man machen" – so der Untertitel eines Buches von Albrecht Müller, der 1972 für Willy Brandt den Wahlkampf organisierte (Müller 1997). Manchmal werden selbst einzelne Elemente von Wahlkampagnen, beispielsweise die Webpräsenz, zum entscheidenden Schlüssel für den Wahlsieg stilisiert. Eher angebracht erscheint indessen eine Haltung größerer Nüchternheit. Ob der kampagnenpolitische „Rüstungswettlauf" den Parteien, die sich daran beteiligen, tatsächlich kompetitive Vorteile verschafft, ist beim derzeitigen Forschungsstand schwer einzuschätzen. Wie sich die Art der Kampagnengestaltung auf ihre Erfolgsaussichten auswirkt, lässt sich kaum evaluieren. Es gibt aber immerhin einige Befunde aus mehreren westlichen Demokratien, die darauf hindeuten, dass Kampagnen als solche nicht unwichtig sind (Schmitt-Beck/Farrell 2002b).

Wahlkampagnen können offenbar in der Tat einen Beitrag dazu leisten, dass Wähler Parteien unterstützen. Es kommt ihnen aber keineswegs die überragende Bedeutung für Wahlausgänge zu, die ihnen von politischen Akteuren, professionellen Kampagnenberatern und Medienakteuren rollenbedingt zugeschrieben wird. Sie sind aber auch kein faktisch irrelevantes rhetorisches Ritual, wie einige akademische Autoren meinen. Insbesondere ihr aktivierender Effekt auf parteigebundene Wähler scheint unzweifelhaft (Finkel/Schrott 1995). Als Kommunikationsereignisse liefern sie den Wählern Informationen, welche diese bei der Stimmabgabe berücksichtigen können. Dies geschieht aber in einem von Informationen anderen Ursprungs saturierten Umfeld. Persönliche Erfahrungen, interpersonaler Austausch und Massenmedien versorgen die Wähler bereits mit mehr Informationen als diese verarbeiten können und konkurrieren mit der Kampagnenkommunikation um ihre knappe Aufmerksamkeit. Schon aus diesem Grund kann ihr Einfluss nur begrenzt bleiben. Aber: In Situationen mit knappen Mehrheitsverhältnissen oder wenn es um die Überwindung strategischer Schwellen geht, wie z.B. der 5-Prozent-Hürde, können auch Effekte geringer Größe entscheidend sein.

Einflüsse politischer Kampagnen können auf unterschiedliche Weise zum Tragen kommen – zum Teil direkt, überwiegend aber auf komplexe Weise vermittelt. Offen wertende Aussagen spielen natürlich im Wahlkampf eine große Rolle. Die eigene Organisation und ihre Kandidaten positiv, den politischen Gegner aber ungünstig darzustellen, gehört zu den „essentials“ der Kampagnenkommunikation. Dass solche Botschaften direkte Überzeugungswirkungen im Sinne geänderter Bewertungen von Parteien und Kandidaten auslösen, ist möglich, aber sehr schwierig zu erreichen und daher nur in geringem Umfang zu erwarten. Umgekehrt besteht sogar die Möglichkeit kontraintentionaler „Bumerang-Effekte“; dann geht der „Schuss“ nach hinten los und schadet dem Schützen. So wurde während des Wahlkampfes zur Bundestagswahl 1990 festgestellt, dass der Konsum von Werbesendungen der CDU bei Zuschauern nicht zu der intendierten Verbesserung, sondern ganz im Gegenteil zu einer Verschlechterung der Bewertungen des Kanzlerkandidaten Helmut Kohl führte (Kaid/Holtz-Bacha 1993).

Eher als solche direkten Überzeugungswirkungen sind subtile indirekte Einflüsse zu erwarten. Ein wichtiger Aspekt der Kampagnenkommunikation ist ihre Schwerpunktsetzung. Parteien versuchen normalerweise, ihre Botschaften auf wenige, sorgfältig ausgewählte zentrale Themen zu fokussieren, die beständig wiederholt werden (Holzhacker 1999). Die Wahlkampfplaner suchen dafür politische Probleme, aber auch Kandidateneigenschaften aus, von denen sie annehmen, dass ihre Parteien diesbezüglich in der Wählerschaft positiv beurteilt werden. Durch die Strategie kommunikativer Schwerpunktsetzung kann es Parteien gelingen zu steuern, anhand welcher Gesichtspunkte die Wähler ihre Entscheidungen treffen, bzw. im Umkehrschluss, welche Gesichtspunkte sie dabei unberücksichtigt lassen. Denn die Wähler bedenken typischerweise nicht alle prinzipiell relevanten Argumente und Gesichtspunkte, wenn sie ihre Entscheidungen treffen, sondern hauptsächlich diejenigen, die gerade öffentlich thematisiert werden (Gidengil u.a. 2002). Denken die Wähler an Dinge, die für eine Partei günstig sind, kommt das dieser Partei am Wahltag zugute. Denken sie an ungünstige Sachverhalte, schadet es der Partei. Es geht hier also nicht um Änderungen von Bewertungen, sondern um die Auswahl der Entscheidungsgründe. Dieser Mechanismus, der als „Priming" bezeichnet wird, macht plausibel, warum der „Themenklau" in der Wahlkampfkommunikation keine erfolgversprechende Strategie ist. Wenn Parteien Themen hochspielen, die eigentlich anderen Parteien „gehören", dann profitieren davon allenfalls die Parteien, die normalerweise damit assoziiert werden, aber nicht die Parteien, welche für die Thematisierung verantwortlich sind.

Wann wirken Kampagnen?

Wie für die Gestaltung von Wahlkampagnen gilt auch für ihre Wirkungen: Sie sind abhängig von komplexen Bedingungskonstellationen (Schmitt-Beck/Farrell 2002a). Nicht alle Wähler sind gleichermaßen beeinflussbar. Und nicht jede Kampagne ist gleichermaßen wirksam. Grundsätzlich gilt: Wahlkampagnen sind ein Typ von Kampagnen, von dem insgesamt eher keine großen Wirkungen erwartet werden können. In vergleichender Perspektive zeigt sich, dass Referendumskampagnen ein größeres Einflusspotential besitzen, insbesondere dann, wenn es um Sachfragen geht, die neu, komplex und schwer in tradierte soziopolitische Konfliktstrukturen einzuordnen sind (LeDuc 2002). In Deutschland spielen solche Kampagnen bislang nur in manchen Kommunen und Ländern eine Rolle. Sollte das Vorhaben der rot-grünen Koalition gelingen, direktdemokratische Elemente auch auf der Bundesebene einzuführen, ist jedoch damit zu rechnen, dass Konsequenzen von Kampagnenkommunikation in Zukunft größere Bedeutung für den politischen Prozess erlangen werden.

Wichtig ist auch, mit welcher Intensität Kampagnen geführt werden. Kampagnen höherer Intensität sind effektiv, während von Kampagnen geringer Intensität keine nennenswerten Wirkungen ausgehen. Dadurch werden ressourcenstarke Parteien gegenüber solchen mit geringer Ressourcenausstattung begünstigt. Die Kommunikationskanäle, die für Kampagnen genutzt werden, machen ebenfalls einen Unterschied: Hinweise auf Einflüsse politischer Fernsehwerbung finden sich in den USA, wo sie unbeschränkt zulässig ist und als Kampagnenmedium in weit größerem Umfang genutzt wird, aber kaum in Europa, wo sie starken Beschränkungen unterworfen ist. Allerdings lassen sich dort Werbeeffekte von Presseanzeigen nachweisen. Insgesamt gilt: Je vielfältiger die von einer Partei eingesetzten Kampagneninstrumente, desto besser für sie (Ruostetsaari/Mattila 2002). Überdies sind Kampagnen, die sich auf wenige Themen konzentrieren und diese Fokussierung stabil durchhalten können, offenbar wirksamer als Kampagnen, die thematisch diffuser sind (Norris u.a. 1999; Gidengil u.a. 2002).

Nicht alle Wähler sind gleichermaßen durch Wahlkampagnen beeinflussbar. Wähler, die sich lange vor Wahlen schon entscheiden, sind im Gegensatz zu „Spät-Entscheidern" nicht für Kampagneneinflüsse empfänglich (Lachat/Sciarini 2002). Allerdings schieben immer mehr Wähler ihre Wahlentscheidungen auf (McAllister 2002). Außerdem verwandelt der Trend zur Kampagne in Permanenz auch „Früh-Entscheider" in „Kampagnen-Entscheider", wodurch die Bedeutung des Wahlkampfes für das politische Verhalten ebenfalls wächst. Der Prozess der Abschwächung der Bedeutung von Parteibindungen steigert ebenfalls die Empfänglichkeit für Kampagneneinflüsse. Hinreichend intensive Kampagnen können überdies die Haltekräfte solcher Grundloyalitäten neutralisieren und Konversionseffekte auslösen (Lachat/Sciarini 2002). Von Bedeutung sind schließlich auch Unterschiede der politischen Intelligenz der Bürger. Die Immunisierungswirkung von Parteibindungen und anderen politischen Prädispositionen ist bei Wählern, die viel von Politik verstehen, stärker als bei Wählern von geringer Expertise. Letztere werden deswegen eher von Kampagnen beeinflusst.

„Postmoderne" Kampagnenpolitik in westlichen Demokratien

In den letzten Jahren hat sich in Deutschland ebenso wie in anderen westlichen Demokratien ein neuartiges Muster der Beziehungen zwischen Parteien, Massenmedien und Wählern herausgebildet, das man, einem Vorschlag von Pippa Norris folgend, als Übergang zu einer „postmodernen" Kampagnenpolitik bezeichnen kann (Norris 1997). Mit dem Konzept der Postmoderne verbindet sich unter anderem die Vorstellung einer umfassenden Pluralisierung und Fragmentierung der Gesellschaft, einer Zunahme kultureller Unterschiede und der Auflösung herkömmlicher Formen hierarchischer Unter- und Überordnung sowie damit verbundener Kontrollbeziehungen (Beyme 1989). Das sind Eigenschaften, welche auch für die Kontextbedingungen der Kampagnenkommunikation immer stärker zutreffen.

Mit zunehmender Pluralisierung und Fragmentierung müssen sich die Parteien beispielsweise im Hinblick auf die sozialen Gruppen auseinandersetzen, deren Unterstützung sie durch ihre Kampagnen einwerben wollen. Die Landschaft der audiovisuellen Medien, auf deren Vermittlungsleistungen sie im Wahlkampf angewiesen sind, ist nicht mehr gekennzeichnet durch wenige Anbieter, deren Produkte breit rezipiert werden, sondern durch eine wachsende Vielfalt von Spezialangeboten, die jeweils nur kleine Publika erreichen. Diese Medien stehen in hartem Wettbewerb um das Publikum, so dass die Parteien auch gezwungen sind, neue Wege zu finden, um trotzdem von ihnen beachtet zu werden. Die zunehmende Verquickung politischer Inhalte mit Unterhaltungselementen ist eine Folge dieser Entwicklung. Auch die Arena politischer Akteure, die einen wichtigen Teil des Handlungskontextes jeder Wahlkampagne konstituiert, wird immer pluraler und fragmentierter: Immer mehr Akteure beteiligen sich am Spiel der strategischen Kommunikation, gleichzeitig lässt die Strukturierungskraft tradierter Solidaritätsbeziehungen zwischen den etablierten Spielern nach.

Konfrontiert mit so schwierigem Terrain, kann es nicht verwundern, wenn die Parteien unentwegt an der weiteren „Modernisierung" ihres Kampagnenarsenals arbeiten und zu jedem Zeitpunkt versuchen, alles für ihre Zwecke nutzbar zu machen, was der „Markt des Marketing" gerade hergibt. Die Parteien sehen in strategischer Öffentlichkeitsarbeit einen Ausweg, um den Problemen zu entgehen, mit denen sie bei der Legitimation durch „Leistung" konfrontiert sind. Doch begeben sie sich damit in ein Handlungsfeld, das ebenfalls durch wachsende Komplexität gekennzeichnet ist. Alles in allem deutet sich zwar an, dass Kampagnenkommunikation in Zukunft als Determinante der politischen Präferenzen von Bürgern und damit für den politischen Prozess wichtiger wird. Damit ist aber nicht gesagt, dass einzelne Parteien durch strategische Öffentlichkeitsarbeit in kalkulierbarer Weise mehr Kontrolle über ihre eigene Unterstützung in der Bevölkerung erlangen werden. Die Bedingungen der Effektivität von Kampagnen sind komplex und den Parteien weitgehend vorgegeben. Sowohl die Gestaltung der Kampagnenkommunikation als auch ihre Wirkungen auf die Bürger sind in erheblichem Maße abhängig von Kontextkonstellationen, die außerhalb der Kontrolle der Parteien liegen. Welche Parteien in einer gegebenen Situation von ihrer Kampagne profitieren werden und welche nicht, ist beim augenblicklichen Wissensstand kaum prognostizierbar.

Die wichtigste Botschaft für politische Parteien lautet: Wahlkampagnen sind kein Garant für Öffentlichkeitserfolg; ein unilateraler Ausstieg aus der kommunikativen Konkurrenz würde aber im politischen Wettbewerb auf jeden Fall zu Nachteilen führen. Die Parteien ähneln Leuten, die ins obere Stockwerk wollen, aber auf einer Rolltreppe, die abwärts fährt: Angestrengt laufend können sie vielleicht den Abstieg verhindern, aber höher kommen sie dadurch noch lange nicht (Norris 1997: 9). Was die postmoderne Kampagnenpolitik für die Parteien bringt, ist in vielerlei Hinsicht noch nicht klar; sicher ist aber auf jeden Fall eines: Sie bringt die Parteien noch mehr in Stress.

Literatur

Bartels, Larry/Zaller, John 2001: Presidential Vote Models: A Recount, in: PS - Political Science and Politics 34, S. 9-20

Beyme, Klaus von 1989: Postmoderne und politische Theorie, in: Politische Vierteljahresschrift 30, S. 209-229

Buzan, Barry/Herring, Eric 1998: The Arms Dynamic in World Politics, Boulder: Lynne Rienner

Eimeren, Birgit van/Ridder, Christa-Maria 2001: Trends in der Nutzung und Bewertung der Medien 1970 bis 2000, in: Media Perspektiven 11, S. 538-553

Farrell, David M. 1996: Campaign Strategies and Tactics, in: LeDuc, Lawrence/Niemi, Richard G./Norris, Pippa (Hg.), Comparing Democracies. Elections and Voting in Global Perspective, Thousand Oaks: Sage, S. 160-183

Finkel, Steven E./Schrott, Peter R. 1995: Campaign Effects on Voter Choice in the German Election of 1990, in: British Journal of Political Science 25, S. 349-377

Gidengil, Elisabeth/Blais, André/Nevitte, Neil/Nadeau, Richard 2002: Priming and Campaign Context: Evidence from Recent Canadian Elections, in: Farrell, David M./Schmitt-Beck, Rüdiger (Hg.), Do Political Campaigns Matter? Campaign Effects in Elections and Referendums, London/New York: Routledge, S. 76-91

Guggenberger, Bernd 1988: So-tun-als-ob. Die Gegenwart als Zeit des notwendigen Scheins, in: Die Neue Gesellschaft/Frankfurter Hefte 35, S. 430-436

Herz, John H. 1950: Idealist Internationalism and the Security Dilemma, in: World Politics 2, S. 157-180

Holzhacker, Ronald L. 1999: Campaign Communication and Strategic Responses to Change in the Electoral Environment. Germany after Reunification, in: Party Politics 5, S. 439-469

Jarren, Otfried 1998: Medien, Mediensystem und politische Öffentlichkeit im Wandel, in: Sarcinelli, Ulrich (Hg.), Politikvermittlung und Demokratie in der Mediengesellschaft. Beiträge zur politischen Kommunikationskultur, Wiesbaden: Westdeutscher Verlag, S. 74-94

Kaid, Lynda Lee/Holtz-Bacha, Christina 1993: Die Beurteilung von Wahlspots im Fernsehen. Ein Experiment mit Teilnehmern in den alten und neuen Bundesländern, in: Holtz-Bacha, Christina/Kaid, Lynda Lee (Hg.), Die Massenmedien im Wahlkampf. Untersuchungen aus dem Wahljahr 1990, Opladen: Westdeutscher Verlag, S. 185-207

Kirchheimer, Otto 1965: Der Wandel des westeuropäischen Parteiensystems, in: Politische Vierteljahresschrift 6, S. 20-41

Kitschelt, Herbert 1991: The 1990 German Federal Election and the National Unification: A Watershed in German Electoral History?, in: West European Politics 14, S. 121-148

Krebs, Thomas 1996: Parteiorganisation und Wahlkampfführung. Eine mikropolitische Analyse der SPD-Bundestagswahlkämpfe 1965 und 1986/87, Wiesbaden: DUV

Lachat, Romain/Sciarini, Pascal 2002: When Do Election Campaigns Matter, and to Whom? Results from the 1999 Swiss Election Panel Study, in: Farrell, David M./Schmitt-Beck, Rüdiger (Hg.), Do Political Campaigns Matter? Campaign Effects in Elections and Referendums, London/New York: Routledge, S. 41-57

Lazarsfeld, Paul F./Berelson, Bernard/Gaudet, Hazel 1968: The People's Choice. How the Voter Makes Up his Mind in a Presidential Campaign, (3. Auflage), New York: Columbia University Press

LeDuc, Lawrence 2002: Referendums and Elections: How do Campaigns Differ?, in: Farrell, David M./Schmitt-Beck, Rüdiger (Hg.), Do Political Campaigns Matter? Campaign Effects in Elections and Referendums, London/New York: Routledge, S. 145-162

Machnig, Matthias 2001: Politisches Themenmanagement und Kampagnenarbeit der SPD, in: Albrecht, Werner/Langen, Claudia (Hg.), Kommunikationsstrategien für Non-Profit-Organisationen, Gütersloh: Bertelsmann-Stiftung, S. 123-142

Mair, Peter/Müller, Wolfgang C./Plasser, Fritz 1999: Veränderungen in den Wählermärkten: Herausforderungen für die Parteien und deren Antworten, in: Mair, Peter/Müller, Wolfgang C./Plasser, Fritz (Hg.), Parteien auf komplexen Wählermärkten. Reaktionsstrategien politischer Parteien in Westeuropa, Wien: Signum Verlag, S. 11-29

McAllister, Ian 2002: Calculating or Capricious? The New Politics of Late Deciding Voters, in: Farrell, David M./Schmitt-Beck, Rüdiger (Hg.), Do Political Campaigns Matter? Campaign Effects in Elections and Referendums, London/New York: Routledge, S. 22-40

Müller, Albrecht 1997: Willy wählen '72. Siege kann man machen. Annweiler: Plöger

Niedermayer, Oskar 2000: Modernisierung von Wahlkämpfen als Funktionsentleerung der Parteibasis, in: Niedermayer, Oskar/Westle, Bettina (Hg.), Demokratie und Partizipation. Festschrift für Max Kaase, Wiesbaden: Westdeutscher Verlag, S. 192-210

Nieland, Jörg-Uwe 2000: Politics goes popular. Anmerkungen zur Popularisierung der politischen Kommunkation, in: Kamps, Klaus (Hg.), Trans-Atlantik - Trans-Portabel? Die Amerikanisierungsthese in der politischen Kommunikation, Wiesbaden: Westdeutscher Verlag, S. 307-330

Norris, Pippa 1997: Introduction: The Rise of Postmodern Political Communications?, in: Norris, Pippa (Hg.), Politics and the Press: The News Media and their Influences, Boulder/Col.: Lynne Rienner, S. 1-17

Norris, Pippa 2001: Digital Divide: Civic Engagement, Information Poverty, and the Internet worldwide, Cambridge: Cambridge University Press

Norris, Pippa/Curtice, John/Sanders, David/Scammell, Margaret/Semetko, Holli A. 1999: On Message. Communicating the Campaign, London: Sage

Oehmichen, Ekkehardt 2002: Offliner 2001- Internetverweigerer und potenzielle Nutzer, in: Media Perspektiven 1, S. 22-33

Plasser, Fritz 2000: „Amerikanisierung" der Wahlkommunikation in Westeuropa: Diskussions- und Forschungsstand, in: Bohrmann, Hans/Jarren, Otfried/Melischek, Gabriele/Seethaler, Josef (Hg.), Wahlen und Politikvermittlung durch Massenmedien, Wiesbaden: Westdeutscher Verlag, S. 49-67

Poguntke, Thomas 2000: Parteiorganisation im Wandel. Gesellschaftliche Verankerung und organisatorische Anpassung im europäischen Vergleich, Wiesbaden: Westdeutscher Verlag

Radunski, Peter 1983: Strategische Überlegungen zum Fernsehwahlkampf, in: Schulz, Winfried/Schönbach, Klaus (Hg.), Massenmedien und Wahlen, München: Ölschläger, S. 131-145

Römmele, Andrea 1997: Communicating with Their Voters: The Use of Direct Mailing by the SPD and the CDU, in: German Politics 6, S. 120-131

Ruostetsaari, Ilkka/Mattila, Mikko 2002: Candidate-Centred Campaigns and Their Effects in an Open List System: The Case of Finland, in: Farrell, David M./Schmitt-Beck, Rüdiger (Hg.), Do Political Campaigns Matter? Campaign Effects in Elections and Referendums, London/New York: Routledge, S. 92-107

Salmore, Barbara G./Salmore, Stephen A. 1989: Candidates, Parties, and Campaigns. Electoral Politics in America, Washington, D.C.: Congressional Quarterly, 2nd.Ed.

Sarcinelli, Ulrich 1987: Symbolische Politik. Zur Bedeutung symbolischen Handelns in der Wahlkampfkommunikation der Bundesrepublik Deutschland, Opladen: Westdeutscher Verlag

Scharpf, Fritz W. 1973: Komplexität als Schranke der politischen Planung, in: Scharpf, Fritz W., Planung als politischer Prozeß, Frankfurt am Main: Suhrkamp, S. 73-113

Scharpf, Fritz W. 1992: Versuch über Demokratie in Verhandlungssystemen, MPIFG Discussion Paper 92/9, Köln: MPIFG.

Schmitt-Beck, Rüdiger 2001: Ein Sieg der „Kampa"? Politische Symbolik im Wahlkampf der SPD und ihre Resonanz in der Wählerschaft, in: Klingemann, Hans-Dieter/Kaase, Max (Hg.), Wahlen und Wähler. Analysen aus Anlass der Bundestagswahl 1998, Wiesbaden: Westdeutscher Verlag, S. 133-161

Schmitt-Beck, Rüdiger 2002: Das Nadelöhr am Ende: Die Aufmerksamkeit der Wähler für die Wahlkampfkommunikation als Voraussetzung wirksamer Kampagnen, erscheint in: Machnig, Matthias (Hg.), Wahlkampf (in Vorbereitung)

Schmitt-Beck, Rüdiger/Farrell, David M. 2002a: Do Political Campaigns Matter? Yes, but it depends, in: Farrell, David M./Schmitt-Beck, Rüdiger (Hg.), Do Political Campaigns Matter? Campaign Effects in Elections and Referendums, London/New York: Routledge, S. 183-193

Schmitt-Beck, Rüdiger/Farrell, David M. 2002b: Studying Political Campaigns and their Effects, in: Farrell, David M./Schmitt-Beck, Rüdiger (Hg.), Do Political Campaigns Matter? Campaign Effects in Elections and Referendums, London/New York: Routledge, S. 1-21

Schmitt-Beck, Rüdiger/Pfetsch, Barbara 1994: Politische Akteure und die Medien der Massenkommunikation. Zur Generierung von Öffentlichkeit in Wahlkämpfen, in: Neidhardt, Friedhelm (Hg.), Öffentlichkeit, öffentliche Meinung, soziale Bewegungen, Opladen: Westdeutscher Verlag, S. 106-138

Schmitt-Beck, Rüdiger/Weick, Stefan 2001: Die dauerhafte Parteiidentifikation - nur noch ein Mythos? Eine Längsschnittanalyse zur Identifikation mit politischen Parteien in West- und Ostdeutschland, in: Informationsdienst Soziale Indikatoren 26, S. 1-5

Streeck, Wolfgang 1987: Vielfalt und Interdependenz. Überlegungen zur Rolle von intermediären Organisationen in sich ändernden Umwelten, in: Kölner Zeitschrift für Soziologie und Sozialpsychologie 39, S. 471-495

Swanson, David L./Mancini, Paolo 1996: Patterns of Modern Electoral Campaigning and their Consequences, in: Swanson, David L./Mancini, Paolo (Hg.), Politics, Media, and Modern Democracy. An International Study of Innovations in Electoral Campaigning and their Consequences, Westport: Praeger, S. 247-276

Weber, Max 1980: Wirtschaft und Gesellschaft, (5. Auflage), Tübingen: Mohr

Zolo, Danilo 1992: Democracy and Complexity. A Realist Approach, Cambridge: Polity Press

Thomas Leif

Politikvermittlung im Tal der Unterhaltung. Die Entscheidungsschwäche der Parteien begünstigt die Flucht in eine mediale Ersatzwelt

Medienpräsenz – die Währung der Politik

„Die Möglichkeiten der klassischen Kommunikation sind erschöpft" – so lautete die kühl bilanzierende Botschaft der „World of Events", die Anfang März 2002 in Wiesbaden die Innovationen der „Event-Branche" zelebrierte. Mit Emotionen wolle man künftig Produkte verkaufen und Kunden binden; die unmittelbare Zielgruppenansprache sei angesagt. Die Marketing-Experten haben den Bogen raus, riechen früher als andere die Trends der Spaßgesellschaft. Ihr Motto: „Der Marktplatz der Emotionen – oder Basis für Business."

Weil Politik schon längst mehr mit Marketing als mit Substanz, Werten, Haltungen oder gar Visionen zu tun hat, kann der Ausflug auf die Wiesbadener Event-Messe durchaus den Horizont erweitern. Denn es gibt ein viel dichteres Verhältnis zwischen Politik und Unterhaltung, als selbst die bildungsbürgerlichen Skeptiker ahnen.

Drei Tendenzen prägen den politischen Betrieb:

(1) Politik ist ein zähes, schwerfälliges, kompliziertes, verschachteltes und meist sehr belastendes Geschäft. Die handelnden Akteure – selbst im Bundestag – kennen ihre Grenzen. Das Ende der Politik und die Dominanz der Ökonomie wird nicht nur auf Akademietagungen thematisiert. Der tägliche Politikbetrieb, die unendliche Papierproduktion, die oft unkoordinierten Sitzungen bis tief in die Nacht, das Gefühl der Ohnmacht

und der Einflusslosigkeit, der Druck der Überforderung und der Inkompetenz, die Abhängigkeit von Fraktionsspitzen oder Ministern – all das lässt sich schlecht vermitteln. Viele relevante Entscheidungen spielen sich im Verborgenen – hinter den Kulissen – unter dem bestimmenden Einfluss von Ministerialbürokratie und mächtigen Lobbygruppen ab. Ein früherer Direktor einer Landeszentrale für politische Bildung hat im Lichte von dreißig Jahren aktiver Politikerfahrung gesagt, es sei durchaus rational, sich nicht politisch zu engagieren.

(2) Die Folge aus diesem Politikbetrieb, in dem die Wirtschafts-Lobby faktisch den Ton angibt und mit ihrem „Ökonomisierungs- und Privatisierungsdiskurs“ schon längst Querschnittspolitik betreibt, ist ein Zuwachs von „Darstellungspolitik“ – gleichsam der Ersatz für die klassische Politikvermittlung. Der designierte DGB-Vorsitzende Sommer hat bei seiner ersten öffentlichen Präsentation die „Meinungsführerschaft“ der Wirtschaftsverbände beklagt. Ihnen sei es gelungen, ihre „ökonomischen Interessen“ in der Öffentlichkeit als „allgemeine Interessen“ darzustellen. Warum dies dem Unternehmerlager gelungen ist – darüber hat der Gewerkschaftsführer nichts gesagt. Nicht nur Minister, Ministerpräsidenten und Oberbürgermeister verlegen sich auf Grund reduzierter Handlungsspielräume zunehmend aufs Repräsentieren, hecheln von Termin zu Termin, haben kaum Zeit zum Denken oder gar die Muße, ein Problem wirklich zu durchdringen. Um gleichzeitig ihre Bedeutung zu unterstreichen, suchen sie das Licht der Öffentlichkeit, die Beachtung der Medien. Denn allein Medienpräsenz bietet heute die Legitimationsgrundlage für den politischen Betrieb. Medienbeachtung ist die Währung, in der politischer Erfolg gemessen wird; sie ist die Orientierungsmarke, in der sich Beliebtheit und Bekanntheit in den wöchentlichen Rankings spiegeln. In unserer „Erfolgsgesellschaft“ werden die Medien folglich auch Fluchtpunkt für Politiker, die mit Medienpräsenz ihre eigene Ohnmacht überspielen.

(3) Die Tendenz zur Medien-Sucht haben die Akteure auf der anderen Seite längst erkannt. Der Medienforscher Horst Röper hat das Abhängigkeitsverhältnis kürzlich ganz nüchtern skizziert und der ARD-Kamera erzählt, dass „die Medienkonzerne einflussreicher sind als die Parlamente.“ Auch der Bundestagspräsident hat wiederholt den Einflussverlust der Parlamente gegenüber den „Talk-Shows“ beklagt. Dabei haben wir in Deutschland eine auf den ersten Blick paradoxe Situation: Der Medienmarkt ist in den

vergangenen Jahren explodiert und gleichzeitig haben sich zwischen den Print-, Hörfunk- und Fernsehmärkten unbemerkt gewaltige Konzentrationsprozesse vollzogen. Diese kämpfen unter enormem Konkurrenzdruck um die Gunst der Werbekunden und der Zuschauer, Zuhörer und Leser – bevorzugt in der von der Werbewirtschaft ikonisierten jungen, konsumstarken Zielgruppe unter 40 Jahren.

Diese drei Tendenzen in der Bundesrepublik greifen wie ein großes Zahnrad ineinander und bedingen sich wechselseitig. Es gibt eine konsistente Linie, die vom blockierten Politikbetrieb zur Ersatzfunktion der medialen Präsenz und schließlich zur Verkürzung der Realität führt. Zugespitzt lautet die These, dass die Entscheidungsschwäche der Politik die Flucht in die mediale Welt begünstigt und die daraus entstehende Realitätsverkürzung ein verzerrtes Bild von Politik und Gesellschaft bietet. Der Kanzler hat dies anschaulicher ausgedrückt, als er von dem politikbestimmenden Dreieck „BILD, BAMS und GLOTZE“ sprach. Es erscheint also nicht übertrieben, wenn wir heute von der „Medien-Demokratie“ sprechen, in der die parlamentarische Demokratie aufgegangen ist. Dies steht zwar noch nicht in den Sozialkundebüchern und auch nicht in den Schriften der Bundeszentrale für politische Bildung. Ulrich Sarcinelli sieht die Parteiendemokratie nach dem exemplarischen Studium des NRW-Wahlkampfes 2000 lediglich „auf dem Weg zur Mediendemokratie“. Aber – jenseits von Düsseldorf – werden selbst die Akteure im Berliner Reichstag der eindeutigen Tendenz zur medienbestimmten Demokratie nicht widersprechen. Die Vizepräsidentin des Deutschen Bundestages, Antje Vollmer, plädiert dafür, dass die Politik ihr Verhältnis zu den Medien neu bestimmt. Und empfiehlt, „die Medien als eigenständige Machtsphäre statt als verlängerten Arm des Politischen“ zu begreifen. Dieser überfällige Diskurs-Prozess würde zumindest die Lage in der Berliner Mitte verklaren.

Aufmerksamkeit – das umkämpfte Gut

Aber was bedeutet dies für die politische Kompetenz in unserem demokratischen Gemeinwesen? Eigentlich ist dies eine Frage, die sich gar nicht mehr stellt, denn die nüchternen Fakten belegen, dass dies eine Randfrage ist. Seriöse sozialwissenschaftliche Untersuchungen haben übereinstimmend herausgefunden, dass es mit dem politischen Interesse – der Voraussetzung für kompetentes Handeln – nicht so weit her ist: Es gibt nach internen Studien des Instituts *polis* für den SPD-Parteivorstand ein Prozent an Politik Hochinteressierte, 10 Prozent Interessierte, 15 Prozent mäßig Interessierte und schließlich 75 Prozent kaum oder gar nicht an Politik Interessierte. Eine diffuse Unzufriedenheit prägt also den Wählermarkt. Die Grundaussage dieser Untersuchungen wird von manchen Wahlforschern bestritten; sie sehen eine florierendere politische Landschaft.

Die aktuellen Befunde über die Aktivitäts-Dichte von Parteimitgliedern ergänzt dieses Zahlenraster zur Bestimmung deutscher Realität. Bislang bilanzierte man – optimistisch gerechnet – etwa 9 Prozent Aktive in den Parteien. Insider sprechen maximal von der Hälfte. Der Spruch „Die Talkshow ersetzt den Ortsverein" erfährt durch die Studie des SPD-Parteivorstands zur Anatomie der Unterbezirke eine eindrucksvolle Bestätigung. Sowohl SPD als auch CDU gehen mittlerweile auf der Grundlage empirischer Studien von einem Stammwählerpotential von um die 10 bis 12 Prozent aus. Damit sind „harte" Stammwähler gemeint. Dazu kommt ein Sockel von Sympathisanten, die „wahrscheinlich" ihre Stammpartei wählen, aber bereits bei anderen Wahlen ausgeschert sind.

Ein anderer Flügel erfahrener Wahlforscher schätzt das Verhältnis zwischen Stamm- und Wechselwählern anders ein. Hier wird ein Verhältnis von etwa 60 zu 40 angegeben. Folgt man trotzdem den Studien des SPD-Parteivorstands und der Konrad-Adenauer-Stiftung heißt das zugespitzt: Etwa 80 Prozent der Wähler der Parteien empfinden durch die geleistete Politik *keine* stabile Bindewirkung. Die wachsende Zahl der daraus resultierenden Wechselwähler irritiert die Politiker und stärkt gleichzeitig den Einfluss und die Auftragslage aller Marketingexperten. Denn mit Marketing – nicht mit wegweisenden Konzepten – sollen die flexiblen Bürger im launigen Wechselklima gewonnen werden. Der Marketing-Koffer der sogenannten Experten ist immer gleich bestückt: Ihnen geht es um die Produktion von geschickt inszenierten Bildern, Stimmungen, Emotionen, die Zustimmung – wenigstens für die gerade anstehende Wahl – produzieren sollen. Der Gefühls-Eindruck muss stimmen, nicht das Handlungskonzept für eine politische Richtung.

Im Lichte dieses Interessenpegels und eingebettet in eine permanente Reizüberflutung und Aufmerksamkeits-Beanspruchung der Wähler suchen Politiker folglich nach Momenten der Publikumszuwendung zwischen Reklame, Kino, Musik, Konzerten etc. im Konsum-Paradies Deutschland. Die Folge aus diesem Problem-Relief ist, dass Politiker auch auf die Unterhaltungs-Bühne treten müssen, um überhaupt wahrgenommen zu werden. Auffällig ist, dass etwa für die Einladung in Talk-Shows immer noch der Faktor Prominenz entscheidend ist. Mehr als die Hälfte aller Auftritte im Jahr 2000 entfielen auf lediglich 20 Politiker, ermittelte das Kölner Institut für empirische Medienforschung. Die Zuschauer bemängeln zwar die „Selbstinszenierung" von Politikern und auffällig auch die mangelnde Kompetenz der „Talkmaster" – dies scheint aber den Konsum der Shows nicht zu beeinträchtigen. Tissi Bruns von der „Welt" hat die Lage so zusammengefasst: „Die Medien (reagieren) immer überhitzter, die Politiker immer flacher, das Volk wird immer dümmer, weil alle Politik zur Unterhaltung, zum Schlagabtausch nach Reiz-Reaktions-Schema" wird. Wir haben es also – zugespitzt – mit einer kleinen Informations-Elite und einem großen, wahlentscheidenden Unterhaltungs-Proletariat zu tun.

Politikvermittlung – Die Erotik des Oberflächen-Reizes

Aber auch die Bürger fliehen zunehmend in ihr visuelles Unterhaltungs-Paradies. Selbst journalistische Enthüllungen werden in diesem Klima gelegentlich zu einer weiteren Spielart der Unterhaltung. Auch die Nachrichtenproduktion in Deutschland hat sich dem Trend zum Entertainment angepasst. Der Rausch der Nachrichtenbilder aus aller Welt wird nicht selten zu einem Bilder-Cocktail vermengt, der kaum mehr etwas vermittelt, aber das gute Gefühl hinterlässt, man wisse ja, was gerade rund um den Globus passiert. Nicht nur mit „moderierten Nachrichten" haben sich die Medien auf die Bedürfnislage des Publikums und die gleichzeitige Randlage der Politik eingestellt. Folgende Trends fügen sich zu einem elektronischen Testbild zusammen:

- Es gibt eine *Komplexitätsfalle*, der man selbst in journalistischen Formaten entgehen will. Politik soll Spaß machen, persönlich nachvollziehbar sein, betroffen machen. Eine Vereinfachungs-Spirale dreht sich mit beeindruckendem Tempo immer weiter. In Kursen zum Thema Boulevard-Journalismus für Politikjournalisten (in der ARD) wird deshalb auch konsequent die erlösende Losung vermittelt: „Informations-Reduzierung bedeutet Quotensteigerung."
- Hier schließt sich eine *Personalisierungsfalle* an. Themen, die keine durchgehende Personalisierung zulassen, fallen durch das Raster der „Planer", die formatgerechte Kriterien erfüllen müssen. Die Expansion der Talk-Shows auf allen Kanälen und Wellen stützt diesen Trend. Auffällig ist hier, dass es eine Korrelation gibt zwischen der Bereitschaft von Politikern gibt, an „weichen Sendungen" von Kerner bis Christiansen teilzunehmen, und gleichzeitig konventionelle Interviewwünsche politischer Magazine abzulehnen.
- Im Sog der Service-Orientierung ist eine *Nutzwertfalle* festzustellen. Die Kriterien, wann ein Thema zur Nachricht oder zum vertiefenden Bericht wird, haben sich in den vergangenen Jahren grundlegend geändert. Statt der üblichen Relevanzkriterien geht es nun um Gesprächswert, Nutzwert, Unterhaltungswert einer Nachricht. Der Informationswert – im politischen Sinne – gerät in eine Randposition. In seiner fortgeschrittenen Vollkommenheit ist diese Tendenz in den Privatradios an Standorten mit hoher Konkurrenz – wie etwa Berlin – hörbar: die Ergebnisse der geistigen Selbstverdünnung zwischen Quiz, Hits und Clips. Aber auch die populären Wellen der öffentlich-rechtlichen Konkurrenz bewegen sich mitten in dieser Konkurrenzspirale. Mit wachsendem Publikumserfolg, was die Hörer-Resonanz angeht; dies weist die jüngste Media-Analyse aus. Kein Wunder: Beide Systeme beschäftigen seit Jahren die gleichen Beratungsfirmen, die den Radiomarkt – von den Kultur- und Infowellen abgesehen – normiert haben. Die alte „Konvergenz-These" – also die erwartete Anpassung der beiden Systeme in Inhalt, Stil und Anmutung – wird heute wohl niemand mehr ernsthaft bestreiten. Alle Medien bedienen sich im Supermarkt der Wirklichkeit und haben dabei einen besonderen Blick auf das Leichte, Seichte, Schräge und natürlich Unterhaltsame.
- Zu all diesen Tendenzen kommt – sozusagen als verbindendes Glied zwischen Politik und Journalismus – die *Kompetenzfalle*. Nicht wenige pro-

fessionelle Beobachter haben bemerkt, dass Politiker in der Regel den Journalisten überlegen sind. Sie haben meist „leichtes Spiel" mit Journalisten, die froh sind einen „soundbite" abzufangen und den dann in der Redaktion abzuliefern. Insgesamt gibt es die Tendenz – vor allem in den elektronischen Medien – hin zum Producer, der Themen nach Vorgabe umsetzt und überhaupt kein Interesse mehr an eigener Einordnung oder gar individueller, aus Erfahrung gespeister Kommentierung hat.

- Ergänzt wird dieser Werkstattbericht durch zunehmende Bemühungen der Pressestellen und beauftragten PR-Agenturen in den Prozess des agenda-settings und agenda-cuttings einzugreifen. Das bedeutet: Das Ausmaß an gesteuerter und blockierter Information wird immer größer. Die Medienprofis verfolgen das Ziel der Erwartungs-Steuerung des Publikums. Kombiniert wird dieser Trend mit dem Bemühen der Themen-Ausblendung und der Themen-Ausstattung mit einem bestimmten, vorher geplanten „wording". Dass dies funktioniert, beweisen die täglichen, knappen „statements ohne Nachfrage" der wichtigsten Akteure in den elektronischen Medien.

Die Hektik des Politikbetriebs in Berlin verschärft diesen Trend zur Oberflächlichkeit. Professionelle Medienstrategen konzentrieren sich bei ihrem Geschäft gerne auf die mächtigen Nachrichtenagenturen und die relevanten Fernsehkanäle und versuchen über sie ihre Botschaften zu platzieren. Gegen die Macht der Agenturen kommt dann selbst ein gutwilliger und kompetenter Hörfunk-Redakteur nicht mehr an. Die Zentralen stützen sich in der Praxis in der Regel allein auf das Agenturmaterial.

Zu dem Spiel auf der Medienbühne gehören auch der rasche Wechsel von Themen, die kaum aufgeworfen – in der Fachsprache heißt das „angeteast" – sind und schon wieder von der Agenda verschwinden. Es gibt also einen großen Themenverschleiß; die Spirale des aktuellen „News-Durchlaufs" dreht sich immer schneller. Nur wenige Themen können sich mittel- und langfristig „halten", meist nur, wenn ihre Sinnstruktur einfach ist und gleichzeitig polarisiert zwischen den politischen Lagern diskutiert wird. Was wichtig und was unwichtig ist, welche Themen interessieren und welche langweilen, geht immer wieder auf die in der „Quote" gemessene Zuschauer- oder Zuhörer-Resonanz zurück. Im Print-Bereich entscheiden die Auflagenzahlen. Rein quantitative Kriterien bestimmen den Platz im journalistischen Angebot. Wie fragwürdig die Reduzierung allein auf die Quote ist, zeigt das Beispiel des ZDF-Morgenmagazins, das auch in der ARD ausgestrahlt wird. 2001 erreichte es in der ARD einen Marktanteil von 16,2 – im eigenen Kanal nur von 7 Prozent.

Der Trend zur Unterhaltung hat in den elektronischen Medien aber noch einen anderen simplen Grund. Talk-Formate, Call-In- und Service-Sendungen aller Art sind billiger zu produzieren. Da auf Grund teurer Show-Sendungen, explodierender Sport- und Spielfilmrechte etc. die Budgets immer knapper werden, geraten journalistisch aufwendigere Produktionen immer stärker in den Hintergrund. Die immer wieder aufkeimende Diskussion über die Reduzierung der politischen Magazine in der ARD ist ein Sinnbild für diesen Medien-Trend.

Themensetzung – die feinen Filter der Medien

Für die politische Kommunikation bedeuten all diese ineinander greifenden Prozesse zunächst einmal eine Vereinheitlichung der Kommunikationsangebote und eine Verzerrung der politischen Realität durch die Betonung einfacher, eingängiger, unkomplizierter Stoffe. Die hintergründige, stimmige, analytisch eingeordnete Information in den Massenmedien wird Mangelware. Dies betrifft vor allem den flüchtigen Massenkonsum; selbstverständlich gibt es ein überragend gutes Informationsangebot in den 2. Hörfunkprogrammen, im Fernsehen nach Mitternacht oder aber im Print-Sektor in den Qualitäts-Zeitungen. Im europäischen Vergleich nimmt der Qualitäts-Sektor immer noch eine führende Stellung ein.

Die wichtigste Erkenntnis aus diesen Medientendenzen ist aber eine andere Tagesordnung der Politik. Die Medienresonanz und die Medienthematisierung werden zur bestimmenden Größe der Politikgestaltung. Die Abbildung in den Medien hat eine Ersatzfunktion, die den engen Gestaltungsspielraum im politischen Geschäft kompensieren soll.

Die Medien geben also mit ihren oben skizzierten Filterprozessen die Richtung im öffentlich beachteten Politikprozess an. Die Medien bestimmen mit ihrer inneren Logik überwiegend die Agenda, nicht die Politik selbst. Nur was in den Medien behandelt wird, ist überhaupt Gegenstand öffentlicher Debatten und damit der Politik.

Dies führt im Umkehrschluss dazu, dass die politischen Akteure zunehmend weniger auf ihre eigenen Wurzeln, Ideen und Konzepte vertrauen, sondern bereits in der ersten Stufe der Entwicklung politischer Überlegungen an den medialen Wirkungshorizont denken. Kommt dieses oder jenes an oder fällt Forderung X und Konzept Y schon durchs (vermutete) Raster des Möglichen?

Natürlich haben die Akteure in der politischen Arena einen erheblichen Einfluss auf die Themensetzung. Über die Ausgestaltung eines Themas im Wechselspiel mit den Medien entscheiden sie aber nicht selbst. In der Studie zur „Mediendemokratie" im Auftrag der NRW-Landesanstalt für Rundfunk wurde beispielsweise herausgefunden, dass die Wahlkampfmanager verstärkt versucht hatten, fernsehgerechte Ereignisse zu inszenieren. Auffällig war, dass die Journalisten mit den Parteien deutlich kritischer als mit den Kandidaten umgegangen seien. Diese journalistische Akzentuierung schlägt sich dann auch in den besseren Sympathiewerten der Kandidaten gegenüber den Parteien nieder.

Die Medien haben auf Grund ihrer Filterfunktion – wer und was kommt an – folglich auch einen indirekten Einfluss auf die Personal-Rekrutierung der Parteien. Der Faktor „Tele-Charisma", Inszenierungsfähigkeit, Medien-Vertrautheit etc. wird immer wichtiger. Auch hier entstehen versteckte Verzerrungen, die bislang kaum untersucht wurden. Der Aufstieg Guido Westerwelles zum FDP-Vorsitzenden oder die relativ starke Rolle des liberalen Medien-Experten Jürgen Möllemann illustrieren diese Tendenz. Zugespitzt kann man bilanzieren: Die Schwäche der Parteien, die sich einhegen und gelegentlich einspannen lassen, ist gleichzeitig die Stärke der Medien.

Inszenierung – das Wechselspiel zwischen Politik und Medien

Wem nützt all das? Auffällig ist, dass sich die Politik nicht über die skizzierte Machtverschiebung beschwert, sondern sich dieser Logik weiter anpasst. Als Anfang Januar 2002 die CSU in Kreuth zusammentraf, eröffnete das „heute-journal" seine Berichterstattung mit dem skifahrenden CSU-Politiker Peter Ramsauer. Dieser kommentierte seine „Inszenierung" später noch im Detail. Nach dem Motto: Wäre er nicht mit den Skiern gefahren, hätte man doch sicher nicht berichtet. Auch der CSU-Generalsekretär Thomas Goppel philosophierte vor laufenden Kameras über das Medienpotential, das in der K-Frage angelegt sei.

Man mache sich so interessant und habe da von der SPD gelernt. Der interne Wahlkampf wird selbst Thema im Vor-Wahlkampf. Die Politik, die für die Medien inszeniert, und die Medien, die die Politik auf Inszenierung trimmen: ein funktionierendes Wechselspiel in der Mediendemokratie. Offene Inszenierung gehört also zum Alltagsgeschäft. Ganz gleich ob Cem Özdemir als Mode-Modell in Anzeigen und Spots posiert (wie zuvor Gerhard Schröder, Gunda Röstel oder Wolfgang Schäuble) oder Hinterbänkler im Bundestag rote Laternen überreichen wollen oder Otto Schily sich bei der Übernahme der Berliner Pferdestaffel des Bundesgrenzschutzes als Pferdeflüsterer abbilden lässt. Die symbolische Vermittlung von Politik wird aber auch auf der internationalen Bühne gepflegt: Das demonstrative Händehalten von Ex-Kanzler Helmut Kohl und dem Französischen Staatspräsidenten François Mitterrand auf dem Soldatenfriedhof von Verdun, der gemeinsame Kneipenbesuch vom ehemaligen US-Präsidenten Bill Clinton und Bundeskanzler Gerhard Schröder, aber auch die in Deutsch gehaltene Rede des russischen Präsidenten Wladimir Putin vor dem Deutschen Bundestag belegen dies. Bill Clinton hat bewiesen, wie professionelle Fotos – etwa gemeinsam mit dem südafrikanischen Präsidenten Nelson Mandela – Botschaften setzen und den eigenen Marktwert heben können.

Die Entdeckung der Kanzler-Verwandtschaft im Osten sollte die Nähe Schröders zu den neuen Bundesländern sinnlich vermitteln. Seine Sommer-Reisen haben eine ähnliche Funktion wie die von der CDU inszenierten „Regionalkonferenzen“. All diese Elemente der Darstellungskunst gelten als Formen der Politikvermittlung. Die Platzierung von Plakaten, die nur einmal plakatiert, aber millionenfach in den Medien gedruckt werden, sind die Spitze der Inszenierung. Weil sie kostengünstig und wirksam sind, gehören diese „Satelliten-Motive“ mittlerweile zum festen Repertoire der politischen Akteure.

Zum Wechselspiel zwischen Journalisten und politischen Akteuren gehören aber noch weitere Methoden, um die Verknüpfung von „Thema & Person“ durchzusetzen. Dazu kommt etwa die intensive Kommunikation mit den 12 bis 15 wichtigsten Journalisten (den Meinungsmachern) in Berlin. Fast täglich wird mit ihnen intensiv kommuniziert. Einzelne – wie etwa der begehrte FAZ-Redakteur Michael Inacker – erhalten dann schon einmal „exclusiv“ vor dem SPD-Kongress zu „Mitte in Deutschland“ das vorbereitete Strategiepapier des SPD-Generalsekretärs. Dieser Text wird dann entsprechend in der Frankfurter Allgemeinen Sonntagszeitung gedruckt und kommentiert. In diesem Wechselspiel mit dem ausgewählten konservativen Publizisten haben alle einen Nutzen: Die Medien haben die „Exklusivität“ mit dem Nachhall in den Agenturen; die Informationsvermittler bestimmen Timing und Platzierung.

Dieses Wechselspiel und die erwartete Resonanz in den Medien hat auch Einfluss auf den Terminplan von Kongressen und Parteitagen. Nachdem die SPD-KAMPA von den CDU-Plänen für eine „Ost-Initiative“ erfuhr, platzierten sie ihren „Ost-Parteitag“ unmittelbar nach den bekannten Terminen, um so den „drive der Konkurrenz“ zu bremsen. Die Ereignis-Planung entlang der erwarteten Medien-Resonanz des Wettbewerbers ist mittlerweile eine feste Größe. Selbst die Grünen begannen ihren Programm-Parteitag Mitte März im grün erleuchteten Tempodrom mit verfeinerten Medienstrategien. Und sie werden – um Aufmerksamkeit zu produzieren – Themenwochen im Wahlkampf organisieren. Die Verknüpfung von Botschaften (Slogans) mit Personen und Situationen haben nun auch die Grünen auf ihrer Tagesordnung. Doch alle Akteure aus allen Lagern beklagen, dass das Organisations-Lernen im Medienfeld weit hinter den eigentlichen Erfordernissen zurückliegt.

Visualisierung – das Tempo des Leitmediums TV

„Ein Bild sagt mehr als tausend Worte“ – diese Volksweisheit begründet den Boom der skizzierten Bilderproduktion zur Vermittlung politischer Botschaften. Eine Untersuchung der University of Columbia belegt, dass über die persönliche Ausstrahlung zu 55 Prozent nonverbale Signale und zu 38 Prozent die Stimme entscheiden. Nur zu 7 Prozent wirkt sich der Inhalt in der Beurteilung der persönlichen Ausstrahlung aus. Diese Ergebnisse korrespondieren mit der Erkenntnis, dass der Mensch seine Umwelt mit etwa 75 Prozent über das Auge und mit etwa 10 Prozent über das Ohr wahrnimmt. Auf diesen Befunden baut die Darstellungspolitik auf. Kein Wunder, dass in diesem Umfeld die Farbe der Haare des Kanzlers zwischen Natur und Grau keine unwesentliche Rolle spielt und sogar die Gerichte beschäftigen soll.

Der medienerfahrene Politikwissenschaftler Jürgen Falter hat den politischen Betrieb immer wieder von innen besichtigt und kommt zu einem Befund, der als Leitsystem für die Entwicklung von Medienstrategien gelten kann: „Politik besteht heute viel stärker als früher aus einer Abfolge von Inszenierungen. Das liegt nicht zuletzt an der Ausbreitung des Fernsehens, das dem Betrachter eine scheinbar direkte Beziehung zwischen Politikern und Bürgern über den Bildschirm vorgaukelt. Scheinbar deshalb, weil das Medium mit seinen Machern, seinen Gesetzmäßigkeiten und Manipulationsmöglichkeiten ja immer dazwischen-geschaltet ist. Die Gesetzmäßigkeiten des Mediums Fernsehen wiederum begünstigen bestimmte Inszenierungsformen der Politik: Schnelle Statements vor laufender Kamera, 20-fach wiederholt, und Talkshows in scheinbar wechselnder und doch längerfristig gesehen immer gleicher Besetzung mit 50 bis max. 75 Gesichtern und bestenfalls 10 verschiedenen Meinungen." Damit ist die Größe der politischen Arena vermessen; die politischen Strategen aller Parteien haben sich darauf eingestellt. Beruhigend ist nur, dass wir weit entfernt von amerikanischen Verhältnissen sind und jenseits der Berliner Ebene, in Stadt und Land, eher Hilflosigkeit das mediale Feld bestimmt.

Kampagnenfähigkeit – die Grenzen der Steuerung

Politische Kommunikation hat sich unter den skizzierten Bedingungen der Produktion von Öffentlichkeit und dem rasant gestiegenen Tempo und Einfluss der elektronischen Medien auf den politischen Prozess zur permanenten Kampagne – auch außerhalb der heißen Wahlkampfphase – entwickelt. Medien-Strategen in allen Parteien können Themen setzen, regulieren und akzentuieren. Aber sie können nicht die gesamte „Performance" – wie es neudeutsch heißt – steuern.

Dem grundsätzlichen Befund von Malte Ristau, der seit Jahren in der politischen Planung der SPD arbeitet, ist zuzustimmen: „Man kann Stimmungen und Trends durch eigenes Verhalten verstärken oder auch abschwächen. Selbstverständlich gibt es Bedingungen, auf die strategische Planung begrenzten bis gar keinen (kommunikativen) Einfluss hat. Dazu gehören harte Trends wie Wachstumsraten, gesellschaftliche Großstimmungen, Anordnung des Konkurrenzumfeldes sowie unvorhersehbare Großereignisse. Es bleiben eine Reihe von Voraussetzungen, auf die so oder so Einfluss genommen werden kann. Dazu gehören in erster Linie Kampagnenfähigkeit mit einer leistungsfähigen Organisation, Markenfähigkeit mit integrativen Botschaften, Kommunikationsfähigkeit mit Geschlossenheit sowie als sine qua non eine personelle Aufstellung, die Autorität, möglichst verbunden mit Popularität, nach außen und nach innen sicherstellt."

Die von Ristau genannten Faktoren, die die Strategie-Planung begrenzen, gelten im Wahljahr 2002 allesamt. Das heißt: Die Steuerungsfähigkeit der politischen Kommunikation ist auf Grund eines Bündels von unabwägbaren Faktoren nur sehr eingeschränkt möglich. Besonders das wirtschaftspolitische Umfeld beeinflusst die Chancenstruktur von Inszenierungen.

Spin-Doctoren – die Mythen der Macher

Insgesamt scheint es angeraten, bei der Analyse der Reichweite von Medien-Strategien eher vorsichtig zu agieren. Immer wieder präsentierte Mythen etwa der KAMPA – der SPD-Wahlkampfzentrale – entpuppen sich bei näherem Hinsehen lediglich als „Medien-Hype". Die Bündelung aller traditionellen Arbeitsfelder für Wahlkampagnen unter einem Dach wurde von den Medien als „Zauberwerkstatt" samt „war room" (den es nie gab) interpretiert. Die Tatsache, dass die auf die Bundestagswahl 1998 folgende Europa-KAMPA mit ähnlichen Personen (aber geringeren finanziellen Ressourcen) keinen Erfolg erzielte, wird weder von Wissenschaftlern noch von Journalisten wahrgenommen.

Außerdem ist nachweisbar, dass sich die gelungene KAMPA-Arbeit 1998 keineswegs auf die SPD insgesamt übertragen lässt. Wer die Auswertungen der Wahlkampf-Szenarien etwa in Nordrhein-Westfalen, aber auch in anderen SPD-geführten Ländern analysiert, kommt zu dem Ergebnis, dass zwischen Anspruch und Wirklichkeit eine große Lücke klafft. Auf der Ebene der Länder und der Kommunen fehlen zudem die finanziellen Ressourcen, um groß angelegte Kampagnen überhaupt zu finanzieren. Organisations-Lernen scheint ein schwieriger Prozess zu sein.

Trotzdem hat die CDU auf den KAMPA-Mythos reagiert und ihrerseits eine ARENA installiert. Aber auch hier wird nur mit Wasser gekocht. Der unionsinterne Kulturkonflikt mit der vom Stoiber-Team dominierten CDU-Mannschaft überlagert den eigenen professionellen Anspruch. Gleichwohl gilt, dass alle Parteien ihre Kommunikations-Instrumente für den Wahlkampf frühzeitig optimiert haben und vor allem über das Internet versuchen, die eigenen Anhänger intensiv zu mobilisieren.

Eng mit dem KAMPA-Mythos verbunden ist die Überschätzung der sogenannten „Spin Doctors", die nach angelsächsischem Vorbild dem kommunikativen Auftritt ihrer Klienten den richtigen „Dreh" geben sollen. Wie viele solcher „Spin Doctors" gibt es eigentlich in Deutschland? Diese Frage kann niemand ernsthaft beantworten. Selbst bei großzügiger Definition dieses Berufszweiges dürfte höchstens ein Dutzend solcher „Berater" in Deutschland von dieser Arbeit existieren können. Insgesamt ist der Professionalisierungs-Grad der politischen Kommunikationsberater zwischen Berlin und Düsseldorf eher gering. Nicht nur in diesem Feld ist der Forschungsstand der politischen Kommunikationsforschung unbefriedigend. Vor allem die innere Logik und die Arbeitsprinzipien der Medien sind kaum erforscht und beruhen meist auf mehr oder weniger gut gemeinten Annahmen.

Corporate Identity – die Suche geht weiter

Um erfolgreich und diszipliniert kommunizieren zu können, bedarf es eines strategischen Zentrums der Akteure. Dieses zentrale Instrument funktioniert aber nicht bei allen Parteien. Im Gegenteil. Rivalitäten, Eitelkeiten und Konkurrenz-Kämpfe zwischen Partei, Fraktion und Landesfürsten lähmen die stringente Strategiebildung. Christoph Schwennicke hat diesen Problemzusammenhang im April 2000 anschaulich am Beispiel der Bundesregierung beschrieben. Ein Beraterstab mit den wichtigsten Köpfen des Kanzleramtes saß in Potsdam zwei Tage zusammen, um eine „Dachmarke" für die Bundesregierung zu erfinden und zu beschließen. Mit dabei der Münchner Kommunikationsberater Michael Geffken, Michael Kronacher (von der Werbeagentur Odeon Zwo) und Klaus-Peter Schmidt-Deguelle (Berater der Minister Eichel und Riester): Eine Corporate Identity aus den vielen Projekten, Gesetzen und Vorhaben heraus zu destillieren, gelang trotzdem nicht. Man schwankte zwischen der Message „Modernisierung von Staat und Gesellschaft“ und der „Mittelstands-Förderung“. Zwei Jahre nach diesem Treffen ist eine konsistente Linie in der Markenbildung der Bundesregierung wohl nur für die Akteure selbst erkennbar. Auch in diesem Feld war die „ruhige Hand“ wohl federführend.

Für die Opposition als „Regierung von morgen“ ist die Suche nach einem strategischen Zentrum auch nach der Nominierung von Edmund Stoiber noch komplizierter. Manfred Zach hat in seinem Roman „Monrepos oder Die Kälte der Macht“ treffsicher beschrieben, warum selbst Spitzenpolitiker sich beharrlich weigern, in einem Team Festlegungen zu treffen und ein strategisches Zentrum auszubilden. Auch die Grünen sind nach mühsamen Versuchen in der Kommunikations-Gesellschaft anzukommen immer noch im Stadium der Lernenden. Ganz im Gegensatz zur FDP, die sich auf allen Ebenen schon längst als „Marketing-Partei“ definiert. Auftritte, Inszenierungen, Skandalisierungen, Medien-Präsenz um jeden Preis, gehört bei den Liberalen zur Kern-Sozialisation. Selbst die PDS verfügt über ein professionelles Instrumentarium zur Kampagnenführung, auch wenn ihr in den Medien eher eine Randstellung zukommt.

Verkürzte Realität – stillgelegter Diskurs

Die Medienstrategien der Parteien sind folglich nicht abzukoppeln von ihrer inneren Aufstellung und der Eigendynamik des Medienbetriebs. Ein Durchschnitts-Haushalt kann 38 Fernsehkanäle empfangen. Sie beeinflussen die „EEE-Kultur“ – also das Lebensgefühl, das sich aus Erlebnis, Emotion und Event speist – ganz entscheidend. Ernsthafte Politik, die sich mit der Sache beschäftigt, spielt in diesem Setting nur eine Randrolle. Um Aufmerksamkeit zu erwerben, müssen sich die handelnden Akteure in die vorgegebenen Strukturen einbringen und um Aufmerksamkeit kämpfen.

Die Verkürzung der Intervalle der Nachrichten-Produktion und die damit einhergehende Konzentration auf knappe soundbites und kontrollierte Statements reduziert die Möglichkeit vertiefender Hintergrundberichterstattung, erhöht aber die Chance der führenden Politiker „ihre“ Botschaften zu setzen. Die zweite große Bühne für Politiker – die Talkshows – dienen überwiegend als Instrument der persönlichen Selbstdarstellung und weniger der Klarstellung politischer Positionen und alternativer Politikkonzepte.

Bestimmender Zug des politischen Marketings ist es, dass die Interessenfelder der unterhaltungsorientierten elektronischen Leitmedien sich hier mit den Interessen der politischen Akteure treffen. Man begegnet sich auf einer Oberfläche, die tief blicken lässt. Die Politik lernt die Grenzen ihrer Gestaltungsfähigkeit immer genauer kennen. Auf der Suche nach dem Wähler wendet sie sich den Medien zu – in der Hoffnung ihre Botschaften zu adressieren. Um in diesem Filterprozess erfolgreich zu sein, muss sie sich den von den Medien gesetzten Regeln anpassen. Dieses Wechselspiel zwischen Politik und Medien führt zu einer bedenklichen Realitätsverkürzung, die wichtige Themen und Problemlagen ausblendet und den notwendigen demokratischen Diskurs nicht beflügelt.

Richard Meng

Macht und Elend der Interpreten

Die schwierige Rolle einer Expertenkultur, von der die politische Strategiewelt zwar nicht verändert, aber wenigstens professionell erklärt wird

Warum soll es dem kleinen Club der Essay- und Fernsehtauglichen unter den Politikwissenschaftlern anders gehen? Man gewöhnt sich an sie. Man mag sie manchmal zwar vor lauter Überdruss schon gar nicht mehr gerne sehen. Aber man vermisst sie doch, wenn sie plötzlich von ihrem Hausmedium abgesetzt wurden oder auch nur sich altershalber rarer machen. Man fragt sich dann: Wie hätte wohl dieser oder jener von ihnen das aktuelle Topereignis bewertet? Sie können nämlich, aus Publikumssicht betrachtet, ebenso wie mancher Typ Journalisten so etwas wie Kontinuität ins politische System bringen. Kontinuität der Interpretation wenigstens, was nicht zu verwechseln ist mit Kontinuität des jeweiligen Gegenstands. Der verändert sich immer wieder schnell genug, von der K-Frage zur Arbeitslosigkeit, von da zurück zu Afghanistan, von dort auf dem Umweg über PISA und die Finanzierung von Militär-Airbussen zu den Prognosen für die nächste Wahl.

Oft ist zu Recht geklagt worden, dass die Fachkompetenz der Politiker nachlässt und die Parlamente den komplexer werdenden Entscheidungsfragen nicht mehr gewachsen sind. Die Kompetenzfrage ist dabei durchaus erweiterbar auf eine Niveaufrage, bezogen auf die ganze politische Klasse einschließlich des politischen Journalismus. Aber sie darf nicht voreilig-populistisch mit pauschalen Verdikten beantwortet werden. Denn das System hat sich seine Ausgleichsmechanismen längst geschaffen, nicht nur bei der professionellen Politikinterpretation. Angedockt an die einzelnen Fachpolitiken gibt es Expertenwelten, die de facto hohen Einfluss auf die Entscheidungsprozesse nehmen – *erstens* über direkte Politik*beratung*, *zweitens* und vor allem über die öffentliche *Interpretation* politischer Strategien, *drittens* via öffentliche Interpretation im Vorfeld von Entscheidungen auf die *Entscheidung* selbst, die dann der Akzeptanzvermutung folgt.

Wie weit sich dabei mitunter auch das Selbstwertgefühl des Experten schon entwickelt, hat der Friedensforscher Dieter S. Lutz in einem Zeitungsbeitrag (FR-Dokumentation vom 14. Januar 2002) belegt. Sein Vorschlag, auf Landes- und Bundesebene gewählte „Zukunftsräte" einzurichten, über die Experten „möglichst frei von sachfremden Interessen" notfalls sogar die Möglichkeit haben sollen, „Politik, Forschung, Medien und Kapital in den Arm zu fallen", ist unter Demokratiegesichtspunkten hochgradig riskant. Das vorgeschlagene Prinzip „Wähl Dir Deinen Experten" drückt andererseits durchaus die eigene Erfahrung eines Vertreters aus der Grauzone zwischen Interpretatoren- und Beraterrolle aus. Was den einen der rechte Wirtschaftsprofessor ist den anderen der alternative NGO-Mann. Auch die Expertenwelt teilt sich ein in Flügel und Seilschaften. Sie wird zu einem Teil der Systemfunktion, ob mit oder ohne „Zukunftsrat" und ganz besonders natürlich in jenem direkt-politischen Bereich, in dem es um Analysen und Prognosen zur aktuellen Machtstrategie geht und wo Politikwissenschaft und Soziologie gefordert sind.

All das zeigt: Es ist an der Zeit, diese politik- und demokratietheoretischen Grauzonen des Expertenstaates auszuleuchten. Es ist viel öffentlich nachgedacht worden über die Transformationsprozesse der Parteien- und Parlamentsdemokratie, zuletzt auch über die veränderte, in vielem problematisch gewordene neue Funktion der Medien. Eine *politische Theorie der Expertenrolle* in einer mediengeprägten Gesellschaft gibt es nicht. Es ist, aus sozialwissenschaftlicher wie journalistischer Sicht betrachtet, eine notwendig selbstkritische Fragestellung. Denn speziell in der Rolle der Politikinterpreten überlebt eine Vorstellung von objektiver Professionalität, die längst heikel geworden ist – gerade weil es im politischen Bereich eine „Einheit von Problemlösung und Kommunikation" (Joachim Raschke) gibt, die über die kommunikative Seite die Expertenkultur unausweichlich zum Teil des „politischen Spiels" werden lässt.

Zwischen Denk-Mode und Erkenntnis

Auch bezogen auf ein und dasselbe Analyseobjekt, eine Partei oder ihre Führungsfiguren etwa, schwankt die allgemeine Wahrnehmung immer stärker zwischen allerlei Denk-Moden aus der journalistischen Berliner Nachrichtenküche. Obenauf, unten durch, mit besten Aussichten oder mit schlechten: Die oberflächlich-tagesbezogene Politikerklärung nähert sich in manchen Magazinen und Sendern dem Infotainment über Aktienkurse oder Sportergebnisse an. Es wird täglich rückblickend der Tagestrend „verplausibelt". Der nächste Tag mit einem neuen Trend kommt bestimmt und das geneigte Publikum hat sich daran gewöhnt, hat die Weisheiten von gestern schon wieder vergessen. Politiker surfen längst auf solchen Tages- oder Wochenstimmungen, modifizieren dafür immer wieder Rezepte und Kommunikationsstrategien. Das hat den Bedarf, auch den Markt für professionell erscheinende Erklärung wachsen lassen. Umso interessanter ist es, die Rolle und das Dilemma der sozialwissenschaftlichen, tiefer schürfenden Interpreten und des seriös-hintergründigen Journalismus analytisch zu betrachten, denn auch darin spiegelt sich die Veränderung der politischen Kultur.

Mag die seriöse Auseinandersetzung mit all solcher Unübersichtlichkeit auch gelegentlich dem Gegenstand (der Partei, dem Kanzler, dem Problem) schon längst nicht mehr adäquat sein, weil sie/er/es sich noch viel schneller gewandelt hat als der mehr oder weniger fragmentierte Interpret: In einer erfreulich altmodischen Weise kann die Expertenkultur nach wie vor ein wenig zur Entschleunigung des ständigen geistigen Anpassungsprozesses an das beitragen, was gerade modern ist – wenn sie denn bereit ist, sich zu dieser Kontinuität der Interpretation zu bekennen und sich nicht selbst zum Teil des schnelllebigen Systems macht. Mag sein, dass sie nur noch eine – dann freilich überschätzte – Nische in der Unterhaltungskultur geworden ist. Meinungsbildend wirkt sie dennoch nach wie vor und in den rot-grünen Jahren sogar deutlich mehr als offiziell zugegeben. Denn wo die direkte Resonanz aus der Gesellschaft äußerst marginal geworden ist, wo aber strategisch gezielt eine neue, zivilgesellschaftliche Integration von Teilmilieus über die jeweiligen Expertenkulturen gesucht wird, erhält die professionelle Politikinterpretation eine Seismografenfunktion im Vorfeld politischer Risikoabwägungen und damit einen zusätzlichen Stellenwert.

Dass dies für die Experten selbst in vielerlei Hinsicht zu einer *Gratwanderung* führt, liegt an den Instrumentalisierungsversuchen durch die politischen Strategen einerseits und am Zustand der demokratischen Öffentlichkeit andererseits. Erstens ist es geradezu zwingend, dass Wissenschaftler, die wahrgenommen werden wollen und dabei nicht zuletzt oft auch an den Wettlauf um die Forschungsmittel denken, sich stärker öffentlich präsentieren. Zweitens werden sie bei politiknahen Kompetenzthemen aber immer schnell absorbiert durch ein politisches System, das sich je nach politischem Interesse Legitimationsexperten weit über die Meinungsforscher hinaus sucht. Drittens weicht vor allem der visuelle Teil der Medienwelt professionellerweise gerne auf Experten aus, um Meinungen so scheinbar verobjektiviert ins Bild zu setzen. Viertens sind solche Experten damit über ihre Rolle definiert, nicht unbedingt mehr primär über den Inhalt ihrer Argumente. Fünftens bleibt all das immer Teil eines Machtspiels oder hat zumindest machtpolitische Elemente, wodurch der Wert eines Argumentes schnell an seinem Legitimationswert gemessen wird. Sechstens kann Expertenkultur, speziell bei einem auf Spartenkonsense (Energie-, Technologie-, Zuwanderungs-, Bildungskonsens) abzielenden Regierungsstil wie bei dem Gerhard Schröders, auch negative Auswirkungen auf den ohnehin forcierten Transformationsprozess der Demokratie weg von den Institutionen haben. Denn Parteien und Parlamente werden darüber weiter zurückgestuft bis in eine Notariatsfunktion für Linien, die vorher innerhalb spezifischer gesellschaftlicher Funktionseliten austariert wurden.

Das ist ein Prozess, über den gesellschaftstheoretisch trotz Begriffen wie „Zivilgesellschaft“ noch nicht genug debattiert wurde. Zwischen zivilgesellschaftlichem Ideal und profaner Wirklichkeit liegen Welten. Die künftige gesellschaftliche Funktion der institutionellen Politik ist nicht geklärt, Vorstöße aus der Expertenszene wie der von Lutz belegen es. Die medienöffentliche Vorklärung von Meinungsströmen, die bestimmte (nicht mit der Wissenschaftsöffentlichkeit gleichzusetzende) Expertenrollen voraussetzt, weil sie für die präsentierten Meinungslinien Agenten braucht, bedeutet Ausweitung und Einschränkung von Partizipation zugleich. Vor allem bedeutet sie: selektive Partizipation. Es kommuniziert, wer kommunizieren kann. Die wohlgemeint aufklärerische Rolle von Experten aus dem wissenschaftlichen oder journalistischen Bereich wird dabei immer zugleich zum Momentum innerhalb anderer, medialer wie machtpolitischer Logiken. Schnelle Themenwechsel, Kurzlebigkeit von Diskursen und ihre Konzentration auf die „großen“ Fragen, weitgehender Ausschluss reiner Minderheitenthemen, Bedeutungsgewinn des Unterhaltungswerts eines Themas/Experten für seine Auswahl und Präsentation sind Stichworte für die mediale Seite.

Politikprofessoren, die zur Analyse von Wahlergebnissen, Krisen aller Art oder Parteientrends von einem Medium „eingekauft“ werden, wissen von der tagespolitischen Entwicklung dann oft zwar nicht mehr als die politischen Journalisten, die nahe dran arbeiten am Prozess. Häufig wissen sie sogar weniger, sind statt der Details aber auch eher für die Definition der großen Trends zuständig, für die Herstellung von Plausibilitäten. Sie füllen trefflich eine Lücke aus, die daher kommt, dass Journalisten zwischen Bericht und Kommentar meist immer noch zu trennen haben – und erweitern so die mediale Formenvielfalt. Die Intervention, die zugleich beschreibt, einordnet und bewertet, ist das Privileg einer Expertenrolle, die sich selbst nicht mehr begründen muss. Das ist – wie sich in einer gewissen Beliebigkeit der Themenzuordnung zeigt – manchmal wenig rational begründet. Der Experte, dessen Gesicht bildschirmeingeführt ist, bleibt als Anchor-Man fürs Interpretatorische auch Experte bei eigentlich für ihn fachfremden Fragen.

So bilden sich speziell in politischen Umbruchphasen Interpretenrollen heraus, bei denen sich dann Wissenschaftler und seriöse Journalisten im Prinzip nicht sehr unterscheiden: Sie treten auf als Anwälte und Vertrauenspersonen des Publikums, die über ihre Rolle Definitionskompetenz ausüben. Im Journalismus entstehen solche Fachzuständigkeiten oft schon nach einer einzigen, und sei es zufälligen, Terminwahrnahme. Wer ein vakantes Thema einmal bearbeitet hat, ist nahezu automatisch der Ansprechpartner bei Folgeereignissen. Es geht dann erst sehr nachrangig um Fachkompetenz im klassischen, wissenschaftlichen Sinn. Je weniger auch im politischen Journalismus Langzeitbeobachtung und Detailgenauigkeit gefragt sind, desto geringer werden fachliche Kompetenzanforderungen im Vergleich zu den professionell-handwerklichen. Es geht um Vertrauensrollen und um die allgemeine Sehnsucht, es möge doch noch jemanden geben, der erklären kann, was der wirkliche politische Prozess ist neben und hinter all den vordergründigen Inszenierungen.

Genau das macht die Experten auch unabhängig von einer gelegentlich in Anspruch genommenen direkten Beratungsrolle so interessant für die Kommunikationsstrategie der Politikzentralen. Sie sind aus Parteiensicht in einer Mediengesellschaft *Zentralfiguren im kommunikativen Vorfeld*, in der Bedeutung vergleichbar den klassischen Vorfeldorganisationen im vormedialen Politikzeitalter. Ihr Wort hat gelegentlich, wenn ein für plausibel gehaltener Inhalt mangels anderer Quellen nur so transportierbar ist, für den Tages- und Agenturjournalismus sogar schon Nachrichtenwert. „Nach Ansicht des Politikwissenschaftlers X...", beginnen dann Agenturmeldungen zu tagesaktuellen Themen, ein weiterer Schritt zur durchaus prozesskonformen Infragestellung der formalen Bedeutungsdifferenz von Akteuren, Interpreten und Beobachtern. Es ist ein Effekt von der Art selbsttragender Systeme: Wo keine Neuigkeit existiert, wird sie über Interpreten produziert.

„Lagerwahlkämpfe seien nicht mehr zeitgemäß", sagte im Januar 2002 nach einer dpa-Meldung der Politikwissenschaftler Oskar Niedermayer aus Berlin. „Im Gegensatz zu vergangenen Bundestagswahlkämpfen müssten die großen Parteien heute stärker um die Wechselwähler in der Mitte des politischen Spektrums kämpfen." AFP meldete im November 2001, dass der Hamburger Parteienforscher Joachim Raschke „die Zukunft von Rot-Grün skeptisch" sehe – und dass er (Medien machen Medien) in einer Fernsehsendung gesagt habe, 1998 sei „ein singuläres Wahlereignis" gewesen und man müsse damit rechnen, dass die Wähler 2002 für eine Fortsetzung von Rot-Grün „nicht in hinreichendem Maße mitziehen". Das Bemerkenswerte an den beiden Beispielen ist, wie dabei recht simple, allgemeine Bemerkungen auf dem Umweg über die Expertenfunktion Nachrichtenwert bekommen. Aber damit werden zugleich aktuelle politische Strategien als plausibel oder riskant kommuniziert, wird explizit ein Urteil zu offenen politischen Strategiefragen publiziert – gerade darin und nicht im Argument selbst liegt ja der Nachrichtenwert.

Den beiden Zitierten tritt nicht zu nahe, wer unterstellt, dass solche Aussagen ganz gewiss nicht Quintessenzen des neuesten Forschungsstandes sind, sondern schlicht begründete allgemeine Meinungsäußerungen von Professoren, denen Mehr-Wissen unterstellt wird. Gesucht ist aus Mediensicht meist ja auch immer gleich der passende Experte zur vorher angedachten These:

dem Scheitern oder Erfolg einer Strategie, Partei, Person. Experten, die den Auf- oder Abstieg Edmund Stoibers oder den Ausgang einer Landtagswahl, wozu die Grundinterpretationen dann meist schon auf der Hand liegen, in eine tieferreichende Theorie einbetten können: Sie geben dem Tagesereignis damit höheren Sinn, verobjektivieren es. Die Nachrichtenwelt sehnt sich danach und geht mehr und mehr dazu über, Fernsehauftritte für Pressekonferenzen zu halten, Zitate aus Talkshows als politische Interventionen zu verbreiten. Es ist nicht ganz einfach, zwischen dem dadurch produzierten realen Bedeutungszuwachs für die Fernseh-Talker, ihrem individuellen Bedeutungsgefühl und dem tatsächlichen politischen Prozess zu unterscheiden – genau wie es auch für die Experten immer schwieriger wird, der Kolonisierung ihrer Einschätzungen durch ausgeklügelte politische Kommunikationsstrategien zu entgehen.

Warum kritisiert der Bundeskanzler im Frühjahr 2002 in einer für ihn schwierigen Kommunikationslage mehrfach die EU? Fällt Gerhard Schröder zurück in alten Anti-Europa-Populismus und/oder will er dem CSU-Kanzlerkandidaten ein Thema wegnehmen? Geht es also um die Sachfrage (deutsche Finanzpolitik, Liberalisierung auf dem Automarkt) oder eher um innenpolitische Kulissenschieberei? Die erwartete öffentliche Interpretation ist, natürlich, schon Teil des Politikerkalküls. Exklusivinformationen werden lanciert, um bestimmte öffentliche Bilder zu erzeugen. Skandalisierungen sollen den jeweils (vermutet) Verantwortlichen Probleme machen. Die Steuerung des Medienbildes ist zur intern höchst angesehenen, aber zugleich geheimsten Kunst in den Machtzentralen geworden. Wenn nun der Faktor Zeit hinzukommt und Kommunikationsstrategien als gelungene bzw. misslungene „objektiv" geworden sind, kann und darf sich auch seriöse, kritische Reflexion über die Tagespolitik diesem Meinungsklima nicht entziehen.

Diese Steuerung funktioniert nie nach dem alten Strippenzieher-Modell, sondern in einem komplizierten, flexiblen Mechanismus, in dem die Politikinterpreten auch ihre eigene, aktive Rolle haben. Vor allem ist, was hinterher zur gelungenen oder misslungenen Strategie erklärt wird, häufig vorher nie derart präzise ausformuliert gewesen. Die „Verplausibilisierung" nach erlebtem Ereignis ist insofern nicht nur der Job der unabhängigen Experten, sondern genauso der Machtmanager. Aber es gibt in den Machtzentren doch auch Politiker, die mit guten Argumenten behaupten, über die wirklichen Strategien könne man nicht öffentlich kommunizieren, weil sie dann sofort unter Taktikverdacht gerieten – und im übrigen natürlich auch „lesbar“ und so einfacher zu kontern wären. Darin steckt ein Stück Selbstüberschätzung, soweit mit Strategien langfristige, unbeirrt abzuarbeitende Inszenierungsentwürfe gemeint sind. Die gibt es kaum mehr in einer Zeit ständig wechselnder Themenkonjunkturen – und wenn es sie gäbe, wären sie wenig professionell. Dennoch hat die These einen wichtigen Kern.

Tatsächlich zielt professionelle politische Kampagnenplanung, zumal in Wahlkampfzeiten, auf die Beeinflussung der öffentlichen Meinung und mithin auch auf die Beeinflussung der professionellen öffentlichen Interpretation von Politik. Politiksteuerung ist insofern auch *Expertensteuerung* – genauso wie Definitionsmacht zunächst einmal *Interpretationsmacht* voraussetzt. Es gibt die Selbst-Inszenierung der Berater als Teil der Kampagne: Bodo Hombach einst als Gerhard Schröders Helfer, Michael Spreng nun bei Edmund Stoiber treten selbst öffentlich auf. Eine gewisse journalistische Neugierde auf die „Spin-doctors“, hinter der die ewige (und stets ein wenig naive) Suche nach dem „Wirklichen“, nach den großen Weichenstellern steht, hilft ihnen dabei. Die Illusion, es existiere der ganz große, konsistente Plan hinter all dem Tagewerk, wird zum Teil des kommunikativen Projekts.

Es werden darüber zugleich aber genauso Themen gezielt zerstört wie andere Themen gezielt produziert, es wird politische Realität geschaffen und nicht nur politischer Schein. Was in den Frühzeiten inszenierter Politik „Hegemonie“ hieß, bleibt letztlich das Ziel allen Bemühens: der Versuch, das eigene Thema einschließlich der eigenen Interpretation dieses Themas gegen das der anderen durchzusetzen. Das macht es im Interesse der Demokratie einerseits umso dringlicher, dass die Trennungslinie zwischen Berater- und Interpretenrolle erhalten bleibt. Umgekehrt werden damit aber automatisch die Interpreten zum Objekt der Berater. Aufklärerische Interpretation kann so zwingend das Durchkreuzen von Kommunikationsstrategien bedeuten, genauso wie die gelungene Selbstoffenlegung von solchen als plausibel oder zumindest interessant akzeptierten Strategieelementen zum Medienerfolg werden kann. Es geht um die Beeinflussung der öffentlichen politischen Psychologie, um die Meinungsführerschaft im Interpretenkreis. Da waren erfolgreiche Wahlkämpfe meist auch ein Beispiel dafür, wie wichtig es ist, eine Kampagne rechtzeitig vor dem Wahltag als besonders professionell und „unschlagbar“ zu kommunizieren. Und hier meint Strategie dann meist vornehmlich politisches Kampagnenhandwerk, nicht etwa zuvörderst langfristige inhaltliche Ambitionen. Es ist schwer, damit in geistiger Unabhängigkeit umzugehen. Sicher ist nur: Professionell im gegenseitigen Rollenbild sollte das Verhältnis zwischen Politik und Politikinterpreten sein. Professionalität bedeutet dann aber immer auch die gegenseitige Unterstellung von Intentionen, die nicht deckungsgleich sein müssen, weil sie von Interessen geleitet sind.

Macher und Interpreten

Zu *direkten Politikberatern* mit regelmäßigem Zugang zu den Machtzentren haben es nur wenige der interpretierenden Experten gebracht, wie nicht zuletzt ein dreijähriger Etablierungsprozess des Kanzlers Gerhard Schröder belegt: Wer Freund sein will, muss dauerhaft freundlich bleiben. Nur Einzelne, die sich ohnehin als die Kanzlermacher empfinden, haben das geschafft. Es zeigt sich hier durchaus eine prinzipielle Verwertungsschwäche aller Hausphilosophie: „Gemacht" wird ein Wahlsieg nicht von den intellektuellen Ratgebern, sondern von politischen Handwerkern, die sich Passendes herauspicken und Unpassendes verwerfen. Die vor allem ein sehr realistisches Verständnis davon haben, dass die Expertenrollen Vorfeldrollen bleiben. Die mit ihrem instrumentellen Politikbild schon die übernächste Kommunikationslage kalkulieren, während die Experten noch die nächste analysieren.

Wenn Politiker erst an der Regierungsmacht angekommen sind, fühlen sie sich üblicherweise sowieso zunehmend missverstanden von den ehemaligen geistigen Weggefährten und denen, die sich dafür halten. Da kehren sich dann Beziehungen um. Das Wort von den angeblich enttäuschten Liebhabern ist ein typisches Rationalisierungsbild, auf das Politiker gerne zurückgreifen. Mag oft auch weder Liebe noch Enttäuschung jemals vorhanden gewesen sein: Von der bipolaren Psychodynamik realpolitischen Denkens her gibt es nichts anderes als Gefolgschaft oder Gegnerschaft. Es ist für die praktische Konsequenz gleichgültig, ob eine unterstellte Gegnerschaft dann eher Naivität oder eher Böswilligkeit zugerechnet wird. Es entsteht eine neue Spezies, der in Ungnade gefallene Experte. Für ihn kann, wenn es sich um einen Wissenschaftler handelt, sogar ein anderer Mechanismus der Mediengesellschaft greifen, der Wertverlust durch Näheverlust. Denn Marktwert kommt immer auch von der unausgesprochenen Unterstellung her, da wisse jemand über irgendwelche Inner-circle-Kenntnis aus der Informationsoberschicht, was wirklich passiert.

Eine ziemlich unbekannte Größe ist für Nicht-Insider des Wissenschaftsbetriebs die *Rückwirkung der Rolle dieser öffentlichen Interpreten auf die Wissenschaft selbst.* Zerstört Medienerfolg, unentrinnbar der populären Zuspitzung geschuldet, dort die Seriosität – oder sind solche in der Hochschulszene nicht seltene Vermutungen eher nur Ausdruck allzumenschlicher Neidmechanismen? Jedenfalls war die These, dass es in der Politik zugeht wie im wirklichen Leben, von jeher der Feind jeder Abstraktion. Wer als gelernter Theoretiker tatsächlich hineinblickt in die Geburtsräume politischer Strategien, wer dabei die zentralen individuellen Motive und Einflüsse betrachtet, wer die in weitestem Sinn immer an Machtfragen orientierten Denk- und Gefühlswelten kennt, kommt selbst schnell in einen Identitätskonflikt.

Der innere Widerstand der Fachwissenschaft gegen politisch-praktische, damit politiknahe Analyse ist in den vergangenen Jahrzehnten eher geringer geworden. Das hat auch mit einem stärkeren innerwissenschaftlichen Legitimationsdruck angesichts Sparpolitik und Stellenkürzungen zu tun. Der praktisch-gesellschaftliche Nutzwert ist langsam wieder zu einem (spannenden) Faktor geworden, wenn auch nicht überall. Und doch werden die Fernsehprofessoren dort abwechselnd mit der neuen Bewunderung immer noch als suspekte Paradiesvögel gesehen, die sich in wissenschaftsfremden Rollen spiegeln. Die politische Theorie, die mit all den Transformationsprozessen des politischen Systems ohnehin immer neue Realitätsschocks verkraften muss, steht in Wahrheit selbst vor einem notwendigen weiteren Öffnungsprozess gegenüber anderen, vor allem kommunikations- und medienwissenschaftlichen Blickrichtungen.

Der potentielle Nutzen der Grenzgängerei zwischen politischem Publizismus und Wissenschaft lässt sich sehr unterschiedlich definieren. Einerseits sind die wenigen, die sowohl medial als auch wissenschaftlich eine Rolle spielen, aus gesellschaftlicher Sicht die Innovativen ihres Fachs, weil sie eine öffentliche Rolle suchen. Andererseits bleibt anzumerken, dass sich damit – etwas anders als bei den Journalisten, bei denen Rolle und Abstandserwartung klarer definiert sind – auch bei solchen Sozialwissenschaftlern ein spezifisches Nähe-Distanz-Problem ergibt, weil Beratungs- und Interpretenrollen ineinander übergehen, in vielfacher Weise und längst nicht immer nur formell durch die Aufeinanderfolge von Medienauftritten und Spin-doctoring. Jegliches Medienbild ist potentiell Teil des politischen Prozesses, die Auflage oder Einschaltquote allein ist in Zeiten von Spartensendern kein Indikator mehr für politische Wirkung. Auch der pausenfüllende Gesprächspartner bei Phoenix beeinflusst noch politische Tageswahrnehmung. Genau das reizt ja schließlich: Wirkung haben.

Mancher Erfolg der Träger medialer Kompetenzrollen kommt schlicht daher, dass sie nach dem Blick auf die Praxis begonnen haben, die Theorie zu flexibilisieren. Erkenntnisprozesse als lose verkoppelte Anarchie, Abstraktion als prozessbegleitendes Nachdenken mit wissenschaftlicher Vorbildung: Manchmal ist schwer zu sagen, wo da noch die Trennungslinie zwischen reflektierter Einflussnahme und gehobener Unterhaltung verläuft, zwischen Ambition und bloßer Verzierung. Es stellt sich hier letztlich die Frage nach der Intention des Experten, anders ausgedrückt: nach der Existenz von Objektivität jenseits des Honorars. Man kann mit guten Argumenten zu dem Ergebnis kommen, dass solche Objektivität in der medial geprägten Welt nur noch als subjektive, von einem offen gelegten Standpunkt her betrachtete existieren kann.

Besonders beeindruckend selbstbewusst sind neuerdings die spezialisierten Reflektierer medialer Inszenierung, die sich ihr Teil öffentlicher Aufmerksamkeit innerhalb weniger Jahre erarbeitet haben. Diese Medienkritiker sind aber auch, ähnlich wie die Journalisten, ganz besonders in Gefahr, nur noch über Prozeduren zu urteilen, ohne sich je mit der Sache zu beschäftigen. Sie als reine Inszenierungsspezialisten gelten damit manchen Inszenierern als die idealen Berater, weil die politischen Grundentscheidungen nach diesem Denken ja ohnehin außerhalb des gesellschaftlichen Diskurses fallen, quasi als Ausdruck objektiver Vernunft. Mainstream-Politik orientiert ihre Wertentscheidungen an dem, was überall gedacht wird. Der ideale inszenierte Wahlkampf ist einer, der für die Ansprache der übriggebliebenen politischen Stammkundschaften auch inszenierungskritische Elemente enthält. Der nicht mehr mit den großen, langfristigen Drehbüchern arbeitet, die von der Beratercrew der Gegenseite sowieso durchschaut und konterkariert werden können, sondern hochprofessionell die aktuellen politischen Winde erkennt und für sich nutzt.

Was überall gedacht wird: Das ist häufig der jeweilige Denktrend in den USA. Die dortige Wahrnehmung von Globalisierung, Ökonomie oder Terrorismus prägt die europäische Perzeption, ohne dass dies in der nationalen Medienöffentlichkeit größer bewusst würde. Hier ergibt sich ein häufig unbewusstes Risiko, wenn eine Expertenkultur sich mit einer gewissen Alternativlosigkeit nur auf die Reflexion des rein Handwerklichen einlässt: Sie akzeptiert dann nicht einmal mehr die Frage nach den geistigen Grundlagen. Es gibt kaum mehr rein nationale Denk-Moden, wenn auch ein Teil der Ideologiefähigkeit solcher Moden daher kommt, dass alle glauben, es seien ihre eigenen neuen Ideen. So wie ein überwiegender Teil der Finanz-, Wirtschafts- und Sozialpolitik längst internationalen westlichen Trends folgt und auch die Parteienkonstellationen für ihre Wahlkämpfe intensiv die vorangegangenen Kampagnen befreundeter Lager in den wichtigen westlichen Partnerländern auswerten (und die Osteuropäer dann wieder die aus Deutschland), funktioniert auch professionelle Interpretation in gewissen internationalen Denkschemata. Das freilich sind Prozesse, die einer Medienöffentlichkeit gleichgültig bleiben, die bis hin zu den großen Quizshows internationale Erfolgsmodelle national kopiert, mit entsprechend inhaltlicher Ausprägung und Kultur der Präsentation. Die Illusion des Nationalstaates und nationaler Gesellschaftlichkeit ist in kommunikativer Hinsicht noch allgegenwärtig.

Auch mediale Präsentation von Wissenschaft unterliegt den Maßstäben von Medien – selbst bei besten Vorsätzen. Durch die Art der Interviewfragen allein nach Personen, nach Gegenwärtigem und bereits im öffentlichen Vorurteil Verfestigtem wird das manchmal deprimierend klar. Wer da öfter antwortet, so sei die Frage völlig falsch gestellt, verstößt gegen den Unterhaltungskodex und riskiert den Expertenstatus. Wer aber führt noch den Diskurs darüber, was die richtigen Fragen sind? Das darf andererseits nicht die Wissenschaft von Infragestellung durch die Praxis ausnehmen. Doch dafür hat die Medienwelt außerhalb der Feuilletons schon deshalb keine Bühne, weil dazu ja kontinuierlicher Fragen an die Wissenschaft gestellt werden müssten, statt nur Wissenschaftler zur Aktualität Stellung nehmen zu lassen. Es wäre die Umkehrung des realen Verhältnisses.

Im Expertenlabor

Für die Politiksteuerung jenseits öffentlicher Interpretation, die *direkte Beratung* im Entscheidungsprozess, ist die Expertenebene noch in einer zweiten Hinsicht wichtiger geworden: neben der entscheidungsvorbereitenden öffentlichen Kommunikation auch in der nachgelagerten Entscheidungsphase. Jeder vorgeschaltete Expertendiskurs hat *Frühwarncharakter* und kann Akzeptanz abtesten. Das ist meist noch lange kein gesellschaftlicher Diskurs im klassisch-demokratischen Sinn, an dem breite Beteiligung möglich oder gewünscht wäre. Er hat eher den Charakter von Laborexperimenten. Der Versuch, diesen Trend über den Begriff Zivilgesellschaft positiv zu wenden, verdeckt zudem eine ganze Reihe demokratischer Risiken: Aus dem Expertenstaat kann leicht ein Experten-Ständestaat werden, in dem die Repräsentanten der verschiedenen Fachöffentlichkeiten sich als die wahrhaft legitimen Vertreter ihrer Teilgesellschaft empfinden – und der moderierende Berliner Regierungsstil greift das ja auch positiv auf, überspielt damit bewusst die legitimatorisch komplizierteren Strukturen wie Parteien oder Großorganisationen, öffnet begrenzten Facheliten durchaus objektive Einfluss- bzw. Verhinderungschancen im Rahmen dessen, was die öffentliche Akzeptanz zulässt.

Politiksteuerung im modernen, immer auch kurzfristig-reaktiven Sinn braucht vor allem eines: Prognosefähigkeit, mithin die fundierte Kenntnis der Mechanismen öffentlicher politischer Kommunikation. Weniger die einzelne umfangreiche Expertise ist dabei wichtig, weniger das halbjährliche Wirtschaftsgutachten etwa oder die jährlichen Armutsberichte. Deren Inhalt bleibt ausrechenbar, nicht zuletzt je nach Zusammensetzung der Autorenrunde. Auf Gespür für die komplizierten Interaktionsprozesse kommt es an, durch die Spannungen/Themen entstehen und vergehen. Letztlich sind, von einem aufklärerisch-kritischen Standpunkt aus betrachtet, deshalb auch immer die Rollen an solchen Schnittstellen der verschiedenen Professionen am spannendsten.

Wer steuert dann wen, die Politiker die Experten oder umgekehrt? Das Bild derart instrumenteller Rollen hat in seiner altmodischen Art etwas Sympathisches, weil es immer noch in Ursache und Wirkung denkt, wenn auch ausweglos hin- und hergerissen bleibt zwischen den beiden Denkalternativen. Die Wirklichkeit ist komplexer, zugleich alternativloser. Der Druck, immer nur ohne weiteren Veränderungsimpuls gerade das zu erklären, was aktuelle Realität ist, vereinnahmt die Erklärung. Da in weiten Bereichen die Politiker selbst nicht mehr an die Steuerungsfähigkeit von Ökonomie und Gesellschaft glauben, entsteht leicht ein recht fruchtloses Wechselverhältnis aus Spiel und Moral, Inszenierung und Erklärung, ein sich um sich selbst drehender Kosmos. In ihm mögen alle subjektiv zu Recht glauben, Steuerungseinfluss auszuüben. Tatsächlich sind die Bewegungslogiken andere. Auch alles, was an realen, meist kleinschrittigen politischen Reformprozessen zustande kommt, stellt sich dann oft eher als Ausdruck der allseitigen Ermüdung nach ausgiebigem öffentlichen Austesten dar. Der politische Konsens kommt zustande, wenn er (siehe Atomenergie) nach Jahrzehnten des Streits zwischen Experten und Gegenexperten schlicht zu einer Frage der ökonomischen Vernunft wurde. Haltbar ist er dann, solange die so gefundenen Konsensprämissen stimmen.

Im Entscheidungsprozess selbst greift die Expertenorientierung über runde Tische, „nationale Räte" oder andere Organisationsformen der Konsensdemokratie, in denen neben den Repräsentanten der klassischen gesellschaftlichen Gruppen wie Gewerkschaften oder Kirchen über die Auswahl der beteiligten Wissenschaftler letztlich Grundrichtungen vorgeprägt werden können und das Einverständnis der etablierten Fachcommunity gesichert wird (siehe Gentechnik). Bei den Politikexperten sind es dann eher informelle Runden, über die Ähnliches funktioniert: Tagungen bei den politischen Stiftungen oder auch direkt Workshops bei Regierung oder Fraktionen. Wie weit dieses in den rot-grünen Jahren praktizierte Aussteuerungssystem bei künftigen Regierungen beibehalten werden wird, ist eine offene Frage. Viel spricht dafür, dass hier nun schon ein Gewöhnungseffekt eingetreten ist, der für moderne Politiksteuerung nicht mehr rückholbar sein wird – nur ist die Zusammensetzung der Beratergremien natürlich fundamental änderbar.

Der Gewöhnungseffekt geht einher mit der inneren Akzeptanz des *Auswanderns von Fachkompetenz* durch die klassischen Institutionen des Politischen. Sie haben begonnen sich abzufinden mit ihrer eng begrenzten eigenen Urteilsfähigkeit in den komplizierteren Fragen speziell des wissenschaftlich-technischen Fortschritts. Das ist einerseits notgedrungene, begrüßenswerte neue Offenheit. Es verfestigt zugleich in den Expertenwelten die irrige Vorstellung, es werde ohne sie auch in Zukunft nicht mehr gehen. Die Vorstellung stimmt, soweit die Rolle im medialen Diskurs gemeint ist. Auf der anderen, machtpolitischen Seite bleibt die Bedeutung geliehen und abhängig von kühlem politischen Kalkül und seinen Intentionen.

Jenseits der Schlagzeile

Wer beschäftigt sich noch mit den *großen Trends*, wenn es aktuell immer nur auf die kleinen Trends ankommt? Die Aufmerksamkeit für ereignisübergreifende politische Theorien, in denen die sozialen und ökonomischen Prozesse reflektiert werden, hat stark abgenommen. Nur bei großen Zeitenwenden (neue Globalisierungskritik, globaler Terrorismus) gibt es einen gewissen kleinen Hunger nach größeren Würfen – die dann freilich mit der üblichen Aufmerksamkeitsfalle zu kämpfen haben: Eine neue These ist genau einmal interessant – dann, wenn sie neu ist. Die entwicklungspolitische Problematik etwa müsste von der Sache her ein zentrales Ressort jeder Regierung sein – während in Deutschland doch bis zuletzt viele glaubten, dieses Ressort sei ganz verzichtbar, nötig nur als eine Unterabteilung der Außenpolitik. Organisieren lässt sich alles, insofern ist die Ressortfrage an sich nicht zentral. Das Beispiel zeigt aber, wie schnell dabei auch die aktuelle Bedeutung politischer Denkdimensionen wechselt.

Die Frage nach der Strategiefähigkeit der Politik wird insofern ungeheuer komplex. Es ist ausgehend von der Unterstellung inhaltlich-politischer Intentionen letztlich die Frage danach, wie eine durch vielfältige Einflussfaktoren bestimmte öffentliche Stimmung auf politische Ziele hin beeinflussbar wäre. Aber diese Unterstellung ist längst nicht mehr alternativlos. Die politische Strategie kann auch darin liegen, die gerade vorhandenen politischen Stimmungen und parallel die (so empfundenen) inhaltlichen Sachzwänge jeweils so schnell und professionell in der eigenen Politik auszudrücken, dass die Konkurrenzparteien abgedrängt werden in die Rolle der Vertretung von Minderheiteninteressen. Letzteres ist längst mindestens gleichgewichtig, oft auch schon prioritär der Ausgangspunkt politischer Strategieüberlegungen.

Im Geflecht aus Intention und Anpassung sind nicht selten die Experten die Letzten, die (gelegentlich nicht ganz ohne Eigeninteressen) noch Ziele einklagen, die insofern die Anwälte der intentionalen Seite von Politik geblieben sind. Die aus ihrer Sicht gestellte Frage von Strategiefähigkeit wird auf der politischen Seite dann als mitunter realitätsinadäquat erlebt; es ergibt sich eine Art natürliche Konkurrenz mit gelegentlich manifesten Verständigungsschwierigkeiten und Kontaktabbrüchen – oder Assimilierungsformen. Oft sind es nur die „ganz großen“, als Kontaktpartner unverzichtbaren Intellektuellen, die Verbandsmächtigen oder Publikumsmagneten, die auf ihre besondere Weise akzeptiert bleiben, deren herausgehobene Rolle dann aber auch weit entfernt ist von den Machtfragen des Politischen.

Spannend wäre es, die Genese populärer Dogmen zu untersuchen. Vieles spricht dafür, dass aus dem bunten Strauß von Theorieangeboten letztlich der Erklärungsstrang sich durchsetzt, der ökonomisch bzw. politisch machtkonform verwendbar ist, der also den Akteuren in den Entscheidungszentren recht kommt, von ihnen aufgegriffen wird und der Medienwelt damit zugleich als plausibel und relevant erscheint. Das spräche für eine starke Machtkomponente beim Zustandekommen von Denk-Moden. Nicht unbedingt eine bewusst geplante Komponente, aber in einem objektiven Sinn eine logische: Die Medienlogik wäre dann nicht unbedingt die aktiv prägende, als die sie den Politikern häufig erscheint, sondern eine abgeleitete.

Geradezu frappierend zeigt sich die Prägekraft aktueller Dogmen immer wieder anhand der Wirtschaftsprognosen und der jeweils beigegebenen wirtschaftspolitischen Handlungsanleitungen. Die Wahrnehmung von Konjunkturverläufen folgt in Europa ebenso wie die Konjunkturverläufe selbst den vorangegangenen Entwicklungen in den USA, und es fehlt in der ökonomischen Expertenkultur nach wie vor weitgehend die Fähigkeit zur kritischen Distanz zu den dortigen Denkvorgaben. Das erwies sich besonders anhand der gravierenden Fehlprognosen vor Beginn der aktuellen, keineswegs nur dem 11. September 2001 geschuldeten Rezession. Manchmal ist andererseits schlicht die Erkenntnis der Feind der Schlagzeile. Mit der Zeit werden, siehe Wahlbeteiligungsforschung, auch gesicherte Erkenntnisse langweilig – bis zum Tag nach der nächsten Wahl, wenn das Erschrecken wieder einmal groß ist darüber, dass in bestimmten gesellschaftlichen Segmenten Partizipation real kaum mehr stattfindet oder überwiegend rechtspopulistisch gewählt wird. Man wusste all das vorher. Es hat nur niemanden interessiert und die Parteien waren darüber bis zum Wahlabend auch nicht unbedingt traurig gewesen, weil ihnen wirkungsvolle Strategien dagegen fehlen und in der mediengerechten Profipolitik eines unbedingt vermieden werden muss: die Produktion eines Themas, das durch die Produzenten nicht „gewinnbar“ ist.

Für die Strategiefähigkeit des unkorrumpierten Experten ergeben sich daraus einige offene Fragen. Die gravierendste bleibt, ähnlich wie beim seriösen politischen Journalismus: Wenn das Gegenüber, die in ihrer Inszenierung hochgradig professionalisierte Politik, bei gleichzeitiger Marginalisierung ihrer eigenen sozialen Basis im täglichen Entscheidungsprozess nicht mehr ernsthaft-neugierig, sondern nur funktional-interessengeleitet mit Expertenthesen umgeht, ergibt sich ein gravierendes Kommunikationsproblem. Es zeigt sich darin, dass Interventionen, von woher auch immer sie kommen, nur aus der Sicht der politikinternen Koordinatensysteme wahrgenommen, also: ignoriert oder assimiliert werden. Es ist auch die Frage nach der Restexistenz einer von der Gesellschaft her prägbaren Öffentlichkeit jenseits mediengesellschaftlicher Mechanismen des Öffentlichkeitsmarktes. Diese partizipatorische Öffentlichkeit ist nicht selbstverständlich, sie muss auch und gerade in einer Mediengesellschaft ständig erstritten werden.

Daraus folgt ein objektives Dilemma. Wenn das System Politik die Strategiefragen nahezu ausschließlich kurzfristig und ereigniskonform definiert, wird Theorie entweder zum Steinbruch, aus dem sich jeder das Passende herausklaubt – oder sie passt sich selbst an, liefert immer den gerade brauchbaren Überbau. *Viel spricht da für eine reflektierte, bewusste Distanz*. Denn erst aus ihr heraus wird ein Defizit wieder bewusst, das in Zeiten der Globalisierung doppelt schwer wiegt: Es mangelt an einer intellektuellen Debatte im Land, die in den großen Grundfragen selbst das geistige Klima prägen und damit die Bedeutung aktuell-medialer Tagesstimmungen relativieren könnte. Dies erlebt im Wahlkampf 2002 jetzt auch die immer so stark am ausmoderierten Konsens interessierte Koalition des Medienkanzlers: Ohne stimmungsunabhängige Ziele verkümmert der Begriff Strategie, inhaltlich betrachtet und abgesehen von aller handwerklichen Professionalität, schnell zu einem anderen Wort für Opportunität.

Matthias Machnig

Strategiefähigkeit in der beschleunigten Mediengesellschaft

Strategie heißt gezielte politische Führung, das Aufstellen von präzisen Regeln, verbindlichen Abläufen und darauf aufbauenden politischen Planungsprozessen. Strategie basiert auf Erfahrung, Wissen, Antizipation und ist der Versuch, diese Elemente fortzuschreiben und nutzbar zu machen. In der heutigen komplexen politischen Landschaft scheint dies schwierig, viele halten es gar für unmöglich. Vieles muss neu gedacht, neu entwickelt werden, ohne genau zu wissen, wie sich Themen, Ereignisse, Prozesse häufig abrupt neu sortieren.

Strategisches Denken wird häufig verwechselt mit programmatischen Entwürfen. Sicherlich gehören komplexe Wert- und Zielorientierungen dazu, gewissermaßen als Koordinatensystem. Unter den Bedingungen der Mediendemokratie brauchen Parteien aber vor allem

- ein Gesicht (Personifizierung), denn Personen stehen für Kontinuität, Orientierung, Werthaltungen und vermitteln Vertrauen über Lösungs- und Zukunftskompetenz,
- ein Etikett (Botschaften), denn wegen der enormen Komplexität von Sachthemen und konkurrierenden Akteuren kann Politik einem breiten Publikum nur über eine symbolische Kasuistik Themen vermitteln,
- ein Aroma (Stilistik), denn Parteien brauchen in der differenzierten Mediengesellschaft Wiedererkennungsmuster,
- einen Markenkern (Leitbilder), denn Werte und Leitbilder sind für die Orientierung, das Vertrauen und die Zustimmung der Menschen wichtiger als einzelne Instrumente, die häufig die politische Debatte beherrschen.

Insofern sind Parteien Marktteilnehmer, für die möglichst viele Kunden gesucht werden. Im Falle der Volkspartei SPD geht es um einen Marktanteil von 40 Prozent plus x, also die Sicherung der strukturellen Mehrheitsfähigkeit unter branchenspezifischen Bedingungen.

In der Politik gibt es andere Regeln und Voraussetzungen als im Gros der anderen „Branchen". Das Produkt hat ständig wechselnde thematische Facetten, die Definition des Produkts ist umkämpft, eine Vielzahl von Akteuren ist engagiert. Die Budgets für politisches Marketing sind vergleichsweise niedrig und das Produkt „Politik" sowie seine Macher sind schwer im Zaum zu halten. Die Herausforderung, täglich schnell und flexibel zu reagieren, unterscheidet politische Kommunikation von der Marken-Kommunikation. Die schnelle Abfolge von Ereignissen und handelnden Personen schafft eine wahrscheinlich einzigartige Wettbewerbssituation. Politologen und Kommunikationswissenschaftler wie z.B. Joachim Raschke beschreiben ein magisches Viereck. In einem professionellen Zusammenspiel zwischen kompetenten Personen, den Parteien als zunehmend symbolischen Akteuren, den Wählern und den Medien sehen sie das politische Handlungsfeld abgesteckt.

Es geht um Mehrheiten und um gesellschaftliche Allianzen

Was setzt den Maßstab für Strategiefähigkeit? Erfolg ist erkennbar an Zustimmung in der eigenen Organisation, an Bewertungen in Medien, am Verhalten von organisierten Interessengruppen, in erster Linie aber an Wahlergebnissen. Oberstes Ziel politischer Steuerung ist die Gewährleistung einer längerfristigen strukturellen Mehrheitsfähigkeit bei gleichzeitiger Problemlösungskompetenz. An diesem übergeordneten Ziel muss sich politisches Management, muss sich der Versuch politischer Steuerung orientieren. Denn ohne das Mandat einer Mehrheit bleiben Programme Papier, bleibt Organisation Selbstzweck. Dies heißt nicht Beliebigkeit, dies heißt nicht Stimmungen, Wahlergebnisse oder Meinungsforschung zum alleinigen oder auch nur vorrangigen Maßstab seines Handelns zu machen. Aber es heißt, politische Initiativen und Diskurse immer wieder unter dieser Frage zu bewerten.

In den frühen 90er Jahren sprachen Wahlforscher von der neuen Beweglichkeit der Wähler. Heute lässt sich mit einiger Berechtigung eine zugespitzte Kennzeichnung aus der kommerziellen Marktforschung verwenden, die von „hybriden Konsumenten“ spricht. Der Wahlerfolg der sogenannten Schill-Partei im Herbst 2001 in Hamburg gehört in diesen Kontext. Wie lange Wählerallianzen Bestand haben, hängt davon ab, wie eine Partei mit ihrem Personal, ihrer Symbolik, ihrem Programm und ihren Tätigkeiten strategisch integrieren kann.

Mit neuen Lebensformen sind veränderte sozialmoralische Milieus, Prioritäten, Interessen und Erwartungen an Politik verbunden. Die Umbrüche in der Arbeitswelt und der Wandel der Lebensstile verändern seit längerem sozialdemokratische wie christdemokratische Milieus und ihre Integrationskraft. Deutlich geschmolzen ist in der Folge nach Erhebungen sowohl der SPD wie der Konrad-Adenauer-Stiftung aus dem Jahre 2001 die feste Wählerschaft. Als Kernbestand des SPD-Potentials (wie des Unions-Potentials) gelten 10 - 13 Prozent, die gleiche Größenordnung wird für die Gruppe der Randwähler geschätzt. Besonders fluid ist die Situation in Ostdeutschland. Bis zu zwei Drittel gelten dort als Wechselwähler. Zugleich sprechen dort fast 60 Prozent den Parteien nur eine geringe Lösungskompetenz zu.

Es gibt ein Prozent an Politik Hochinteressierte, 10 Prozent Interessierte, 15 Prozent mäßig Interessierte, bis zu 75 Prozent kaum oder gar nicht Interessierte. Die gemessene Bereitschaft zur Wahl zu gehen bzw. die jeweilige Wahlbeteiligung sind vor diesem Hintergrund an Unbestimmtheit eher überraschende Größen. Es gibt einen bescheidenen Grundstock an Kernwählern, mehr nicht. Der Rest muss gewonnen werden. Dies geschieht wesentlich stärker als früher über medienvermittelte Kommunikation. Politische Kommunikation und ihre Steuerung ist damit ein wesentliches Element der Strategiefähigkeit: Politische Kommunikation

- macht Politik sichtbar und erfahrbar,
- vermittelt Orientierungs-, Vorstellungs- und Deutungsmuster,
- bietet Werte und Konsensformen an,
- ermöglicht emotionalen Zugang und
- konfrontiert mit Themen.

Parteien stehen in einem weiten Kommunikationsumfeld

Parteien sind Teil einer komplexen Zivil- und beschleunigten Mediengesellschaft. Sie sind aus gesellschaftlichen Konfliktmustern entstanden und repräsentieren unterschiedliche gesellschaftliche Interessen. Politische Kommunikation orientiert sich daher wesentlich an diesen Konfliktmustern und wird wesentlich als Konfliktdiskurs konkurrierender Parteien wahrgenommen und geführt. Parteien konkurrieren allerdings – was Aufmerksamkeit, die Wahlen und die Öffentlichkeit angeht – nicht in erster Linie untereinander, sondern mit Seifenopern, Autoreklame, Madonnakonzerten. Und das alles in einer Erlebnisgesellschaft mit einer weit aufgefächerten Medienlandschaft. Und mit vergleichsweise geringen materiellen Ressourcen.

Immer mehr Verbände treten auf den verschiedenen Politikebenen an, ihre Interessen durchzusetzen. Die Zahl dieser Lobby-Verbände stieg seit 1974 um 140%. Das sogenannte Lobbying entwickelte sich zu einem Boomgeschäft, das sich stark professionalisiert hat. Zahlreiche Unternehmen bauten am Medienstandort Berlin eigene Abteilungen unter Begriffen wie „Government Relations“ oder „Public Affairs“ auf. Damit hat auch die gezielte Beeinflussung der öffentlichen Meinung zugenommen.

Über 900 Printmedien konkurrieren um die Aufmerksamkeit der Leser. In den letzten 10 Jahren hat sich die Zahl der Printmedien verdoppelt. In Berlin sind rund 4000 Journalisten akkreditiert, mit der SPD beschäftigen sich davon allein rund 300 regelmäßig. Ein Haushalt kann in der Regel 38 Fernsehkanäle empfangen, bundesweit sind es mehr als 60 Anbieter.

Mediendarstellung von Politik ist die wichtigste und oft die einzige Informationsquelle. Tageszeitungen und öffentlich-rechtliche Anstalten gelten als die glaubwürdigsten und wichtigsten Medien. Die Entwicklung der Technik und der Medien beschleunigt das Tempo immer mehr. Die Digitalisierung ist – nach der Ausbreitung des Internets – der nächste Schritt. Die neuen Medien sind im Vormarsch: 27,3 Millionen User im Alter von 14 bis 69 Jahren gehen hierzulande ins Internet. Auch als Informationsquelle gewinnt das Internet an Bedeutung.

Die Medien präsentieren sich zunehmend pluralisiert, fragmentiert und ökonomisiert. Das heißt immer mehr Medien versuchen mit einem jeweils immer kleineren Publikum Gewinn zu erwirtschaften. Unterhaltung ist Pflicht, Information hingegen Kür. Der Politik-Talk ist die Antwort auf diese

Entwicklung und mancher Beobachter spricht bereits davon, dass die Sendung „Sabine Christiansen“ Debatten im Bundestag ersetze. Diese Form des Politainment ist zum einflussreichen und vielbeachteten Politikformat geworden. Politik im Unterhaltungsformat stellt immer eine personalisierte und auf einfache Grundkonstellationen reduzierte Wirklichkeit dar. Diese Verflechtung von Alltag und Medienrealität wird mit der Koppelung von Fernsehen und Internet in den kommenden Jahren weiter voranschreiten.

Politische Öffentlichkeit war in der griechischen Polis ganz anders strukturiert als im Diskurs der Flugschriften in der frühen Neuzeit oder im Zeitalter der Massenpresse seit dem ausgehenden 19. Jahrhundert. Telepolitik bedeutet heute Regieren in der Publikumsgesellschaft, mit ihrer Ausrichtung auf die Märkte anstelle einer Orientierung an Inhalten.

Medien selektieren und machen Politik

Medien sammeln und selektieren Informationen und verbreiten diese. Dabei wird gleichzeitig nach medienspezifischen Kriterien darüber entschieden, welcher politische Akteur Öffentlichkeit erreicht und damit Einfluss ausüben kann. Die Medien berichten nicht über Geschehnisse, sie entscheiden vielmehr was, wann und wie geschehen ist. Sie bewerten und schaffen durch ihre Berichterstattung eigene Ereigniswelten. Viele redaktionelle Entscheidungen sind eine Folge der publizistischen Linie der jeweiligen Redaktionen. So ist etwa bei der FAZ jeweils ein Dreivierteljahr vor dem Wahltag die geistige Unabhängigkeit beendet. Dann gilt nur noch die Devise: Right or wrong, my party.

Medien bewerten Politiker und Parteien nach Zyklen und nach politischen Opportunitäten. Stoiber ist vor allem Kandidat der Medien und erst in zweiter Instanz ein Kandidat der Partei. Ohne diese drängenden Voten hätte Edmund Stoiber Anfang 2002 zumindest nicht so rasch Angela Merkel aus der Arena räumen können.

Parteien haben aber dennoch Potentiale autonomer Steuerung. Parteien können Stimmungen und Trends durch eigenes Verhalten verstärken aber auch abschwächen. Zumindest was die Dimensionen und die Dauer angeht. CSU/CDU wie SPD haben dazu auch in den vergangenen drei Jahren reichlich Anschauungsmaterial geliefert. Durch eine mediengerechte Öffentlichkeitsarbeit, Ereignis- und Themenmanagement können Parteien sowohl Themen als auch Zeitpunkte der Berichterstattung beeinflussen. Ein Beispiel dafür ist das Setzen einer „Mitte-Debatte" Anfang 2001 sowie Anfang 2002 durch die SPD-Zentrale. Dafür wurden programmatische Papiere, Veranstaltungen, gekaufte Werbung, Pressearbeit und Attacken auf die Konkurrenz wirkungsvoll zu einem Gesamtkunstwerk zusammengeführt.

Nicht alle Botschaften sind erfolgreich. Denn politische Kommunikation ist umkämpft – es existieren Deutungen und Gegendeutungen. Zudem ist das mediale Angebot nahezu exponentiell gewachsen. Viele bleiben im Kommunikationsdickicht der Medien hängen und gelangen nicht zum Wähler.

- Botschaften brauchen *Programmatik*: Ein Thema muss für die Wähler von Interesse und Relevanz sein, kann aber Personen, Werte und Inhalte, die im Mittelpunkt der politischen Debatte stehen, nie ersetzen.
- Botschaften müssen *inklusiv* und *exklusiv* sein: Möglichst breite Wählerschichten müssen sich angesprochen fühlen, dennoch muss das Profil von Parteien erkennbar sein. Parteien mit ausschließlich exklusiven Botschaften sind Nischenspieler im politischen Prozess.
- Botschaften müssen *glaubwürdig* sein. Nur wer glaubwürdig ist, kann überzeugen. Dazu müssen Personen, Programm und Botschaft in sich stimmig sein. Wer erfolgreich diese drei Elemente verknüpft, kann nachhaltig wirken.
- Botschaften müssen *wiederholt* werden. Nur so werden sie öffentlich wahrgenommen.
- Botschaften müssen *individualisiert* werden. Nur wenn Botschaften dem Kommunikationsverhalten von Zielgruppen entsprechen, werden diese sie aufnehmen.
- Politische Botschaften müssen *personalisiert* werden: Sie sind nur dann erfolgreich, wenn Personen sie verkörpern, denn Personen stehen für Inhalte. Sie ermöglichen dem Publikum die Identifikation mit der Politik, da handelnde Menschen Kontinuität und Orientierung in ständig wechselnden Konstellationen repräsentieren.

Politische Auseinandersetzungen sind häufig von Detaillismus in Sachthemen geprägt. Dadurch kommuniziert die politische Klasse häufig allein, aber nicht unbedingt mit denen, die sie erreichen will. Der thematische Detaillismus und die Instrumentendebatte der Politik verdecken in der Regel die unterschiedlichen Werte und gesellschaftspolitischen Leitbilder, die sich hinter bestimmten Politikauffassungen und Themen verbergen. Dies führt Politik als Technokratie vor und kann den Eindruck politischer Beliebigkeit vermitteln.

Werte, die „Vorstellung des Wünschbaren", Motiv und Grundlage für politische Identifikationen, sind eher das, was die Öffentlichkeit erwartet und konkurrierende Parteien voneinander unterscheidet. Politik – und damit auch politische Kommunikation – muss sich im Klaren sein, welche Werte von politischer Relevanz sind. Wahlen werden gewonnen über Personen, Zukunftskompetenzen, Werte und Vertrauensdimensionen, nicht über Einzelforderungen oder Programme.

Eine gesellschaftliche Wertedebatte bietet dem politischen System eine große Chance: Sie kann Politik und die damit verbundenen Wertvorstellungen und Zielsetzungen vermitteln, die politischen Silhouetten sichtbarer machen und die Menschen damit für Politik wieder begeistern. Eine Wertepolitik kann der Politik neue Anziehungskraft und Relevanz geben. Und Menschen in einer komplexen Welt neue Orientierung vermitteln.

Parteien brauchen ein strategisches Zentrum

Parteien können ihre Potentiale nutzen oder ignorieren, demontieren oder innovativ ausbauen. Wenn eine Partei scheitert, scheitert sie wesentlich an sich selbst. Zumindest was die Dimensionen und die Dauer angeht. Die SPD hat dies in den 1990er Jahren gelegentlich vorgeführt, die CDU reproduzierte nach 1998 viele dieser Fehler. Strategiefähigkeit ist, um es negativ abzugrenzen, das Vermeiden von Profilschwäche, Führungskrise und Randposition sowie von Innovationsschwäche.

Strategiefähigkeit hat Voraussetzungen. Sie hat weniger – wie häufig unterstellt – mit individueller Kompetenz oder Intuition aber sehr viel mehr mit klaren Organisationsstrukturen zu tun. Klarheit bedeutet: Jeder tut nur das, was seine Aufgabe und Funktion beinhaltet. Denn Non-Profit-Organisationen neigen zu Überpolitisierung, im Zweifel fühlt sich jeder für jede Sachfrage zuständig und kompetent. Strategiefähigkeit entwickelt man so jedoch nicht. Denn der Wähler hat den sicheren Instinkt, dass Handlungsfähigkeit und Geschlossenheit eng zusammenhängen. Vielstimmigkeit wird als Ratlosigkeit, lange Kontroversen werden als Schwäche interpretiert. Nun sind bekanntlich Volksparteien heterogene soziale Gruppen mit einer Vielzahl einflussreicher und selbstbewusster Akteure: Ministerpräsidenten, Kabinettsmitglieder, Fraktionssprecher u.a.m.. Besonderheiten wie Flügel, Personengruppen, Regionen oder Traditionen bilden sich ab in den nach Statut vorgeschriebenen Gremien, in Präsidien und Parteivorständen.

Erfolg ist aber in hohem Maße davon abhängig, inwieweit sich aus formalen Führungssegmenten ein allseits akzeptierter Kern mit verbindlichen, gleichwohl selten fixierten Regeln und verteilten Rollen, akzeptierten Autoritäten und – bei aller Interessenvielfalt – ein Kern von gemeinsamen Zielen herausbildet. Ist dies der Fall, kann man tatsächlich von einem strategischen Zentrum sprechen, das:

- Themen, Akteure und Vorgehensweisen regelmäßig, verlässlich und nachvollziehbar *koordiniert*,
- auf das Wesentliche, auf Schlüsselthemen und deren personelle, symbolische und inhaltliche Besetzung *konzentriert*,
- Klarheit, Anerkennung und unterschiedliche Wertfundamente von Entscheidungen in *Kontroversen* kenntlich macht.

Nur wenn es gelingt, diese vier K's: Kompetenzklarheit, Koordination, Konzentration und Kontroversen zu verbinden, kann zielgerichtete politische Kommunikation gelingen.

Konsens, Moderation und Führung

Politische Prozesse sind unübersichtlicher geworden. Die nationalstaatliche Politikebene ist durch eine europäische erweitert, durch eine globalisierte beschränkt worden. In der „Wallungsdemokratie" fällt es nicht leicht, Programme und Planungen über einen längeren Zeitraum vorzunehmen. Leadership gehört in den angelsächsischen Ländern zu den wesentlichen Themen und Kriterien bei Wahlentscheidungen. Auch die deutschen Wähler wollen politische Führung, symbolisch wie faktisch, situativ wie orientierend. Entgegen manchen Vermutungen sind auch die sozialdemokratischen Parteien an Führung interessiert, zumindest dann, wenn auf diese Weise Erfolge erreicht werden. Neue Probleme erfordern neue Antworten. Auch dann, wenn sie mit den Traditionsbeständen der eigenen Partei nicht immer deckungsfähig sind. Es ist die Attitüde sachorientierter Politik – eine neue Politik neuer inhaltlicher Balancen, die der Kanzler der Mitte bevorzugt. Problemorientiertes Management mit Allianzen auf Zeit ist eine notwendige Antwort auf die komplexen Sachfragen, auf die extrem beweglichen Wähler und die Schwierigkeiten, angemessene Lösungen in den parlamentarischen Verfahren mehrheitsfähig zu machen.

Dem Ziel moderierter Konsensbildung dienen das Bündnis für Arbeit, Räte und Kommissionen, so eingesetzt zu den Themen Bundeswehr, Zuwanderung, Gentechnologie u.a.m.. Sie sollen der Regierung Kompetenz zuführen, der Opposition ein Ausscheren erschweren, mitunter auch helfen, Krisen zu bewältigen. Wichtigstes Beispiel im Frühjahr 2002 ist die Kommission unter Vorsitz des Kanzler-Vertrauten Peter Hartz (VW-Vorstand), die die Bundesanstalt für Arbeit umbauen und revitalisieren soll. Verhandlungsdemokratie meint eine Steuerung durch Integration von Interessengruppen und Konsens der Beteiligten – auch außerhalb des Bundestages. Die Steuerung läuft über unterschiedliche Gremien, braucht aber erkennbar einen zentralen Akteur, der die Personifizierung des strategischen Zentrums ist.

„Innovation und Gerechtigkeit" war der orientierende Rahmen bei der Bundestagswahl 1998. Im Wahljahr 2002 soll das 1998er Bündnis von Mitte-Wählern, die mehr Bewegung wollten, und von sicherheitsorientierten Stammwählern der alten SPD, die zu viel Bewegung fürchteten, neu zusammengeführt werden. Der für entscheidend gehaltene „Vertrauensfaktor" liegt dabei in der Personifizierung des politischen Programms und im Programm selbst, einem Programm der wertorientierten Zukunftsgestaltung.

Die Bundestagswahl 2002 hat eine kulturell-gesellschaftspolitische Dimension. Sie ist eine Auseinandersetzung um Zukunft und Vergangenheit und um die Frage, ob Reformkorridore offen gehalten werden oder ein Rückfall in die gescheiterte Politik der 1990er Jahre droht. Die Auseinandersetzung um Zukunft und Vergangenheit ist eine Auseinandersetzung zwischen einer modernen sozialen Mitte und einer altbürgerlichen Mitte. Dahinter stehen unterschiedliche gesellschaftspolitische Werte und Leitbilder. Die SPD hat im Wahljahr 2002 frühzeitig die Mitte besetzt, mit Symbolen, Bildern, Dokumenten sowie einem Kongress im Februar 2002. Diese Offensive veranlasste die Konkurrenz zu nervösen Reaktionen und entsprechenden Berichten in den Medien. Die politische Mitte ist für die Sozialdemokratie der inhaltliche Anspruch, neue Balancen in der Gesellschaft zu schaffen, die Wandel und Sicherheit, Innovation und Gerechtigkeit, Modernisierung und soziale Verantwortung, Fortschritt und Nachhaltigkeit, Konsens und Führung miteinander verbinden. Politische Mitte bedeutet nicht Verzicht auf Richtung oder Veränderung und schon gar nicht Verzicht auf den Ausweis von Werten. Politik der Mitte ist ein Projekt neuer gesellschaftspolitischer Balancen mit dem Ziel der inhaltlichen und sozialen Integration unterschiedlicher Schichten und sozialer Milieus. Mitte ist ein politisches Prinzip für eine moderne Gesellschaftspolitik.

Es gibt heute eine moderne soziale Mitte. Sie besteht vor allem aus Milieus der Arbeitnehmer und eines neuen Bürgertums, die als Angestellte oder Selbständige mit qualifizierten Abschlüssen in den Kernbereichen alter wie neuer Ökonomie, häufig in verantwortungsvollen Positionen tätig sind. Diese Menschen haben persönliche Beziehungen und orientierende Funktionen in die Netzwerke der Gesellschaft hinein. Sie schätzen einerseits Leistung und prüfen deshalb sorgfältig Gerechtigkeitsmaßstäbe. Sie sind am Zusammenhalt der Gesellschaft interessiert und fühlen sich dafür mit verantwortlich. Wichtig ist für sie die Realisierung ihrer Ansprüche, u.a. ihre Arbeit und ihr Familienleben miteinander gut kombinieren zu können. Für diesen Personenkreis ist Mitte ein Lebensgefühl, ein Politikstil und eine wertorientierte Zukunftsprogrammatik. Politische Strategie- und Kommunikationsfähigkeit im Wahljahr 2002 wird sich daran erweisen, wer diese Auseinandersetzung um die politische Mitte in Deutschland personell, programmatisch, symbolisch und stilistisch gewinnen kann. Der Mitte-Diskurs ist ein Diskurs über die politische Deutungsfähigkeit und die Leitorientierung künftiger Politik.

Nur lernende Organisationen sind strategiefähig

Organisationslernen kann heute nicht mehr als „intuitiver“ Prozess verstanden werden, der gleichsam natürlich verläuft und zu Ergebnissen führt, oder als Element von Wandlungsprozessen (z.B. „turnaround“, „reengineering“,

Umstrukturierung), sondern als strategische Aufgabe. Modernisierung ist dann eine ständige Lernhaltung und Weiterentwicklung. Parteien müssen Analysen und Prognosen kennen, Zusammenhänge und Trends. Das notwendige Wissen ist nicht per se vorhanden. In den Parteien – aber auch anderswo – wird es nicht immer vorgehalten.

Organisationslernen findet zwar auf individueller Ebene statt, ist aber mehr als die Summe des Individuallernens. Es gibt in einer Partei Kenntnisse und Kompetenzen, die in unterschiedlichen Formen gespeichert werden, beispielsweise in der Kultur, in Strukturen, in Routinen. Organisationslernen kann nicht durch vereinzelte Maßnahmen wie Fortbildungskurse für Mitarbeiter oder Managementberatung herbeigeführt werden. Lernen wird heute zunehmend nicht mehr als spezifische Leistung betrachtet, sondern als ein in den Arbeitsablauf eingebetteter Prozess.

Wer Erneuerung als punktuellen Eingriff praktiziert, ist schon gescheitert. Stattdessen ist ein stetiger Prozess der Vitalisierung erforderlich, aufeinander abgestimmt und parallel verlaufend in den Bereichen Personalentwicklung, Organisationsentwicklung und Programmentwicklung. Dafür notwendig sind Stäbe und Logistik, Beratung und Lernpartnerschaften. Wissen wird mit Hilfe von Experten erworben, verarbeitet und in strategische Konzepte eingebaut.

Organisationslernen bedeutet Anstrengung, für den Einzelnen aber auch für die gesamte Organisation. Die SPD ist seit Regierungsantritt in einem Prozess der permanenten Modernisierung. Ein Beispiel ist die Reorganisation der Parteizentrale in den Jahren 2000/2001. Eine moderne Parteizentrale definiere ich als organisierenden Kern. Um diesen herum sollten, tief gestaffelt, konzentrische Kreise von Aktiven, Funktionären, Unterstützern, Interessierten aufgebaut sein. Wer derartige Netzwerke schafft und pflegt, kann sich in der Mediengesellschaft als Bezugspunkt von orientierenden Debatten und als Ort wichtiger Entscheidungen behaupten.

Die eigene Arbeit wird in mittel- oder längerfristig angelegten Projekten systematisiert. Innerhalb dieser Projekte gibt es unterschiedliche Formen der Mitarbeit sowie der Unterstützung von außen. Dieses weite Umfeld ermöglicht stetige Dialoge, Partizipation und Zufuhr von Information und Wissen. Diese Formen müssen nicht in herkömmlicher Weise auf innerparteiliche Kartographien Rücksicht nehmen und können daher unbefangener arbeiten. Keine Partei kann aus eigenen Mitteln mit dem Tempo und der Vielfalt gesellschaftlicher Entwicklung Schritt halten. Wer Netzwerke schafft und pflegt, kann sich in der Mediengesellschaft als Bezugspunkt von Diskursen und als Ort wichtiger Entscheidungen behaupten. Mit Wissenschafts-, Kultur- und Familienforen werden strategisch wichtige Communities und Themenfelder mit den Entscheidungszentren der SPD vernetzt. Rekrutierung, Qualifizierung und Präsentation für die nächsten Generationen werden nicht länger den Zufälligkeiten der innerparteilichen Sozialisation überlassen.

So kann man Erfolge ermöglichen

Parteien können Stimmungen und Trends durch eigenes Verhalten verstärken oder verändern. Für beide Varianten hat die SPD schon reichhaltiges Anschauungsmaterial geliefert. Im Wahljahr 1998 passte bei der SPD alles zusammen: Personen, Programm und Partei, Stimmung und Inszenierung. Bei einer sehr guten Ausgangslage wurden alle Potentiale genutzt. Grundlage dafür waren gute Planung, systematische Arbeit und strategische Führung sowie

- *Führungsfähigkeit* mit einer personellen Aufstellung, die Autorität nach innen und nach außen verkörperte,
- *Kommunikationsfähigkeit* mit Geschlossenheit und Eindeutigkeit,
- *Markenfähigkeit* mit Konzentration auf integrative Kernbotschaften,
- *Mobilisierungsfähigkeit* mit einer leistungsfähigen Organisation.

Wir haben keine amerikanischen Verhältnisse. Es besteht aber kein Zweifel daran, dass politische Kommunikation über Medien, insbesondere das Fernsehen, dimensioniert wird. Trotz aller Medienmacht bleibt es bei einem spannenden Wechselspiel zwischen Politik und Medien. Strategiefähigkeit ist dabei die Voraussetzung für die Behauptung der Parteien in der Mediengesellschaft. Trotz aller Unberechenbarkeiten, systematische Arbeit zahlt sich aus.

Klaus Hänsch

Anmerkungen zur Strategiefähigkeit in der Politik

Es gibt keine politische Führung ohne den Willen und die Fähigkeit zur strategischen Steuerung politischen Handelns. Daran gemessen ist es erstaunlich, wie achtlos die Politische Wissenschaft an dem Thema der Herstellung von Strategiefähigkeit und strategischer Steuerung von Politik in den vergangenen Jahrzehnten vorbeigegangen ist. Der Hamburger Politologe Joachim Raschke ist da eine bemerkenswerte Ausnahme.

Sowohl die Mitglieder als auch die Wähler der politischen Parteien erwarten, dass die jeweilige Führung „weiß", auf welchen Wegen und mit welchen Mitteln sie die Ziele erreichen kann, um deretwillen sie unterstützt und gewählt werden will. Zu den Urweisheiten wählender Bürger gehört das Diktum Senecas: „Wer nicht weiß, nach welchem Hafen er steuern will, kennt keinen günstigen Wind." Die Menschen wollen glauben können, dass die, die gewählt werden wollen, wissen, wie sie das Ziel erreichen, zu dem mitzugehen sie die Wähler auffordern. Wer nicht bereit oder nicht in der Lage ist, dieser Strategieerwartung zu entsprechen, wird nicht gewählt.

Für die Fähigkeit zu strategischer Steuerung ist es irrelevant, ob es sich um eine formell installierte oder informell gebildete Führung handelt. Desgleichen spielt es keine Rolle, ob es Personen oder Parteien in einer politischen Einheit um Machtgewinn, Machterhalt oder Beteiligung an der Macht geht, um die Durchsetzung oder Abwehr bestimmter Leitideen für die Ordnung der Gesellschaft oder um die Lösung bestimmter Sachprobleme.

„Strategiefähigkeit" wird nicht nur von Regierungen, sondern auch von jeder anderen politischen Leitung erwartet, gleichgültig auf welcher Ebene politischen Handelns sie sich befindet. Sie ist notwendig für Parteien wie für Ministerien, für die Länder wie für die Bundesrepublik und auch für die Europäische Union. Politisches Handeln strategisch steuern kann, wer in der Lage ist, zur Erreichung programmatisch vorgegebener Gestaltungsziele bzw. selbstgesetzter Machterhaltungs- oder Machtgewinnungsziele autonom strategische Ziele zu setzen.

Zentrale strategische Ziele sind die Beherrschung des politischen Raums durch seine Besetzung u.a. mit Themen, Leitbegriffen und medialer Präsenz, die möglichst autonome Verfügung über den Faktor „Zeit", die Disposition über sachliche und personelle Ressourcen sowie die Fähigkeit, Normen und Regeln in politischen Entscheidungsabläufen zu setzen und zum eigenen Vorteil nutzbar zu machen.

Die Strategiefähigkeit einer politischen Führung beruht darauf, die Kenntnisse über die eigenen Ziele und über den Umfang und die Einsatzfähigkeit der eigenen politischen, ökonomischen und personellen Ressourcen mit den Informationen über die Ziele, strategischen Fähigkeiten und Ressourcen der politischen Gegner sowie über die Entstehung, Entwicklung und Zielrichtung von durch eigenes Handeln nicht beeinflussbaren Faktoren miteinander zu kombinieren, zu einsetzbaren Instrumenten zu kondensieren und auf die strategischen Ziele zu konzentrieren. Und sie beruht endlich auf der Schaffung strategischer Optionen und der Entscheidung zwischen ihnen.

Informationen können und müssen mit Hilfe von Demoskopie, Marketing- und Medienexperten usw. erworben, Ressourcen und Instrumente durch Planung und Organisation gestärkt und operabel gemacht werden. Ein strategisches Konzept als Grundlage für strategische Steuerung entsteht allerdings erst durch die Kombination der verschiedenen Elemente.

Der Entwurf einer Strategie ist immer eine intellektuelle Leistung, die Entscheidung für eine bestimmte Strategie beruht immer auch auf Intuition. Nicht immer sind Informationen in wünschenswertem Maße vorhanden oder zu gewinnen. Die Lage nach dem Angriff auf die USA am 11. September 2001 ist dafür ein Beispiel. In solchen Lagen muss Intuition in einem mehr oder weniger starken Maße Information ersetzen.

Strategische Steuerung ist nicht „demokratisierbar". Für die heikle Zusammenführung von Informationen, Planungen, Entscheidungen ist persönliches Vertrauen zwischen den Beteiligten unabdingbar. Es kann sich nur in einer kleinen, geschlossenen Gruppe entwickeln. Schon ihre Zusammensetzung ist eine Führungsentscheidung und nicht delegierbar. Das gilt sowohl für eine formell eingesetzte wie für eine informell zusammengesetzte Gruppe. Darüber hinaus ist politisches Handeln immer auch auf die Überwindung sachlicher, personeller oder gesellschaftlicher Widerstände gerichtet. Also wird strategische Steuerung beeinträchtigt bzw. leichter konterkarierbar, wenn die verfolgte Strategie mehr als unvermeidbar bekannt wird. Der Entwurf einer Strategie und ihre Umsetzung in operatives Handeln verlangen ein gewisses Maß an Geheimhaltung. Auch deshalb muss die Zahl der Beteiligten sehr klein gehalten werden. Wird die Erarbeitung einer Strategie als ein Teil von Politik bzw. Politikherstellung in der Demokratie aufgefasst, ist ein Teil der Politik eben nicht demokratisierbar.

Die „Zivilgesellschaft" muss bei der strategischen Steuerung als Partner oder Gegner beachtet werden. Die Stärkung von „Zivilgesellschaft" bzw. zunächst ihre Herstellung kann sogar Teil eines strategischen Ziels sein. Aber an der Ausarbeitung von Strategie bzw. strategischer Steuerung kann sie nicht beteiligt sein. Schon deshalb besteht zwischen der Strategiefähigkeit politisch Handelnder und der „Zivilgesellschaft" ein Spannungsverhältnis. Es ist nicht aufhebbar.

Die Erarbeitung einer politischen Strategie und schon gar die Herstellung von Strategiefähigkeit sind über die Medien kaum kommunizierbar – weder in die allgemeine Öffentlichkeit noch in die Mitgliedschaft der eigenen politischen Formation. Jede Strategie muss versuchen, den politischen Gegner zumindest über einen Teil der verfolgten Ziele, der eingesetzten Mittel und der zur Verfügung stehenden Ressourcen im Unklaren zu lassen. Auf die Veröffentlichung strategischer Pläne würde nicht nur der politische Gegner reagieren, sondern das politische Umfeld insgesamt. Durch öffentliche Kommunikation würden die Voraussetzungen verändert, auf denen die eigene Strategie aufgebaut ist. Was die „Generalstäbler" aller Parteien vor Wahlkämpfen an öffentlicher Darstellung von strategischen Konzepten nicht nur zulassen, sondern sogar veranlassen, ist nicht Teil einer öffentlichen Diskussion über eine Strategie durch die Medien, sondern die Instrumentalisierung der Medien als Teil einer Strategie.

Zur Strategiefähigkeit gehört es, die Steuerung einer Regierung und die Kommunikation mit der Öffentlichkeit als verschiedene Elemente strategischen Handelns einzusetzen und angemessen miteinander kombinieren zu können. Bei der strategischen Steuerung von Regierungshandeln geht es um die Vermeidung von „Geräusch", bei der Steuerung von Öffentlichkeit um die Erzeugung von „Geräusch". Hier also um die Herstellung von höchstmöglicher „Reibungslosigkeit“, dort um die zuspitzende „Dramatisierung“ von Alternativen. Beides miteinander zu verbinden ist schwer. Aber eine Entkoppelung von Regierungshandeln und seiner Darstellung in der Öffentlichkeit mag zwar als taktische Maßnahme möglich und kurzfristig auch erfolgreich sein, ist als strategisches Konzept aber ein Beweis für Strategieunfähigkeit.

Große politische Reden setzen immer auch strategische Ziele und sind zugleich Instrumente strategischer Steuerung. Scheitert die Vermittlung heutzutage an den modernen Medien, die nach den Gesetzen der „Spaßgesellschaft“ im 1:30-Minuten-Stakkato arbeiten müssen und nicht in der Lage sind, die Kluft zwischen dem notwendigen Ernst politischer Information und den Unterhaltungsbedürfnissen des breiten Publikums zu überbrücken? Das Problem gibt es, aber es ist kein grundsätzliches. Charles de Gaulle mag als ein Beispiel dafür gelten, dass großer politischer Ernst sehr unterhaltend sein kann. Seine Fernsehansprachen waren in bestimmten Situationen sehr ernst und doch außerordentlich unterhaltsam, obwohl der Mann nur dagesessen und mit großem Ernst geredet hat.

Gewiss könnte niemand aus der Politik heute noch so auftreten. Die Formen der Darstellung politisch-strategischer Konzepte wechseln. Aber auch unter den modernen Medienbedingungen können Ernst und Unterhaltung in der Politik durchaus zusammengehen. Die Menschen haben ein gutes Gespür dafür, ob das Unterhaltsame an Politikdarstellungen nur Transportmittel ist oder ob es vorgibt, Substanz zu sein. Sie halten das besser auseinander, als Politiker und Medien sich das häufig vorstellen.

Hier und dort heißt es, Deutschland sei wegen seiner bundesstaatlichen Struktur und wegen bestimmter „Erblasten“ aus der Geschichte für strategische Steuerung ein schwierigeres Feld, als es andere Länder sind. Dort sei es leichter, Strategien zu entwerfen und in operatives Handeln umzusetzen. Das stimmt so nicht. Im europäischen Umfeld haben etwa Griechenland oder viele der mittel- und osteuropäischen Länder Erblasten zu beachten, die nicht kleiner sind als die, mit denen Politik in der Bundesrepublik Deutschland zu tun hat. Jede strategische Steuerung muss auf das Feld, auf dem politisches Handeln stattfindet, ausgerichtet sein und die tiefeingewurzelten Visionen, Hoffnungen, Ängste und Tabus der Gesellschaft ins Kalkül ziehen. Kompliziert ist es überall, mögen einzelne Elemente der Komplexität sich auch voneinander unterscheiden. Die besondere bundesstaatliche Struktur und die

Geschichte Deutschlands sind das politische Umfeld, auf das sich Strategie einstellen muss. Tut sie es nicht, ist sie keine Strategie.

Deutschland ist für strategische Steuerung kein schwierigerer Fall als andere Länder. Die institutionelle Komplexität politischer Mehrebenensysteme stellt zusätzliche, vielleicht auch neue Anforderungen an strategische Politiksteuerung, steht aber strategischem Handeln nicht grundsätzlich entgegen. Zur Strategiefähigkeit im Mehrebenensystem gehört allerdings ein ausreichendes Wissen über die verschiedenen Ebenen sowie die Fähigkeit und die Bereitschaft, auf ihnen zu agieren.

Spätestens seit den Verträgen von Maastricht und Amsterdam ist selbstverständlich auch die Europäische Union eine solche Ebene. Die strategische Politiksteuerung der EU-Mitgliedstaaten ist weniger durch die institutionelle Komplexität begrenzt als durch unzureichende Kenntnisse und vernachlässigte Informationen sowie durch den mangelnden Willen, die europäische Ebene zu einem Teil der nationalen strategischen Steuerung zu machen. Andererseits ist auf der Ebene der EU die Strategiefähigkeit der dort entscheidenden europäischen und nationalen Führungen hinter der zunehmenden Tragweite der Entscheidungen zurückgeblieben. Die Herstellung von Strategiefähigkeit auf der Ebene der Europäischen Union krankt an einem Paradox: Die Akteure, die es könnten, dürfen es nicht, und die es dürfen, tun es nicht.

Neuerdings werden – auch, aber nicht nur im Zusammenhang mit bestimmten Formen der Globalisierung – „Entstrukturierungen", „Entgrenzungen" usw. festgestellt, die einerseits strategische Steuerung von Politik noch notwendiger machen als zuvor, ihr aber zugleich das dafür notwendige Instrumentarium entziehen und eine Herrschaft über Raum, Zeit und Regeln unmöglich machen. Entsteht daraus ein „Strategieparadox", wie es Joachim Raschke vermutet? Die neueren Entwicklungen bringen gewiss Verluste an Berechenbarkeit mit sich. Sie können aber durch verbesserte Methoden und Instrumente der Informationsgewinnung und -auswertung kompensiert werden. Grundsätzlich neue Anforderungen an die Strategiefähigkeit stellen sie nicht. Die Einstellung auf Phänomene wie „Entstrukturierungen", „Entgrenzungen" usw. wird heute geradezu zur Essenz strategischen Handelns.

Jede erfolgreiche Strategie gebiert ihre eigenen Folgeprobleme. Je erfolgreicher strategische Steuerung ist, desto mehr verändert sie das Feld, für das sie konzipiert wurde. Gerade erfolgreiche Strategien müssen anpassbar gehalten oder gar neu angesetzt werden können, um mit den selbst geschaffenen Folgeproblemen fertig zu werden. Eine Strategie, die vorgibt oder sich darauf beschränkt, alles vorauszuberechnen, ohne sich Raum für Reaktionen zu lassen oder zu schaffen, ist von vornherein falsch angelegt. Durch strategische Steuerung einen problemfreien Raum schaffen zu wollen ist illusionär.

Politische Programme und Strategiefähigkeit dürfen nicht miteinander verwechselt werden. Grundsatzprogramme oder Regierungsprogramme sind kein Ausweis für Strategiefähigkeit und sie beschreiben keine operationalisierbare Strategie. Zwar kann die Ausarbeitung oder Veränderung eines Programms auch Teil einer Strategie sein, diese aber kann nur darauf zielen, Wege und Mittel für seine Realisierung festzulegen. Und natürlich geht es dabei um die Gewinnung von Macht, ohne die programmatische Vorstellungen nicht verwirklicht werden können. Aber strategisches Handeln, das sich auf eine gleichsam technizistische Machtgewinnungsmechanik beschränkt, ist im Grunde ein Beleg für Strategieunfähigkeit. Strategisches Handeln muss auch wertebezogene gesellschaftliche Prozesse beeinflussen und steuern wollen.

Strategische Steuerung hat es immer mit mehreren Unbekannten zu tun. Wertebezogene gesellschaftliche Prozesse verringern die Berechenbarkeit von Entwicklungen, die das strategische Handeln beeinflussen oder gar steuern sollen. Die Grenzen zwischen der notwendigen Berechenbarkeit und Planbarkeit und den zwar erkennbaren, aber nicht mehr einschätzbaren und schon gar nicht berechenbaren Veränderungen gesellschaftlicher Strukturen und Verhaltensweisen sind fließend. Zwar wird es auch künftig zur strategischen Steuerung gehören, Raum, Zeit und Optionen für Reaktionen zu lassen oder zu schaffen. Wenn allerdings strategische Steuerung die Unberechenbarkeit einberechnen muss, ist die Grenze ihrer Möglichkeiten eindeutig überschritten. So werden sich an den 11. September 2001, zum Beispiel, gesellschaftliche Prozesse anschließen, die wir noch nicht kennen, von denen wir aber wissen, dass sie sich in ihrer Substanz strategischer Steuerung entziehen werden. Die Strategien politischer Parteien können solche wertebezogenen gesellschaftlichen Prozesse entweder aufnehmen und sich ihnen anpassen oder sie werden zum Abtreten gezwungen. Auch Parteien haben ihre Zeit. Die der einen ist länger, die der anderen kürzer.

Die Erkenntnis, dass es gesellschaftliche Prozesse gibt, die nicht steuerbar sind, darf nicht dazu verleiten, den Versuch strategischer Steuerung ganz aufzugeben. Die Grenzen mögen enger gezogen sein als von Politikern gewünscht und von Bürgern vermutet, aber Strategiefähigkeit bleibt doch die Essenz von Politik. Goethes Egmont sagt das schöner: „Wie von unsichtbaren Geistern gepeitscht, gehen die Sonnenpferde der Zeit mit unsers Schicksals leichtem Wagen durch, und uns bleibt nichts, als mutig gefasst, die Zügel festzuhalten und bald rechts bald links, vom Steine hier vom Sturze da, die Räder wegzulenken. Wohin es geht, wer weiß es? Erinnert er sich doch kaum, woher er kam."

Wo solche Strategiefähigkeit fehlt, kann nur noch Glück verhindern, dass der Wagen beim ersten Stein oder Sturz zu Bruch geht. Wenn das dann doch als Beweis für eine erfolgreiche Strategie ausgegeben wird, ist das nicht einmal unberechtigt. Denn für den Schritt von der Strategiefähigkeit zur erfolgreichen strategischen Steuerung gehört von alters her auch „Fortune".

Elmar Wiesendahl

Die Strategie(un)fähigkeit politischer Parteien

Einleitung

Wann immer Wahlen in Sicht kommen, befällt die Parteien ein eigentümlicher Hang zur Zahlenakrobatik. Da werden schon gewohnheitsmäßig der Öffentlichkeit Zielgrößen präsentiert, die sie bei den bevorstehenden Wahlen zu erreichen bzw. zu überrunden gedenken. So nennen diesmal etwa die Bündnisgrünen als Wahlziel, „deutlich mehr Prozente“ als bei den Bundestagswahlen 1998 erreichen zu wollen (SZ 10.1.2002). Noch ambitionierter gibt sich die PDS, die bei den Bundestagswahlen 2002 mit mindestens 25 Prozent im Osten einen Spitzenplatz einnehmen will und für das ganze Bundesgebiet sechs Prozent anpeilt (SZ 22.1.2002). Wenige Tage zuvor hielt die PDS-Vorsitzende Gabi Zimmer dagegen noch neun Prozent Stimmenanteil für realisierbar. Und die FDP propagiert beharrlich weiter ihr „Projekt 18“, während deren Vorsitzendem Guido Westerwelle ein zweistelliges Wahlziel gegenüber den beiden „nur vorübergehend größeren Parteien“ vorschwebt (SZ 7.1.2002). Die Union bietet auf ihre Weise mit, indem das Berliner Hauptquartier ihres Kanzlerkandidaten Edmund Stoiber auf den Namen „Team Vierzig plus“ getauft wurde.

Jedenfalls setzen die Parteien mit ihren Messlatten eine Zielvorgabe in die Welt, an der sie sich messen lassen müssen. Und nichts spricht von vornherein gegen eine überlegte, zielgewisse Strategie, mit der die Parteien in die Bundestagswahlschlacht 2002 ziehen werden. Vielleicht handelt es sich aber bei diesem arithmetischen Überbietungswettbewerb um nichts weiteres als Gaukelei in einem Spiel, bei dem es sich gut macht, wenigstens so zu tun, als ob man bei dem, was man tut und vorhat, strategisch durchdachte Absichten und Pläne verfolgen würde. Resonanz findet solch eine placebostrategische Strategie allemal, weil Journalisten und Wahlforscher ersichtlich einigen Gefallen an der Rolle von strategischen Beobachtern und Analytikern des von Parteien beherrschten Geschehens finden. Politik wird dabei als ein von langer Hand geplanter Ablauf von Ereignissen rekonstruiert, in deren Mittelpunkt strategische Akteure stehen, deren Tun aus dem Zusammenwirken aufeinander abgestimmter strategischer Ziele, Motive und Handlungsweisen resultiert und die über den Ausgang des Kräftemessens befinden.

Es fragt sich nur, ob man nicht gegenüber dem strategischem Gehabe der Parteien skeptischer sein sollte, wenn etwa der ehemalige Generalsekretär der CDU, Peter Hintze, Ende Februar 1998 für die Partei als Wahlziel „45 Prozent plus X“ vorgab, während dann die Union am Wahlabend des 27. Septembers 1998 mit 35,2 Prozent der Stimmen eine saftige Niederlage einfuhr. Und sollte man nicht Spitzenpolitiker ernsthafter beim Wort nehmen, anstatt ihnen zuviel strategische Ehrerbietung entgegenzubringen? Schließlich war es kein Geringerer als Gerhard Schröder selbst, der einmal unverblümt zu Protokoll gab: „Was sich zufällig ereignet, entpuppt sich, wenn man ein bestimmtes Image hat, im Nachhinein als höhere Strategie. Darüber schweige ich dann. Das weise ich nicht zurück. Wenn man erst mal als Machtmensch angesehen wird, ist alles kühl geplant, gerinnt der Zufall zur Strategie“ (zit. nach Anda/Kleine 1996: 246).

Wozu Parteien und ihre Spitzenakteure strategisch wirklich fähig sind, bedarf vor diesem diffusen Hintergrund einer gründlicheren Klärung. Dabei geht es allein um die Strategiefähigkeit des kollektiven Akteurs Partei und nicht um weiter reichende strategische Steuerungsprobleme der Politik, die unter dem Stichwort „Party Government“ gesondert zu betrachten wären. Ohne die Akteurs- und die Organisationsperspektive zu verbinden, wird sich allerdings schwerlich eine befriedigende Antwort auf die Strategiefrage finden lassen. Denn es kommt nicht allein auf strategische Köpfe und Strategiebildung an, sondern ebenfalls auf Organisation, um einen strategischen Wurf wirklich werden zu lassen. Schließlich beginnt der Ernstfall einer Idee erst mit deren Umsetzung.

Strategiebegriff und Parteien

Verwunderlich ist es schon, dass – abgesehen von der Rational Choice-Theorie – nirgendwo sonst im akademischen Bereich bisher eine ernsthafte Debatte über die Strategiefähigkeit politischer Parteien geführt wurde. Umso verdienstvoller ist der Anstoß, den Joachim Raschke mit seinem jüngsten Grünen-Buch (2001a) gegeben hat. Dass dabei Neuland betreten wird, zeigt sich schon daran, dass – ganz anders als bei der etablierten Militär- und Unternehmensstrategie – es selbst noch an begrifflichen Grundlagen fehlt, um Parteien und Strategie zusammenzubringen. Immerhin kann man von den genannten Nachbardisziplinen einiges lernen.

Nicht jegliches geplante und zielgerichtete Handeln ist bereits per se strategisch. Es beginnt erst dort, wo vom Zeithorizont weit über den Tag hinaus gedacht wird. Handeln wird dabei immer von seinem Ende her gedacht, was voraussetzt, sich bereits bei Beginn der Strategiebildung „Klarheit über die zukünftige Marschrichtung" (Tümpin 1992: 110) zu verschaffen. Damit jedoch nicht genug, weil eine strategische Kursbestimmung eines Ziels bedarf, um darauf ausgerichtet zu werden. Alles strategische Denken folgt also einem ferneren Ziel, das durch einen erwünschten Endzustand verkörpert wird. Strategie ist damit ein umfassend durchdachter Handlungsplan, von dem im Falle seiner schrittweisen Umsetzung erwartet wird, dass die dann eintretenden Folgen im Wirkungseffekt geeignet sind, den erwünschten Endzustand herbeizuführen.

So wie bei einer Strategie einzelne Schritte bzw. Elemente zu einem auf einen Endzweck ausgerichteten Ganzen verbunden werden, verfolgen Parteien verschiedene Einzelstrategien, die idealiter aufeinander abgestimmt in ein strategisches Gesamtkonzept einmünden. Dies wäre mit einer Unternehmensstrategie vergleichbar, mit der sich eine Partei grundlegend auf einem kompetitiven Wählermarkt positioniert (Mintzberg 1991). In der strategischen Managementlehre spricht man in diesem Zusammenhang auch von der „Orientierung des Handelns an Erfolgspotentialen" (Kirsch 1991: 19), so dass auch für Parteien der „bewußte und gezielte Aufbau" und „die langfristig angelegte Sicherung von Erfolgspotentialen" (Gälweiler 1987: 265) im Mittelpunkt gesamtstrategischer Führung stehen müsste. Ohne ein theoretisches Vorverständnis und umfassende Informationen über die gesellschaftlichen, wirtschaftlichen, kulturellen und politischen Rahmenbedingungen und die Wettbewerbsposition einer Partei ist allerdings ein solches strategisches Konzept nicht zu entwickeln.

Wie und in welche Richtung auch immer Parteien Strategien entwickeln, es lassen sich dabei der Design- und der Prozessaspekt unterscheiden (Mintzberg 1998). Denn auf der einen Seite ist Strategie ein analytisches Denkkonstrukt, das schematisch die Komponenten zusammenfügt, die den Kern einer erfolgreichen Strategie ausmachen (Grant 1998). Dem Lehrbuch nach müssen Parteien danach einfache konsistente Langfristziele ins Auge fassen, sich einen profunden Überblick über die kompetitive Umwelt verschaffen, sich ein objektives Bild von den eigenen Ressourcen machen und das Ganze dann effizient implementieren. Indessen ist dies als Ausfluss einer spezifischen systematischen Denkmethodik (Schröder 2000) leichter entworfen als getan, zumal sich Strategie nicht im Entwurf, sondern erst in der praktischen Einheit von Idee und Tat bewährt und sich im Ineinandergreifen von Denken, Entscheiden und Umsetzen verwirklicht.

Dies ist mit ein Grund, warum Mintzberg und Westley (2001) aus der Prozessperspektive bei der tatsächlichen Strategieentwicklung wenig von einem Masterplan erkennen können. Strategie kann für sie genauso gut aus einer plötzlichen visionären Eingebung resultieren als auch aus einem mehr oder minder ziel- und planlosen „Herumprobieren", bei dem Strategie eher zufällig „emergiert".

Jedenfalls geht Strategie immer aus einem Entscheidungsprozess hervor, bei dem zur Auswahl stehende Ziel- und Mittelalternativen geprüft und selektiert werden müssen. Hierzu sind die Sozialgebilde Parteien als Ganzes nicht fähig. Deshalb kann strategische Führung auch nur von einer kleinen, positionell verflochtenen Gruppe von dazu befähigten Spitzenpolitikern und Spitzenmanagern ausgeübt werden, die ein „strategisches Zentrum" (Raschke 2001a: 25) bilden. Strategiekompetenz ist zwangsläufig ein „Elitenprodukt" (Raschke 2001a: 29), zumal Parteiführungen dazu da sind, Entscheidungen über den Alltag hinaus und von großer Tragweite zu treffen (Strøm/Müller 1999). Sie übernehmen dabei eine große Verantwortungslast, weil sie unter Umständen Weichenstellungen vorzunehmen haben, die in ihrer Erfolgsaussicht von Unsicherheit und von hohem Fehlentscheidungsrisiko bestimmt sind. Dazu noch heißt strategisch zu entscheiden, in die Zukunft zu investieren und dabei kurzfristige Durststrecken und Nachteile bewusst in Kauf zu nehmen, um erst langfristig sich auszahlende Vorteile zu erzielen oder um die „Erfolgsfähigkeit“ (Gälweiler 1987: 71) der Partei zu erhalten. Strategische Führung geht bisweilen sogar soweit, dass aus höherer Einsicht heraus schmerzhafte Opfer verlangt werden müssen und ein strategisch unabwendbarer Erneuerungskurs gegen innerparteilichen Kleinmut, Traditionalismus und organisationspatriotische Verblendung durchgesetzt sein will.

In einem Führungsgremium gebündelte Strategiefähigkeit von Parteien bemisst sich damit nicht allein an strategischer Kompetenz, sondern gleichermaßen an der strategischen Führbarkeit von Parteien, um deren Kapazitäten für die Verwirklichung strategischer Ziele und Handlungspläne nutzen zu können. Deshalb lässt sich die Strategiefrage ganzheitlich auch nur unter Einschluss sowohl der Führungs- als auch der Ausführungsseite und damit der organisatorischen Leistungs- und Einsatzfähigkeit der Partei für strategische Zwecke beantworten.

Strategiefähigkeit unter Unsicherheit

Wollen sich Parteien strategisch erfolgreich positionieren, benötigen sie ein Mindestmaß an Gewissheit und Kontrolle über ihre Umwelt. Schließlich hängt alles von gesicherten Informationen ab, um im Sinne des „Strategic Fit“-Ansatzes (Grant 1998) eine passgenaue Antwort auf die sich wandelnden Herausforderungen und Chancen geben zu können, die von außen auf Parteien einwirken. Und es geht auch um gesellschaftliche Eingriffsfähigkeit, zumal Strategie von der Zielsetzung her eine Steuerungsintention verfolgt, um die gesellschaftliche Umwelt nach konzeptionellen Gestaltungsvorstellungen zu bewahren bzw. zu verändern (Mayntz 1987).

Hieran gemessen sind die Zeiten dahin, die Parteien kognitiv und interventionistisch strategiefähig machten. Sie haben mit der Erosion ihres Milieuuntergrunds ihren festen Halt verloren. Strategisch war die Wählerlandschaft noch solange mit Hilfe eines schlichten Koordinatensystems zu überblicken, wie sie exklusive Repräsentations- und Verfügungsmacht über verlässliche Stammwählerkontingente ausüben konnten. Doch ließ die Gewissheit über die Umwelt in dem Maße nach, wie sich die politisch prägewirksame Großgruppengesellschaft auflöste und den Parteien den Weg verstellte, um bequem über die soziale Lage Anschluss zu den Wählern herzustellen.

Ihrerseits beschleunigten die Parteien von sich aus noch diesen Prozess, indem sie sich über einen strategischen Paradigmenwechsel das Wählermarktdenken aneigneten (Raschke 2001b; Wiesendahl 2000). Logisch resultierte hieraus die volksparteiliche Öffnung der alten Integrationsparteien und deren Hinwendung zu einer elektoralen Catch-all-Strategie. Die Parteien lösten sich dadurch von ihrer traditionellen gesellschaftlichen Bodenhaftung los und gerieten in einen abgehobenen Schwebezustand. Dies erhöhte zwar, wie angestrebt, ihre strategische und taktische Manövrierfähigkeit. Doch gleichzeitig konnten sie sich nicht mehr sicher sein, wie ihre flexible Standortlosigkeit von den Wählern goutiert werden würde.

Heute leben die Parteien in einer hochgradig unübersichtlichen, turbulenten, stimmungsgeladenen und ihnen gegenüber missgelaunten Umwelt. Nichts können sie sich wirklich noch sicher sein: Ihrer Anhänger und Wähler nicht, ihrer Mitglieder nicht, ihrer alliierten Verbände nicht und auch nicht der ihnen nahestehenden Medien. Das strategische Umfeld der Parteien hat sich noch dadurch verkompliziert, dass sie kaum noch auf Loyalitäts- und Vertrauensreserven in der Wählerschaft zurückgreifen können, die strategisch unpopuläre Maßnahmen erlauben würden. Erschwerend wirkt sich für die Parteien überdies auch noch der gesellschaftliche Individualisierungsschub aus, durch den die auf sie gerichteten Erwartungen immer vielfältiger, vielsagender, widersprüchlicher, fluide und stimmungs- und situationsabhängig wurden. Dies gilt auch für das pluralisierte Nebeneinander widersprüchlicher Werteorientierungen.

Selbst wenn sie über einen klaren politischen Kurs verfügen würden, fehlt es den Parteien in der politischen Arena schließlich an erforderlicher staatlicher Steuerungskompetenz, nachdem sich der alte hierarchische Staat im Gefolge wachsender gesellschaftlicher Selbstregulierung zu einem Moderator unter weiteren kooperativen Akteuren verwandelte. Jedenfalls führen die Parteien das politische Geschehen nicht mehr als anerkannte Spielführer oder gar als strategische Regisseure an, sondern haben sich mit einer weitaus bescheideneren Mitspielerrolle zu begnügen. Schließlich noch leben die Parteien auch in einer massenmedial stark veränderten Welt, in der Aufmerksamkeit knapp und rastlos ist, und Themen in immer kürzeren hektischen Konjunkturzyklen durch die Medien eilen.

Unter diesen kritisch veränderten Umweltbedingungen ist die Zeit des „Grand Designs" in der Strategiebildung abgelaufen. Ungewissheit, Berechenbarkeits- und Kontrollverlust hindern Parteien daran, Strategien auf der Grundlage „einer zweckrationalen Beziehung zwischen Zielen und Mitteln" (Raschke 2001a: 25) zu entwickeln. Strategen können subjektiv durchaus guten Glaubens sein, rational zu handeln. Objektiv stoßen sie auf klare Grenzen. Schlimmer noch verirren sich, solange wie die realen Begrenzungen strategischen Handelns ausgeblendet bleiben, politische Strategielehren für Parteien (Schröder 2000) in eine von Allmachts- und Machbarkeitsvorstellungen geprägte rationalistische Scheinwelt. Eine realistische Debatte über die Strategiefähigkeit politischer Parteien sollte deshalb auch nicht hinter den Diskussionsstand zurückfallen, der durch Herbert Simon mit dem Konzept der „begrenzt" rationalen Entscheidung gesetzt wurde (March/Simon 1958; Simon 1981).

Realistischerweise muss nämlich davon ausgegangen werden, dass mit Strategiefragen befasste Entscheidungsakteure in Parteien aufgrund der aufgezeigten gesellschaftlichen Veränderungen und individuell begrenzter kognitiver Kapazitäten schon bei der Erstellung eines objektiven Lagebildes an der schlecht strukturierten Situation und an unvollständiger Information scheitern. Auch vermögen sie sich nicht einen möglichst umfassenden Überblick über alle denkbaren oder wenigstens greifbaren strategischen Alternativen zu verschaffen. Dann wissen sie in Wirklichkeit auch nicht um die Effizienz und Erfolgswahrscheinlichkeit von strategischen Alternativen, die für Zwecke zur Wahl stehen, die sie anvisiert haben. Sie müssten aber aus Gründen rationaler, bestmöglicher strategischer Alternativenselektion die zu erwartenden intendierten und nicht intendierten Konsequenzen voraussehen und abschätzen können, was ihnen aber verwehrt ist. Hinzu tritt noch das Zielproblem, zumal Strategiebildung mit klaren und unstrittigen Zielen beginnt, die bei Parteien nicht vorliegen.

Für den Aufbau und die Sicherung von Erfolgspotentialen sind diese kognitiven Handicaps allemal prekär, weil Parteien vermehrt Unsicherheit zu verarbeiten haben. Zukünftig werden sie sich auf weiteren Berechenbarkeits- und Kontrollverlust über ihre Umwelt einzurichten haben. Sie handeln immer stärker ins Ungewisse hinein. Infolgedessen wächst ihr Informations- und Orientierungsbedarf, der jedoch nicht hinreichend befriedigt werden kann. Dies macht sie gegenüber äußeren Einflüssen weitaus verwundbarer als früher. Schlimmer noch werden Parteien in Zeiten wachsender Unsicherheit immer strategiebedürftiger und – wegen des Berechenbarkeits- und Kontrollverlustes – immer strategieunfähiger. An Entscheidungen von strategischer Bedeutung kommen die Parteien gleichwohl nicht vorbei, wobei allerdings die Wahlmöglichkeiten unter Unsicherheit keineswegs weniger werden. Doch wächst mit jeder weiteren wählbaren Option das Risiko, sich für den untauglichen bzw. falschen Weg zu entscheiden. Deshalb führt strategisches Entscheiden auch nicht zum Gewinn von mehr Sicherheit, sondern eine Unsicherheit wird nur einer anderen vorgezogen (Gross 2000).

Insofern unterliegen nur noch die Anhänger großer Strategie dem Irrglauben einer durchschaubaren und dazu noch kontrollierbaren Welt, während wohl unter den wenigen Strategen in den Parteien tiefe Ernüchterung und Verunsicherung über die tatsächlich noch absicherbaren Handlungsspielräume eingekehrt sein dürfte. An strategischen Masterplänen wird dort schon lange nicht mehr gearbeitet. Was vielmehr Top-Akteure von Parteien unter dem Deckmantel und dem massenmedialen Schein strategischen Handelns so alles tun, trägt vielfach den Charakter von Versuch und Irrtum, von Improvisation bis hin zum unsicheren, richtungslosen, sprunghaften oder umgekehrt habitualisierten Verhalten. Steht diese situationsopportunistische Logik der Taktiererei auch im schreienden Widerspruch zur Strategie, fußt sie doch auf dem erfahrungsgesättigten Kalkül, dass der Spielplan der Politik selbst keiner längerfristig angelegten Linie oder einem großen Schlachtenplan folgt. Erschöpft sich stattdessen doch die Politik, wie Walter und Dürr (2000: 8) zu Recht betonen, „überwiegend“ in „Krisenmanagement, Stückwerk und Flickschusterei“. Dazu passt eben keine strategische Vision, sondern der Primat des inkrementalen Durchwurstelns.

Strategische Zielvereinbarungsprobleme politischer Parteien

Die Arbeit an einer Strategie beginnt mit der Zielfrage. In welchem Zielbezugsrahmen sich das strategische Denken der damit befassten Spitzenakteure in Parteien bewegt, beantworten Strøm und Müller mit Hilfe eines Zieldreiecks. Es wird durch die Eckwerte „Votes“, „Offices“ und „Policies“ begrenzt: Spitzenpolitiker haben Entscheidungen im Hinblick auf Stimmengewinn, Ämtererwerb und politischen Einflusserwerb zu treffen und aufeinander abzustimmen (Strøm/Müller 1999). Anders allerdings als in der von

Strøm und Müller präferierten Welt der Rational Choice-Theorie beginnen damit erst die strategischen Zielvereinbarungsprobleme von Parteien.

Das Verhältnis zwischen Stimmen-, Ämter- und politischen Einflusserwerb wird dadurch nämlich verkompliziert, dass sie nicht von einem zentralen Standort aus gleichgewichtig und gleichermaßen greifbar zur Wahl stehen. Zwischen ihnen besteht vielmehr ein verwickeltes Abhängigkeitsverhältnis. So setzt Office-Seeking zunächst eine erfolgreiche Vote-Getting-Strategie voraus, bevor es an die Koalitions- und Regierungsbildung und die damit verbundene Ämterverteilung gehen kann. Sind dann Schalt- und Schlüsselstellungen staatlicher Entscheidungsmacht besetzt, können erst strategisch-politische Einflussnahme- und Politikgestaltungsmöglichkeiten erschlossen werden.

Nun löst sich die Zielspannung aber nicht einfach dadurch auf, dass man die drei Zielgrößen in der zeitlichen Zielverwirklichungsperspektive sequentiell hintereinander schalten würde, um erst Votes, dann Offices und schließlich Policies zu verwirklichen. Denn mit dem Streben nach Stimmen, Ämtern und Politikgestaltung gehen strategisch unterschiedliche Erfordernisse und Logiken einher, die die Zielgrößen zueinander nicht in ein komplementäres, sondern in ein konkurrierendes, sogar konfligierendes Spannungsverhältnis bringen. Zur Spannungsminderung bedürfte es deshalb eines übergeordneten Zielsystems (Laux 1991), in dem die Teilziele integriert und hinsichtlich ihres relativen Gewichts zueinander ausbalanciert werden müssten. Zu denken wäre auch an ein strategisches Gesamtkonzept, in dem die begrenzten Organisationsressourcen und Fähigkeiten von Parteien so kombiniert würden, dass sich die konkurrierenden Zielgrößen synergetisch gleichzeitig bzw. gleichgewichtig verwirklichen ließen (Scarrow 1996).

Von all dem kann in Parteien keine Rede sein, weil es an strategischer Führung oder einer Stelle fehlt, die sich solche Ideen auf die Fahne schreiben würde. Wichtiger noch ist, dass sich hinter Zielprioritäten individuelle und kollektive Interessen verbergen, die es bei der Strategieformulierung und ihrer Umsetzung zu schützen bzw. durchzusetzen gilt. Da Parteien Akteursvielfalt organisieren, verbinden sich mit der Zielfrage widerstreitende partikulare Zielpräferenzen und konfligierende strategische Interessen.

Das strategische Zielvereinbarungsproblem heutiger Parteien besteht darin, dass die innerparteilich relevanten Akteursgruppen der Berufspolitiker und bezahlten Stabsleute, Ehrenamtlichen und Aktiven in ihren strategischen

Zielpräferenzen deutlich differieren. Infolgedessen gärt zwischen den Zielgrößen Votes, Offices und Policies innerparteilich ein unausgestandener, gelegentlich aufbrechender Zielkonflikt, der die Strategiefähigkeit stark beeinträchtigt. Lösbar ist er nicht, weil die strategische Selbstverständigungsfrage nicht durch einen Prinzipal von oben oder durch Mehrheitsentscheid von unten zu beantworten ist. Ganz im Gegenteil bleiben um des innerparteilichen Zusammenhalts halber strittige strategische Ziel- und Richtungsbestimmungsfragen ungeklärt und werden im Vagen gehalten.

Für die Parteispitzen ergibt sich das strategische Optimierungsproblem, die eigenen Vote- und Office-Seeking-Interessen mit den Policy-Präferenzen der freiwilligen Mitglieder einerseits sowie Anhängern und potentiellen Wählern andererseits in Einklang zu bringen und das im Rahmen eng begrenzter politischer Gestaltungsspielräume.

Nun verbindet sich die strategische Rationalität der Parteieliten deshalb vorrangig mit öffentlichem Ämterstreben, weil es sich bei dieser Gruppe entweder bereits um „Public-Office-Holders" handelt, oder aber um Office-Seeker, die es erst noch werden wollen. Als Berufspolitiker haben sie ein persönliches Interesse an einer dauerhaften politischen Erwerbsbiografie mit entsprechender Aufstiegsperspektive. Dagegen orientieren sich freiwillige Ehrenamtliche und Aktive als Policy-Seeker ohne Interesse an einer Polit-Karriere vorrangig an dem Ziel, dass die Partei als Gesinnungsgemeinschaft fest zu ihren Prinzipien steht und diese im Falle des Wahlerfolgs auch politisch richtungsbestimmend durchsetzt (Wiesendahl 1998).

Aus dem ämterbezogenen Wahl- und Wiederwahlinteresse der Berufspolitiker heraus können diese der Policy-Priorität aus zwei Gründen nicht viel abgewinnen. Programmatische Positionierungen machen in ihrem strategischen Denksystem nur insoweit Sinn, wie sie die Vote-Getting-Chancen verbessern oder zumindest nicht beeinträchtigen. Policy-Fragen haben also, anders als bei der Parteibasis, keinen Eigenwert, sondern sind der „Wahlen gewinnen"-Logik unterworfen (siehe hierzu den Beitrag von Matthias Machnig). Im Zweifelsfall wird das Policy-Ziel zugunsten des Vote-Ziels verwässert. Zweitens ist den Parteieliten die Policy-Priorität auch deshalb nicht genehm, weil sie mit den fortwährenden Ohnmachtserfahrungen des Berufspolitikeralltags kollidiert, Politik nach starren Richtungsvorgaben von Parteiprogrammen machen zu wollen (Kaina 2001). Obendrein würde der Handlungsspielraum der öffentlichen Mandatsträger verengt, so dass sie sich nicht den andersgearteten öffentlichen, elektoralen, verbandlichen und exekutiven Policy-Erwartungen zuwenden könnten.

Der Pragmatismus der Parteieliten lehrt sie, nicht gesamtstrategisch, sondern sequentiell zu verfahren und sich immer nur auf das gerade Anstehende und Naheliegende zu konzentrieren. Erst die Wahl, dann die Ämterverteilung, dann die Mühen des Politikmachens. Dass dabei die operativen Einzelschritte irgendwie strategisch abgestimmt und verbunden wären, ist nicht ersichtlich. Vielmehr herrscht das Prinzip der losen Kopplung. Policy-Seekers an der Parteibasis tut dieser unverbundene Abarbeitungszyklus nicht besonders gut, weil damit immer auch ein Stück strategische Mitgliedervernachlässigung einhergeht. Schließlich fressen die Früchte der Macht zumeist nur die großen Tiere. Denn was gut ist für die Schröders, Fischers, Stoibers, Merkels, Gysis und Westerwelles, muss noch lange nicht gut sein für die freiwilligen Freizeitoffiziere und Mannschaften der Partei, zumal diese sich vom erfolgreichen Ausgang von Wahlen keine lukrativen Ämter oder gar berufliche Aufstiegsanwartschaften versprechen können. So verfolgen Parteien faktisch nur eine suboptimale Lösung ihres strategischen Zielvereinbarungsproblems unter Vernachlässigung der Policy-Präferenzen der Parteibasis.

Parteistrategie und Konkurrenzlogik

Parteien können sich nur unter Konkurrenzdruck, d. h. unter Störanfälligkeit ihres strategischen Handelns durch Dritte, auf dem Wählermarkt positionieren und dort behaupten. Insofern ist strategischer Erfolg immer relativ und gleicht einem Nullsummenspiel, bei dem der eigene Sieg zumeist die Niederlage des Konkurrenten bedeutet. Infolgedessen geht es immer auch um das strategische Wettbewerbsverhalten der Konkurrenz, das in das eigene Kalkül einzubeziehen ist, um vorausschauend oder in Reaktion darauf die eigenen Erfolgsaussichten zu sichern. Dies erklärt auch die ausgeprägte Gegnerfixierung der Parteien. Sie rechnen bei der Verfolgung ihrer eigenen Ziele stets damit, behindert zu werden und übelwollende Einmischungsversuche der Konkurrenz zu erleben.

Mehr an Rationalität gewinnen die dabei zu treffenden strategischen Entscheidungen nicht, weil Parteienwettbewerb, ob er sich nun um Personen,

Programme, Issues oder Kampagnen dreht, in Wirklichkeit auf lauter bereits dargestellten Umwägbarkeiten und Unsicherheiten fußt. Vor allen Dingen lässt sich nicht hinreichend genau prognostizieren, welchen effektiven Erfolg zur Auswahl stehende Mittel und Strategien am Wahlabend zeitigen werden (Wiesendahl 1999). Dies löst risikobeladene Entscheidungsnotstände aus, zumal es nicht einmal eine Gewährleistungsgarantie dafür gibt, dass auf das, was in der Vergangenheit Sicherheit gab, auch zukünftig noch Verlass ist.

Dem strategischen Konservatismus der Parteien käme „auf Nummer sicher gehen“ durchaus entgegen, weil sie über wieder und wieder eingesetzte strategische Lösungen verfügen, unabhängig davon, ob diese zu gewandelten Herausforderungen und Chancen passen. Unter Bedingungen von Unsicherheit und Verwundbarkeit ist aber das risikobehaftete Unternehmerische verlangt und nicht die Fortschreibung des Bewährten.

Die Parteien haben sich der neuen Lage durchaus gestellt und zwei Anpassungsreaktionen vorgenommen. Auf der einen Seite steigerten sie untereinander den Wettbewerbsdruck, um ihre unsicher gewordene Position auf dem beweglichen Wählermarkt zu erhalten. Die Wahlkampagnen wurden verstärkt in aufwändige Materialschlachten umgewandelt. Dies löste eine Kostenspirale nach oben aus, die speziell von der Ausgabenexplosion bei den Großparteien verursacht wurde (Wiesendahl 2002). Strategisch effizient war diese Wettbewerbsintensivierung für die Parteien sicherlich nicht, zumal sich das Kosten-Ertrags-Verhältnis pro Stimme von Wahl zu Wahl verschlechterte. Der Eskalation Einhalt zu gebieten, bestand gleichwohl keine Not, weil sich die Kontrahenten an der staatlichen Parteienfinanzierung schadlos hielten.

Auf der anderen Seite hielten sich die Parteien an das Prinzip der Vorsicht und Risikovermeidung. Strategisch ließ und lässt sich das bis heute am besten mit der Linie umsetzen, das nachzuahmen, was die Konkurrenz macht. Durch Benchmarking hält man sich strategisch an das, was sich bei der politischen Konkurrenz und den befreundeten Parteien abspielt. Beliebt ist auch der Blick ins Ausland. Imitation ist für sie ein sicherer Weg, weil sie glauben, dass das, was Mitbewerbern oder Parteien anderswo Erfolg eingebracht hat, für sie ohne Risiko auch etwas abwerfen müsste. Wie der gerade wieder aufgeflammte Kampf um die mittige Mitte zeigt, unterliegen sie in ihrem Nachahmungseifer der strategischen Konvergenz und Vermarktungsanpassung. Sie wissen allerdings um das Problem, durch politischen Standortwettbewerb auf engstem Raum und Kampagnenangleichung immer weniger unterscheidbar und profillos zu werden. Strategisch bewegungsunfähig geworden, flüchten sie sich deshalb taktisch in einen streitsüchtigen Stellungskrieg, der keinen gezielten Geländegewinn bringt, aber die Konkurrenz daran hindert, ihrerseits Vorteile zu erzielen.

Parteienwettbewerb verfolgt unter diesen Bedingungen kein erkennbares längerfristiges Ziel, sondern erschöpft sich in operativ-taktischen Scharmützeln, bei denen die Streithähne, wie sich der Eindruck aufdrängt, den strategischen Überblick verlieren. Einem deliberativen Diskurs und Wettbewerb um die bestmögliche Sachlösung ist diese vorherrschende Konkurrenzlogik jedenfalls abträglich. Ohnehin zielt die kompetitive Rationalität weniger auf die Stärkung der eigenen Erfolgsposition, sondern darauf, die Handlungspläne und operativen Schachzüge des Gegners zu dessen Nachteil zu durchkreuzen und zu vereiteln. Dabei verbeißen sich die Kampfhähne der ersten und zweiten Reihe in kleinliche Taktiererei und ritualisierte Scharmützelei, was sie zu Gefangenen einer in kleiner Münze heimzahlenden Streitkultur macht. So wie sich das strategische Denken der Spitzenakteure wie gebannt nur auf sich selbst und auf die Rivalen von der anderen Seite bezieht, lässt dies die hermetische Selbstreferenz des Politikbetriebs weiter ansteigen. Übergreifende gesellschaftliche Bündnis- und Mobilisierungsstrategien haben dabei längst das Nachsehen.

Nicht allein, dass durch diese einseitige gegnerfixierte Konkurrenzlogik das gerade in Deutschland so beachtliche Blockade- und Obstruktionspotential etwa über den Bundesrat ausgespielt würde. Nein, bedenklicher noch zielt die taktische Behinderungskonkurrenz obendrein darauf, den Rivalen die Kompetenz, Seriosität und Kreditwürdigkeit abzusprechen. Als unbedachte Nebenfolge resultiert hieraus eine destruktive Selbstbeschädigungstendenz des Parteienwettbewerbs, die wesentlich dazu beiträgt, die fachliche Reputation und Integrität der Parteien und ihrer Spitzenvertreter als Ganzes zu untergraben.

Die strategische Führungsschwäche politischer Parteien

Strategie und Organisation gehören zusammen. Ist eine strategische Idee erst einmal geboren, muss sie zu ihrer Verwirklichung praktisch werden. Deshalb bemisst sich die Effizienz einer Strategie auch nicht an der Idee, der Planung oder Konzeption, sondern an ihrer Umsetzung und Verwirklichung.

Zur Strategiefähigkeit von Parteien gehören nicht nur Kapitän und Steuermann, sondern auch noch die Matrosen und Decksleute, ohne die das Schiff nicht fährt und auf Kurs gehalten werden kann. Ist deshalb Strategieentwicklung zunächst noch auf ein kleines strategisches Zentrum begrenzt, kommt dann aber die Parteiorganisation mit den sie hervorbringenden Mitgliedern ins Spiel, um eine Strategie umzusetzen. Die Parteiorganisation kann als das verstanden werden, was Streitkräfte für die Militärstrategie ausmachen.

Dieser Vergleich ist deshalb nicht zu weit hergeholt, weil manche immer noch dem Irrglauben anhängen, Parteien ließen sich durch Kommandeure und Generalstäbler wie Armeen führen. Bei den Klassikern der Parteienforschung mag man das ja noch durchgehen lassen, dass sie sich Parteien als durchrationalisierte, zentralistisch geführte, geschlossene und disziplinierte Instrumente des politischen Machtkampfes vorstellten. Doch gerade strategisch ambitionierten Organisationspraktikern wie Matthias Machnig (Der Spiegel 10/2002) kann nicht mehr guten Gewissens abgenommen werden, Parteien durch „Koordination, Konzentration, Kontrolle" strategisch ausrichten und führen zu wollen.

Wenn es das überhaupt je gab, lassen sich Parteien zumindest heutzutage nicht mehr im Hinblick auf Zwecke, Führung, Taktik und Aktion organisatorisch durchrationalisieren und vereinheitlichen. Spätestens mit der volksparteilichen Öffnung ist die Fiktion des homogenen kollektiven Akteurs Partei zerbrochen. Die Gleichung strategisches Zentrum plus strategische Führung gleich Strategiefähigkeit geht deshalb bei Parteien als organisierten Anarchien nicht auf. Zwar ist die lose verkoppelte Anarchie strukturell förderlich, um an der Spitze der Partei ein strategisches Zentrum einrichten zu können (Raschke 2001a). Doch gibt die institutionelle Verankerung und der repräsentative Charakter von Spitzengremien für strategische Führung wenig her. Selbst Parteipräsidien sind nicht der Ort, wo strategische Richtungsentscheidungen fallen würden (Haungs 1991). Auch die strategische Entwicklungskapazität vorhandener professioneller Planungsstäbe und (eher noch seltener) „Think Tanks" ist jenseits des operativen Geschäfts mit der Lupe zu suchen.

Infolgedessen trägt die strategische Ausrichtung von Parteien eine stark individuell ausgeprägte Handschrift. Dies macht Strategiefähigkeit von den deutlich unterschiedlich verteilten persönlichen Ambitionen und Vorlieben des wechselnden Führungspersonals für strategische Fragen abhängig. Wechsel in der Führung bewirken so überraschende strategische Einschnitte und Umpositionierungen.

Selbst wenn es ein strategisch arbeitsfähiges und kompetentes Leitungsteam gäbe, wäre es gleichwohl zu bezweifeln, dass es die Partei strategisch zu steuern verstände. Denn organisierte Anarchien sind schon wegen ihrer Fragmentierung und losen Kopplung ein ungeeignetes Objekt zentraler strategischer Führung. Allenfalls reicht der starke Arm der Parteispitze gerade mal so weit, wie der weisungsabhängige Parteiapparat mehr oder minder überzeugt mitzieht. Vor den wiederborstigen Ehrenamtlichen und Aktiven ist dann Halt, weil die sich nicht vor den Karren einer ihnen aufgepfropften Parteistrategie spannen lassen, mit der sie sich nicht identifizieren. Nichts kann ihnen, und schon gar nicht per „Ordre de Mufti", abverlangt werden, was erkennbar im Widerspruch zu ihren individuellen Beitritts- und Mitmachmotiven steht. Und diese unterliegen nicht der Verfügungsmacht der Parteispitze. Umgekehrt verfügen sie über nichts, was sie in die Mitgliedschaft hineinregieren ließe oder was ihnen die Kontrolle über die Mitarbeit nicht karriereorientierter Mitglieder verschaffen könnte. Weit gefehlt bezahlen die Parteispitzen strukturell ihren Autonomiegewinn mit Disziplinierungs- und Steuerungsohnmacht gegenüber den Freiwilligen. Sie sind zwar der Kopf der Partei, doch Unterleib und Extremitäten gehen ihre eigenen Wege. Deshalb scheitert strategische Führung solange auch an der Verpflichtungsfrage, wie es nicht der Parteispitze über symbolische Führung, Ideologie und Sinnvermittlung glückt, Motivation und Begeisterung für eine große, verheißungsvolle gemeinsame Sache zu wecken, für die sich der entgeltlose freiwillige Einsatz lohnt.

Viel fällt den Vote-Strategen auf der Sinn- und Gesinnungsebene nicht mehr ein, weil zuviel Rücksichtnahme auf Prinzipien und Policy-Präferenzen der Aktiven und Ehrenamtlichen den mittigen Kurs der elektoralen Catch-all-Strategie beeinträchtigen könnte. Bliebe noch Beteiligung als Motivationsanreiz, um die Antriebsgeister der Mitglieder zur Mitarbeit zu wecken. Doch mehr als auf unverbindliche Programmarbeit kanalisierte Pseudopartizipation würde auch auf diesem Gebiet die strategischen Kreise der Vote- und Office-Seeker stören. Außerdem zerfällt innerparteilich längst die strategisch notwendige kognitive Verständigungsbasis für eine kollektiv geteilte Gewahrwerdungswelt, weil die Parteispitze nicht die Deutungs- und Definitionsmacht besitzt, um ihre persönliche Sicht der Dinge zu verallgemeinern. Ein weiterer Grund, warum strategische Führung an organisatorischer Verpflichtungsunfähigkeit scheitert.

So stehen die Parteispitzen und ihre Topmanager als Generäle verfügungsohnmächtig einem Haufen aus Freiwilligen vor, der sich strategisch nicht in Reih und Glied bringen lassen will und zudem, wenn zur Schlacht geblasen wird, jederzeit von der Fahne gehen kann. So besehen sind organisierte Anarchien, was den strategischen Entfaltungsspielraum der Parteispitze angeht, durchaus teileffizient. Gesamteffizienz resultiert daraus nicht, weil Parteien als organisierte Anarchien ein untaugliches Objekt strategischer Führung bilden. Noch größere Probleme würde in dieser Hinsicht die Netzwerkpartei aufwerfen.

Parteien in der Strategieblockade

Mit der Strategiefähigkeit der Parteien geht es abwärts. Denn Mitgliederpartei unten und elektoral-professionelle Berufspolitikerpartei oben haben sich in ihrer Organisationsrationalität und strategischen Prioritätensetzung weit auseinanderentwickelt. Strategisch bilden Parteien in ihrer gegenwärtigen Verfassung eine Fehlkonstruktion, bei der sich Parteispitze und Parteibasis gegenseitig behindern.

Immer war das nicht so. Denn sonst hätte es den historischen Siegeszug der auf freiwilligem ideellen Engagement fußenden Massenparteien nicht gegeben. Deren Organisationsrationalität wurde aber in dem Maße zum Problem, wie mit der volksparteilichen Öffnung der älteren Integrationsparteien und der strategischen Ausrichtung auf Catch-all-Vote-Zwecke die ideologische und strategische Einheit zerbrach, die einstmals Führung, Mitgliederbasis und Wählerschaft der Massenparteien eng aneinander band. Seitdem ziehen sie nicht mehr an einem Strang, sondern arbeiten eher gegeneinander.

Die Akteursgruppierungen in den Parteien gehen dadurch nicht nur auf Gefühlsdistanz, sondern driften in ihrer Mentalität, Bewusstseinslage und Gewahrwerdungs- und Deutungskluft immer weiter auseinander.

Trotz der Reibungsverluste wollen weder die Berufspolitiker und die Stabsleute noch die Ehrenamtlichen und Aktiven von ihrer Partei lassen. Trennungsgrund genug, wenn nicht die Fessel bestünde, dass beide Seiten zur Verwirklichung ihrer Vote- und Office-Ziele einerseits und Policy-Ziele andererseits aufeinander angewiesen wären.

Wirklich funktionslos wird die Mitgliederbasis dadurch selbst für Vote-Strategen nicht. Zwar setzt jede „Wahlen gewinnen"-Strategie heutzutage in erster Linie auf mediale Inszenierungs- und Kampagnenformen, ohne jedoch die unmittelbare Face-to-Face-Kommunikation und den traditionellen Straßenwahlkampf für Vote-Zwecke vollends vernachlässigen zu können. Medienzentrierte Personalisierung der Politik bürgt für sich genommen noch lange nicht für Wahlerfolg (Pappi/Shikano 2001), sondern muss im Sinne eines strategischen Mix durch eine organisatorische Mobilisierungsstrategie ergänzt werden.

Dies ist auch der Grund, warum sich Vote-Strategen der Ehrenamtlichen und Freiwilligen als Fußsoldaten des lokalen Wahlkampfgeschehens nicht entledigen können. Die Crux ist nur, dass sich diese Basismitglieder nicht wie gewünscht für die Rolle als „Campaign Soldiers" in Catch-all-Kampagnen einspannen lassen. Disziplinierungsmöglichkeiten, um sie elektoral zur Ordnung zu rufen, gibt es nicht. Zusätzliches Geld, um sie durch bezahlte und dadurch weisungsabhängige Hilfskräfte zu ersetzen, auch nicht. Also bleibt den Vote-Strategen nicht erspart, sich widerwillig mit der eigensinnigen und undisziplinierten Fußtruppe aus dem eigenen Haus zu arrangieren. Die durch die Ehrenamtlichen und Aktiven repräsentierte Mitglieder- und Programmpartei steht ohnehin nur noch als leere Beschwichtigungsformel in Kurs, um die noch nicht abspenstig gewordenen freiwilligen Unteroffiziere und Fußsoldaten bei der Fahne zu halten. In Wirklichkeit bilden die aktiven Parteimitglieder aus Sicht der Parteispitzen schon längst keine strategische Organisationsreserve mehr, sondern eher einen Hemmschuh elektoraler Strategiefähigkeit. Deshalb empfinden die Berufspolitiker und Top-Manager auch die überständige Mitgliederpartei wie einen hinderlichen Klotz am Bein, wie eine brachliegende und nicht abschöpfbare Organisationsressource.

Umgekehrt ist an der Parteibasis von Vitalität, Aufbruch oder Begeisterung kaum noch etwas zu spüren. Von oben haben die Mitglieder unten keinerlei Vision oder Versprechen auf irgend etwas Metaphysisches oder Verheißungsvolles mehr zu erwarten. Ganz im Gegenteil hat das Primat des Vote-Gettings den Parteien ihre politische Zielperspektive genommen. Parteimitgliedschaft hat sich mittlerweile als strategisches Missverständnis von Policy-Aktivisten entpuppt, die eigene Partei für Weltverbesserungsbestrebungen einspannen zu können. Auch sehen sich die freiwilligen Träger der Parteiarbeit um die Früchte ihres Einsatzes gebracht, mit dem sie politisch etwas bewirken wollten. Unter ihnen wächst der Frust, und es ist allgemein ein Anreizschwund und eine ideelle Sinnauszehrung des freiwilligen Mitgliedschaftsengagements festzustellen. Gleichzeitig haben Parteien an Solidargemeinschaftscharakter eingebüßt, so dass selbst soziale Mitarbeitsanreize verkümmern. Durch die im Übergang befindlichen Parteien geht ein tiefer strategischer Verständigungsbruch, der sich nicht mehr kitten lassen will.

Parteien laborieren an einer strukturbedingten strategischen Selbstblockade. Einerseits sind sie einer Konkurrenzlogik ausgesetzt, die wie eine strategische Rationalisierungspeitsche wirkt. Andererseits halten sie an einer expressiven und selbstbezogenen Mitgliederlogik fest, die von unten her strategisch als Rationalisierungsbremse wirkt. Die strategischen Bedürfnisse der elektoral-professionellen Partei an der Spitze und die Bedürfnisse der auf Identität ausgerichteten Mitgliederpartei an der Basis lassen sich immer weniger vereinbaren. Unter den mentalen und emotionalen Friktionen wächst der Überdruss der Parteispitzen an der Mitgliederpartei, während umgekehrt die Parteibasis an ideellen Enteignungssymptomen leidet.

Weder die einen noch die anderen können die anstehenden Dinge richtig tun, weil sie über die Frage zerstritten sind, welche Dinge zuerst zu tun sind. Effektivität und Effizienz können sich unter diesen Umständen gleichermaßen nicht entfalten. Parteien sind strategisch gelähmt, weil organisatorisch nicht zusammen wirken will, was strategisch verbunden werden müsste. Herausholbar ist deshalb ein bisschen Teileffizienz. Synergetische Gesamteffizienz haben Parteien nicht zu bieten.

Literatur

Anda, Béla/Kleine, Rolf 1996: Gerhard Schröder. Eine Biographie, Berlin: Ullstein

Gälweiler, Aloys 1987: Strategische Unternehmensführung, Frankfurt am Main/New York: Campus

Grant, Robert M. 1998 : Contemporary Strategy Analysis. Concepts, Techniques, Applications (3. Auflage), Malden: Blackwell

Gross, Peter 2000: Außer Kontrolle? Individualisierung, Pluralisierung und Entscheidung, in: Hettlage, Robert/Vogt, Ludgera (Hg.), Identitäten in der modernen Welt, Wiesbaden: Westdeutscher Verlag, S. 55-70

Haungs, Peter 1991: Parteipräsidien als Entscheidungszentren der Regierungspolitik – das Beispiel der CDU, in: Hartwich, Hans-Hermann/Wewer, Göttrik (Hg.), Regieren in der Bundesrepublik II, Opladen: Leske+Budrich, S. 113-123

Kirsch, Werner 1991: Grundzüge des strategischen Managements, in: Ders. (Hg.), Beiträge zum Management strategischer Programme, München: Verlag Barbara Kirsch, S. 3-37

Kaina, Viktoria 2001: Zumutungen der Macht: Möglichkeiten und Grenzen politischer Führung, in: Zeitschrift für Parlamentsfragen 32, S. 794-811

Laux, Helmut 1991: Entscheidungstheorie I (2. verbess. Aufl.), Berlin u.a.: Springer

March, James W./Simon Herbert A. 1958: Organizations, New York/London: Wilker

Mayntz, Renate 1987: Politische Steuerung und gesellschaftliche Steuerungsprobleme. Anmerkungen zu einem theoretischen Paradigma, in: Jahrbuch zur Staats- und Verwaltungswissenschaft, Bd. 1, Baden-Baden: Nomos, S. 89-111

Mintzberg, Henry 1991: Mintzberg über Management, Wiesbaden: Gabler

Mintzberg, Henry 1998: The Design Model: Reconsidering the Basic Premises of Strategic Management, in: Bresser, Rudi K. F. (Hg.), Strategische Managementtheorie, Berlin/New York: de Gruyter, S. 14-39

Mintzberg, Henry/Westley, Francis 2001: Entscheiden – läuft oft anders als Sie denken, in: Harvard Businessmanager Heft 6, S. 9-14

Pappi, Franz Urban/Shikano, Susann 2001: Personalisierung der Politik in Mehrparteiensystemen am Beispiel deutscher Bundestagswahlen seit 1990, in: Politische Vierteljahresschrift 42, S. 355-387

Pümpin, Cuno 1992: Strategische Erfolgspositionen. Methodik der dynamischen strategischen Unternehmensführung, Bern/Stuttgart/Wien: Paul Haupt

Raschke, Joachim 2001a: Die Zukunft der Grünen. „So kann man nicht regieren". Mit einem Beitrag von Achim Hurrelmann, Frankfurt am Main/New York: Campus

Raschke, Joachim 2001b: Die Zukunft der Volksparteien erklärt sich aus ihrer Vergangenheit, in: Machnig, Matthias/Barthels, Hans-Peter (Hg.), Der rasende Tanker, Göttingen: Steidl, S. 14-25

Schröder, Peter 2000: Politische Strategien, Baden-Baden: Nomos

Simon, Herbert A. 1981: Entscheidungsverhalten in Organisationen, Landsberg: Verlag moderne Industrie

Scarrow, Susan E. 1996: Parties and their Members. Organizing for Victory in Britain and Germany, Oxford: Oxford University Press

Strøm, Kaare/Müller, Wolfgang C.: 1999: Political Parties and Hard Choices, in: Dies. (Hg.), Policy, Office, or Votes? How Political Parties in Western Europe Make Hard Decisions, Cambridge University Press, S. 1-35

Walter, Franz/Dürr, Tobias 2000: Die Heimatlosigkeit der Macht, Berlin: Alexander Fest

Wiesendahl, Elmar 1998: Parteien in Perspektive. Theoretische Ansichten der Organisationswirklichkeit politischer Parteien, Wiesbaden/Opladen: Westdeutscher Verlag

Wiesendahl, Elmar 1999: Changing Party Organisations in Germany: How to Deal with Uncertainty and Organised Anarchy, in: German Politics 8, S. 108-125

Wiesendahl, Elmar 2000: Identitätsauflösung. Anschlusssuche der Großparteien an die postindustrielle Gesellschaft, in: Hettlage, Robert/Vogt, Ludgera (Hg.), Identitäten in der modernen Welt, Wiesbaden: Westdeutscher Verlag, S. 275-295

Wiesendahl, Elmar 2002: Die Zukunft der Parteien, in: Gabriel, Oscar W./Niedermayer, Oskar/ Stöss, Richard (Hg.), Parteiendemokratie in Deutschland (2. erw. Aufl.), Bonn: Bundeszentrale für politische Bildung, S. 595-622

Joachim Raschke

Politische Strategie. Überlegungen zu einem politischen und politologischen Konzept

Politologie ohne Strategie

Eigenartig ist es schon, dass eine mittlerweile große, ausdifferenzierte Disziplin wie die Politikwissenschaft sich mit politischer Strategie nie systematisch befasst hat. Aus dem Mitläuferstatus ist politische Strategieanalyse nie herausgekommen. Heute, da Strategiefragen in der politischen Praxis an Bedeutung gewinnen, ist diese Leerstelle eine Schwäche des Faches. Letztlich kann ich die politologische Abstinenz nicht verstehen und nicht erklären. Ich habe lediglich ein paar Vermutungen.

Die Praxisferne des Faches fällt einem als Erstes ein, die geringe Neigung, sich den Kopf der Akteure zu zerbrechen, statt deren Handlungen zu systematisieren, zu erklären oder zu interpretieren. Oder war das Strategiethema zu konservativ und „militärisch" für die nach 1945 als Demokratiewissenschaft wiederauflebende Disziplin? Lag es an Theorietraditionen, die spät erst den systematischen Blick auf Handlungsprobleme kollektiver Akteure freigegeben haben? War es die Abhängigkeit politologischer Theoriebildung von den soziologischen Theorieströmungen, die auf der Makro- und Meso-Ebene von passiv-deterministischen, nicht von aktiv-„voluntaristischen" Traditionen bestimmt waren (Etzioni 1975)?

Dazu kommt: Die politische Praxis hat den Gegenstand nicht freigegeben. Sie hat ihn als ihren Arkanbereich behandelt, in dem individuelle Akteure eifersüchtig ihr soziales Kapital strategischen Wissens schon gegen den Einblick politischer Konkurrenten schützen, und in dem von Wissenschaft, jedenfalls in dieser Hinsicht, nichts erwartet wird. Damit erscheinen allein schon die Probleme der Zugänglichkeit als unüberwindbar.

Strategie und Taktik haben bis heute den schlechten Ruf einer hinterhältigen Schlauheit und jedenfalls schmutziger Hände. Durch die bessere Strategie einer schlechteren Sache zum Sieg zu verhelfen, bleibt ein unanständiger Gedanke.

Moralisch zwielichtig, als empirischer Gegenstand zu schwierig, als Führungslehre zu wissenschaftsfremd, als zwischen Wissenschaft und Praxis oszillierende Praxeologie zwischen allen Stühlen. Es gab Stichwortgeber und Anläufe, aber viel mehr als eine Metapher ist Strategie im Fach bis heute nicht.[1]

Dabei gäbe es heute ein Interesse an politikwissenschaftlicher Strategieanalyse. Es existiert ein wachsender Strategiebedarf angesichts labiler politischer Kollektivakteure auf instabilen Märkten (Mair u.a. 1999). Der zunehmende Strategiebedarf ergibt sich aus der Umstellung von Ideologie auf Markt (Raschke 2001b). Auch die ideologische Phase von (Partei-)Politik hatte ihre Strategiefragen. Aber es waren selbst ideologisch behandelte Fragen von „Systempolitik" wie Revolution oder Reform, Gewalt in der Politik, Parlament oder direkte Aktion. Kalkuliertes Machtstreben und strategische Politik in einer gegebenen (demokratischen) Ordnung gehörten nicht dazu.

Wachsende Wähler-Autonomie, zunehmende Fragmentierung kollektiver Akteure, problembezogene Komplexitätssteigerungen, nationalstaatliche Steuerungsverluste angesichts von Marktliberalisierung, Internationalisierung und Globalisierung, kommunikative Überforderungen in turbulenten, diskontinuierlichen Öffentlichkeiten – all dies führt Politik in extreme Her-

---

1 Vor zwei Jahren erschien die erste Monographie zum Thema: Schröder (2000) – unsystematisch und zusammengewürfelt, mit „wilden" Kompilationen aus den Beständen ökonomischer und vor allem militärischer Strategiedebatten. Artikel in politologischen Handbüchern und Lexika: (fast) Fehlanzeige. Der konservative Berliner Politologe Otto Heinrich von der Gablentz (1965) hat Strategie und Taktik mit einem zugleich realistischen und normativen Zugriff in das Fach eingeordnet, aber folgenlos. Im übrigen ist Strategie ein mitlaufendes, schwach expliziertes Konzept, sowohl in theoretischen wie in empirischen Forschungszusammenhängen. Es tritt in Rational Choice- oder spieltheoretischen Ansätzen stärker hervor, z.B. bei Fritz Scharpf (2000) und Helmut Wiesenthal (1993) oder – unter den innenpolitischen Fachgebieten – in Teilen der Bewegungs- und Parteienforschung. So hat der Altmeister der Bewegungsforschung, Rudolf Heberle (1967: 251-292), einen Transfer des Strategiekonzepts in die Politische Soziologie vorgeschlagen.

ausforderungen für ihre Strategiefähigkeit, will sie sich der wachsenden Ungewissheit nicht ohnmächtig ausliefern, zugleich führt es aber auch zu dramatisch verschärften Erfahrungen der Grenzen strategischer Politik.

Strategische Denkweise

Strategische Denkweise ist eine basale Orientierung, auf der alles andere aufbaut: entweder eine elaborierte strategische Methodik bzw. Analyse oder charakteristische Orientierungen auf der Ebene politischer Führung, soweit diese zwar „strategisch" gerichtet, aber methodisch-analytisch nicht elaboriert sind. Für politische Führungsleute ist eine erfahrungsgesättigte strategische Denkweise häufig ausreichend, um sie – unterhalb von Durchrationalisierung und Professionalisierung – individuell strategiefähig zu machen. Vier Elemente strategischer Orientierung und Kompetenz lassen sich hervorheben:

- *Erfolgsorientierung.* Ein Kernelement strategischer Denkweise ist die Fähigkeit – in praktischer Absicht – vom erfolgreichen Ende her zu denken.
- *Strategische Intuition.* Dabei geht es um eine Intuition für das Wesentliche, für folgenreiche Zusammenhänge, für Schlüsselfaktoren und ausschlaggebende Interaktionen. Synoptische Kompetenz und ein besonderes Sensorium für Relevanz in komplexen Makroprozessen fundieren solche Intuition für das, worauf es strategisch ankommt.
- *Strategische Erfahrung.* Akteure lassen sich leiten von strategisch gefilterter eigener Erfahrung ebenso wie von Erfahrungen, die man lesen und von anderen lernen kann. „Aus Erfahrung lernen" ist in einem theoriearmen Feld sowieso die einzige Chance, sich strategisch zu qualifizieren.
- *Möglichkeitssinn.* Damit ist eine spezifisch strategische Phantasie gemeint. Die Fähigkeit, sich die Zukunft und die Wege zu ihr anders als in linearen Entwicklungen des Bestehenden vorzustellen.

Definition politischer Strategie

Strategien sind situationsübergreifende, erfolgsorientierte Ziel-Mittel-Umwelt-Kalküle. Strategisches Handeln ist ein darauf bezogenes Handeln. Weiche und offene Definitionselemente sind gerade bei politischer Strategie sinnvoll, dennoch sind ein paar Erläuterungen angebracht.

- *„Ziel-Mittel-Umwelt-Kalküle"*. „Ziele" können sowohl Macht- wie Gestaltungsziele umfassen. Das Gewinnen einer Wahl ist ebenso ein strategisches Ziel wie die Durchsetzung einer Reform. „Mittel" bezeichnen Wege, Praxen, Ressourcen etc. „Umwelt" umfasst, über Situation hinausgehend, breitere Konstellationen, Konfigurationen und Rahmenbedingungen. Solche Kontexte, auf die sich Strategiebildung bezieht, haben einen höheren Grad an Strukturierung, das heißt, sie können durch Regel-Ressourcen-Komplexe charakterisiert werden (Giddens 1988). Ihre Unterschiedlichkeit erfordert strategische Differenzierung (so muss man sich im Verbändesystem strategisch anders orientieren als im Parteiensystem). Zur Umwelt gehören insbesondere mit Eigensinn und Eigeninteressen handelnde strategische Akteure, die in Konkurrenz bzw. Konflikt zum Ausgangsakteur stehen. Sie tragen entscheidend zur konstitutiven Ungewissheit und Nichtvorhersagbarkeit politischer Interaktionen bei. Damit wird die grundlegende Offenheit, nicht die Unmöglichkeit strategischen Handelns begründet. „Kalküle" haben – mindestens – eine doppelte Bedeutung. Sie sind „Berechnungen", denen ein „Rechnungssystem" zugrunde liegt, und sie orientieren sich an Regeln, die Ziel-Mittel-Effekte berechnen. Das „Rechnungssystem" besteht aus Bezugsrahmen, die sich auf Referenzpunkte für Strategiebildung oder strategische Steuerung einerseits, auf Orientierungseinheiten bzw. spezifische Arenen andererseits beziehen.
- *„Situationsübergreifend"*. „Situation" bezeichnet eine zeitliche, räumliche und soziale Dimension des rasch Vorübergehenden, räumlich Begrenzten, eine spezifische Akteurskonstellation Einschließenden. „Situationsübergreifend" meint dann die Ausweitung in Zeit, Raum und Akteurskonstellation. Vorteile, die in einer Situation genutzt werden könnten, im Interesse längerfristiger Erfolgschancen auszulassen, ist ein genuines Element strategischen Handelns. Politische Strategien bezeichnen meist Handlungsorientierungen für mittel- bis längerfristige Zeiträume.

Zwar können sie sich gelegentlich auch über nur wenige Wochen oder Monate erstrecken, aber meist gehen sie über den Zeitraum vieler Monate oder mehrerer Jahre.

- *„Erfolgsorientiert"*. Erfolgsorientierte Kalküle beziehen sich auf wirksame Zielverfolgung. Dabei kann es um Erfolge in bestimmten Handlungskontexten gehen, aber auch – und das ist strategisch besonders relevant – um den Aufbau von Erfolgspotentialen. Erfolgspotentiale sind „erfolgsrelevante Voraussetzungen, die spätestens dann bestehen müssen, wenn es um die Erfolgsrealisierung geht" (Gälweiler 1987: 26). In der Politik geht es um strategische Erfolgschancen insbesondere auf Stimmen- und Meinungsmärkten sowie in Politikgestaltungsfeldern. Der Begriff der Erfolgspotentiale betont die Differenz zwischen Potentialen und realisierten Erfolgen. Das ist für strategische Politik besonders naheliegend, weil vielfältige Interaktionen, Ereignisse und unerwartete Entwicklungen es als unklug erscheinen lassen, ein zu präzises Bild von Erfolg anzusteuern. Zum andern verweist der Begriff auf die permanent bestehende Aufgabe, sich Klarheit über jene Faktoren zu verschaffen, die für Erfolge strategisch relevant sind, und sich auf sie zu konzentrieren.

Politische Akteure stehen in einer doppelten erfolgsorientierten Wirksamkeitskonkurrenz. Sie versuchen mit ihrem strategischen Handeln, „wirksamer als andere" zu sein. Zugleich suchen sie Wege, „wirksamer als mit anderen Mitteln" zu sein.

Mintzberg (1995) hat in die Debatte einen Strategiebegriff eingeführt, der sich auf das (strategische) Muster von Handlungen stützt. Sicherlich kann eine Strategie aus Such- und Experimentierprozessen dezentraler Einheiten erwachsen. Es gibt aber gute Gründe, zwischen objektivem Muster und subjektiver Absicht, zwischen der Genese und der Strategie selbst zu unterscheiden, und das heißt auch, an einem intentionalen Strategiebegriff festzuhalten. Die Quelle für strategische Ideen kann selbstverständlich die Praxis selbst sein, immer müssen sie aber durch die kalkulierenden Köpfe hindurch.

Strategisches, operatives, taktisches Handeln

Die wichtigste und zugleich schwierigste Abgrenzung betrifft die zwischen strategischem, operativem und taktischem Handeln. Die Unterschiede liegen auf der Ebene von Zeit-Raum-Ausdehnungen. Taktisches ist situationsspezifisches Handeln, in Zeit und Raum am meisten begrenzt. Den Gegenpol bildet strategisches Handeln, das in zeitlicher und räumlicher Hinsicht den größten Horizont aufweist. Eine Mittelposition nimmt das fortlaufende operative Handeln ein. Es ist ein zielrationales Handeln, das sich auf fortlaufende, aber auch größere Handlungszusammenhänge unterhalb der für strategisches Handeln charakteristischen Zeit-Raum-Ausdehnungen bezieht, zum Beispiel auf einzelne Gesetzgebungsprojekte, eine Koalition, eine Kampagne.

Beispiel Koalition: Beim strategischen Ziel der Machtgewinnung ist die Koalition eine strategische Entscheidung über einen Bündnispartner (eine strategische und nicht nur situative Herangehensweise vorausgesetzt). Das operative Handeln bezieht sich auf die Bildung oder Führung einer Koalition entsprechend Regeln eines praktischen oder theoretischen Wissens über Koalitionen. Taktisches Handeln bezieht sich auf Erwägungen, mit Koalitionspartnern in einer spezifischen Situation, zum Beispiel einer Verhandlungssituation, umzugehen.

Auf der begrifflichen Ebene sind die drei Handlungstypen nur aufeinander bezogen zu denken. Vom strategischen Akteur aus gedacht, bezeichnet die Begriffstrilogie eine Ausdifferenzierung von Handlungen und Handlungsebenen, die im Zusammenhang gesehen werden müssen und bei denen es häufig zu Überschneidungen kommt (strategisch-operativ, operativ-taktisch). Aus ihrem strategischen – und begrifflichen – Zusammenhang gerissen, können die einzelnen Typen aber auch isoliert auftreten. Taktisches Handeln kann unabhängig von strategischem sein, wie ein strategisches Handeln zum Beispiel auf der konzeptionellen Ebene ohne weitere Umsetzung auf der operativen und taktischen Ebene bleiben mag. Die Abgrenzung zwischen strategischem und operativem Handeln ist für Wirtschaftsunternehmen einfacher als für Parteien und Parteiregierungen. Am einfachsten ist sie beim Militär, wo die strategische Führung der politischen und militärischen Spitze, die operative Führung der Divisions- und die taktische Führung der Bataillonsebene zugerechnet wird.[2] Politische Umwelten sind – noch – fluider und komplexer als Wirtschaftsmärkte, sie bestehen zudem aus Wähler- und Meinungsmärkten ebenso wie aus staatlichen Problemlösungsfeldern. Strategisches Handeln hat deshalb in der Politik häufig einen vergleichsweise kürzeren Zeithorizont. Regierungen sehen sich bei strategischem Vorausdenken oder gar einer „Planung" nicht selten schon durch den Vierjahreszeitraum einer Legislaturperiode überfordert. Wahlkämpfe auf der nationalen Ebene haben einen strategischen Planungszeitraum bis zu zwei Jahren. Zudem: Für staatliches Handeln relevante Akteure sind auch in das operative Politikgeschäft involviert. Von der strategischen Führung aus gesehen existieren größere Schnittmengen zwischen strategisch-operativem und operativem Handeln. Auf Grundlage dieser beträchtlichen Schnittmenge ließe sich eine Typologie der Führung entwerfen, mit größeren oder geringeren Anteilen strategischen Führungshandelns.

Strategieakteure

Die auf Machiavelli gegründete Strategietradition war auch insofern irreführend, als seine Beratung sich – unter frühmodernen Bedingungen – auf einen individuellen Strategieakteur bezog, den „Fürsten", wohingegen der typisch moderne Strategieakteur ein kollektiver ist, eine Partei, eine Regierung, ein Interessenverband. Individuen können in strategischer Hinsicht mehr oder weniger begabt sein, ihre strategische Wirksamkeit entscheidet sich heute über den Kollektivakteur, dem sie sich zurechnen.

„Strategiefähigkeit" ist in unserem Zusammenhang ein Konzept für politische Kollektivakteure. Assoziierte Individuen definieren – neben ihren Karrierewegen – Strategien von Kollektivakteuren. Ihr möglicher Beitrag hängt vor allem von ihrer Position und Rolle innerhalb des organisierten Kollektivs ab. Stärker als in anderen Zusammenhängen sind solche Positionen allerdings nur als Potential strategischer Einflussnahme zu verstehen, auch ist ih-

2 Das Anregungspotential für politische bzw. politologische Strategieanalyse ist im ökonomischen Bereich strategischer Managementanalysen insgesamt größer als im militärischen Bereich. Vgl. beispielsweise die sozial- bzw. politikwissenschaftlich angeschlossenen Studien von Kirsch (1991, 1997) sowie Bresser (1998).

re Abgrenzung nicht in allen Parteien und Konstellationen identisch, kann hier also nur illustrativ gemeint sein:

- *Strategische Führung.* Dazu sind der Regierungs- oder Oppositionschef, der Chef der Regierungszentrale und gegebenenfalls einzelne Minister, der Vorsitzende, der Generalsekretär und möglicherweise Teile des Präsidiums einer Partei, der Vorsitzende, häufig auch der (erste) Parlamentarische Geschäftsführer einer Fraktion zu rechnen.
- *Operative Führung.* Außer den Eigenaufgaben operativer Führung, die sie wahrnimmt, ist sie – neben und zusammen mit der strategischen Führung – auch wichtiger Träger von Prozessen der Strategiedurchsetzung, also strategisch-operativer Handlungen. Wegen des in der Politik schmalen Sektors strategischen Handelns – dem genuinen Feld strategischer Führung – und der erforderlichen Präsenz der Spitzenleute auch in der Tagespolitik ist der Anteil der strategischen an der operativen Führung hoch. Damit verringert sich die empirische Trennschärfe zwischen einer institutionell unterschiedenen strategischen und operativen Führung. Dazu kommt, dass sowohl die strategische wie die operative Führung sich auf dem täglichen Feld taktischen Handelns bewähren müssen. Zur operativen Führung im engeren Sinne, das heißt der darauf spezialisierten Führung, gehören unter anderem die Leitungen der Regierungszentrale und der Ministerien, der Generalsekretär, Bundesgeschäftsführer, z.T. auch Pressesprecher und Abteilungsleiter der Partei sowie der erste und weitere Parlamentarische Geschäftsführer der Fraktion.
- *Strategischer Apparat.* Er ist der Ort für die professionell-methodische Strategieentwicklung und die Vorbereitung von Strategieentscheidungen. Zu ihm rechnen Teile der operativen Führung (zum Beispiel Generalsekretäre, Bundesgeschäftsführer, die in hohem Maße multiple Rollen wahrnehmen) sowie im Apparat ausdifferenziert angesiedelte Strategieplaner.
- *Externe Strategieberater.* Ihre Aufgabe ist die Beratung der strategischen, gegebenenfalls operativen Führung und des strategischen Apparats. In Frage dafür kommen strategisches Politik-Consulting (das in Deutschland noch nicht existiert), ersatzweise bzw. in Teilfunktionen Demoskopen, Medienberater etc. Wie im Sport werden auch ehemalige Spitzenpolitiker wegen ihres Erfahrungswissens konsultiert.

- *Strategieinteressierte Einflussakteure.* Sie versuchen, mit ihren politischen Ambitionen Einfluss auf Strategieprozesse zu nehmen. Dazu gehören Teile der Führungsgremien, des Parteitags oder der aktiven Mitglieder, aber auch Interessenvertreter, Bewegungsakteure, Journalisten.

Ohne solche – oder ähnliche – Differenzierungen gibt es keine empirie- und praxisnahen Aussagen in Strategiefragen. Wichtig sind dabei die Unterscheidungen zwischen verantwortlichen, professionalisierten, ausführenden (vor allem operative Führung) und einflusssuchenden Strategieakteuren.

Wir wissen fast nichts darüber, was strategische Politikakteure in strategischer Hinsicht wirklich tun und denken. Insofern fehlt ein empirisches Ausgangswissen, wie es Mintzberg (1991) in einer eindrucksvollen, desillusionierenden Pionierstudie für das strategische Management von Wirtschaftsunternehmen erarbeitet hat. Auch in der Politik ist damit zu rechnen, dass das tatsächliche strategische Verhalten hinter den verbreiteten, überdimensionierten Zuschreibungen deutlich zurückbleibt, zugleich aber auch eine andere Charakteristik zeigt (z.B. stärker in Richtung strategischer Denkweise tendierend).

Strategiefähigkeit

Nur für den, der Politik prinzipiell und in jeder Hinsicht für strategisch nicht steuerbar hält, ist die Frage nach der Strategiefähigkeit politischer Kollektivakteure irrelevant. Unterhalb dieser unplausiblen, empirisch widerlegbaren Extremposition geht es um das Verhältnis zwischen strategischer Steuerbarkeit von Politik einerseits, der Strategiefähigkeit politischer Kollektivakteure andererseits. Aus einer aktiv-dynamischen Perspektive interessiert zunächst, was der Akteur tun kann, um strategiefähig zu werden, bevor die Restriktionen und Constraints der Umwelt, die Handeln begrenzen und kanalisieren, in den Blick kommen. Diese Grenzen müssen aber auch als veränderbar gelten.

Im „Parteienstaat", „Party Government" und ähnlichen Formen der Parteiregierung europäischen Typs ist die Strategiefähigkeit des Parteiakteurs Grundlage auch gerichteter Oppositions- und der Regierungsfähigkeit. Das Beispiel der Grünen zeigt, dass eine Partei, die ihre Strategiefähigkeit nachholend in der Regierung aufzubauen versucht, zwar bei der Überwindung innerparteilicher Widerstände von einigen „Zwängen" der Regierung profitieren kann, dabei aber an Glaubwürdigkeit verliert („Anpassung").

Strategische Handlungsfähigkeit, und das ist Strategiefähigkeit, wird hier eng verknüpft mit der Orientierung auf Erfolgspotentiale. Strategische Handlungsfähigkeit markiert nicht zuletzt den Pfad, auf dem zukünftige Erfolgspotentiale zu entwickeln und zu realisieren sind. Strategiefähigkeit stellt sich nicht dichotomisch (strategiefähig vs. strategieunfähig), sondern in einem Kontinuum dar (mehr oder weniger strategiefähig).

Strategiefähigkeit kollektiver Politikakteure – hier insbesondere in der Form von Parteien gedacht – ist nur unter Voraussetzungen möglich, die in zwei Kategorien zerfallen. Die Faktoren, die „allgemeine Handlungsfähigkeit" begründen, ermöglichen kollektiven Akteuren zielgerichtetes Handeln, wenn auch nur im Modus eines „irgendwie". Auf der gleichen Bedeutungsebene, allerdings zugespitzt auf die besonderen Anforderungen strategischen Handelns, liegen die wesentlichen Beiträge für die Entwicklung von „strategischer Handlungsfähigkeit" politischer Kollektivakteure.

Berücksichtigt man außerdem, dass Strategiefähigkeit der Partei die Voraussetzung für ihre Regierungsfähigkeit darstellt (Raschke 2001a), handelt es sich um einen dreistufigen Prozess. Zur Realisierung sind auf jeder Stufe spezifische Leistungen der zum kollektiven Akteur Zusammengeschlossenen bzw. von deren Eliten zu erbringen. Die auf jeder Ebene erbrachte Strukturierungsleistung ist Voraussetzung für die Erreichung der nächsthöheren Stufe.

Das kann hier nicht insgesamt ausgebreitet werden. Nur hinsichtlich Führung und Richtung soll auf die Stufe „allgemeine Handlungsfähigkeit" zurückgegangen werden, weil der Irrtum verbreitet ist, Führungs- und Richtungsfragen seien strategisch entscheidbar. Zutreffender scheint mir die Grundregel: Führung und Richtung müssen geklärt sein, dann erst können Fragen der Strategie greifen. Nur in Grenzen können Führungs- und Richtungsfragen selbst zum Gegenstand strategischen Handelns gemacht werden.

Gründe liegen auf der Hand. Richtungsfragen haben einen stark normativen Anteil: Parteiwerte, die nur begrenzt steuerbar sind, haben starken Einfluss auf die Richtungsbestimmung, die Partei als Ganze will daran beteiligt werden. Führungsfragen sind einerseits der Konkurrenz zwischen strategischen Führern, andererseits der Entscheidung durch breitere Gremien mit heterogenen Orientierungen unterworfen, unter denen strategische Gesichtspunkte eher zurücktreten, an Personen geheftete normative Annahmen und Erwartungen aber – mehr oder weniger ausgeprägt – mitlaufen.

Führungsauswahl und Richtungsbestimmung haben unter den Voraussetzungen von Strategiefähigkeit eine grundlegende Bedeutung, so dass – vereinfachend – auch gesagt werden kann, eine Partei müsse den Dreiklang von Führung, Richtung, Strategie herstellen. Wählt die Partei eine „gute Führung", ist diese auch in der Lage, aus sich heraus ein strategisches Zentrum hervorzubringen. Ist die Partei fähig, „ihre Richtung" zu bestimmen, bleibt als strategische Aufgabe, diese Richtung als unterscheidendes Profil zu verdeutlichen. Dagegen erscheinen die anderen Faktoren in höherem Maße instrumenteller Zuspitzung im Sinne strategischer Bearbeitung zugänglich.

Allgemeine Handlungsfähigkeit	*Strategische Handlungsfähigkeit*
Führungsauswahl	(1) Strategisches Zentrum
Richtungsbestimmung	(2) Profilierungskompetenz
Problemlösungsfähigkeit	(3) Kernkompetenz der Problemlösung
Organisationsfähigkeit	(4) Strategiekompatible Organisationskompetenz
Kooperationsfähigkeit	(5) Bündniskompetenz
Kommunikationsfähigkeit	(6) Strategische Kommunikationskompetenz
Basale Ziel-Mittel-Orientierungen	(7) Strategiewissen

In den Begriff der Strategiefähigkeit werden nicht nur Fähigkeiten zur Entwicklung von Strategien und schon gar nicht nur kognitive Kompetenzen aufgenommen, sondern auch Fähigkeiten des Kollektivakteurs, die ihm eine reale Chance zur Durchsetzung von Strategien verleihen. Der strategisch handlungsfähige politische Kollektivakteur also ist die Folie für die weiteren Überlegungen.

(1) Strategisches Zentrum

Rekrutierung und Auswahl von Führungspersonal ist eine Standardaufgabe für organisierte Kollektivakteure, besonders wichtig bei starker Binnendifferenzierung und konflikthaften Außenbeziehungen. Präsidien, Vorstände etc. werden als „Agenten" des größeren Kollektivs gedacht und institutionalisiert. In der Regel reichen sie aber als Träger strategischer Steuerung nicht aus. Sie sind für strategische Steuerung zu groß, zu heterogen, zu misstrauensanfällig.

Ein strategisches Zentrum ist ein informelles Netzwerk aus drei bis fünf Personen, die in Führungspositionen platziert sind und über privilegierte Chancen verfügen, die Strategie einer Parteiformation zu bestimmen. Aus den formellen Positionen allein ist nicht ableitbar, warum es gerade diese ca. fünf Personen sind, die das strategische Zentrum ausmachen, aber ohne formelle Macht hätten noch so kluge strategische Intentionen keine Chance. Die Verflechtung verschiedener Handlungsbereiche (Partei, Fraktion, Regierung/Opposition) ist schon allein zum Zweck der Koordination funktional ausdifferenzierter Institutionen notwendig. Nicht alle Vertreter formeller Spitzenpositionen müssen im strategischen Zentrum präsent sein und sind es auch nicht. Es steht auch nicht von vornherein fest, welche formellen Positionen einbezogen sind. Überproportionale Chancen, beteiligt zu sein, haben der Regierungschef einer Partei bzw. der Oppositionschef (in seiner Funktion als Partei- und/oder Fraktionsvorsitzender), der Parteivorsitzende (falls nicht in Personalunion), zentrale Steuerungspositionen von Regierung (Chef des Kanzleramtes) und Partei (Generalsekretär), der Fraktionsvorsitzende.

Die ca. fünf Personen des strategischen Zentrums machen natürlich nicht alles selbst. Die Überschneidungen und die Zusammenarbeit mit der operativen Führung, den strategischen Apparaten und mit strategischen Beratern sind hochgradig informell und ergeben ein gestaffeltes System aus zwei bis drei Ebenen. Vertrauensverhältnisse sind auch hier, neben der raren und zur Verschwiegenheit verpflichteten strategischen Kompetenz, grundlegend.

Strategiebedarf ergibt sich für Vertreter von Spitzenpositionen aus ihrer Verantwortung für Erfolg bzw. Misserfolg der Partei bei Wahlen, beim Opponieren und beim Regieren.

Individuelle Strategiefähigkeit ist kein explizites Kriterium für die Zugehörigkeit zu einem strategischen Zentrum. Man kann zum Beispiel eine für das Amt entscheidende Wahl aufgrund eines strategisch hervorragenden

Wahlkampfs gewinnen, den andere konzipiert haben (Spitzenkandidat ist nicht notwendig Spitzenstratege).

Führungs- als Strategiefragen zu behandeln, ist möglich, aber außerordentlich schwierig und voraussetzungsvoll. Es kann nur gelingen, wenn mindestens eine Position, die auch Teil eines strategischen Zentrums ist, der direkten Konkurrenz entzogen ist und ihr Inhaber gleichzeitig überproportionalen Einfluss auf zentrale strategische Personalentscheidungen hat. Dazu gehört beispielsweise die Entscheidung über den Kanzlerkandidaten (bei Kleinparteien über den Spitzenkandidaten). Gerade weil die Eignung für außerparteiliche Arenen – Massenmedien und Wahlkampf – geprüft werden muss und die Spitze strategischen Erwägungen besonders zugänglich ist, kann hier die Strategiekompetenz bestehender Führung auf Führungsfragen angewendet werden.

So hat Herbert Wehner am damaligen Parteivorsitzenden Ollenhauer vorbei Willy Brandt als (ersten) Kanzlerkandidaten der SPD nach vorne geschoben. Bei der gleichzeitigen Wahl zum Parteivorstand auf dem Hannoveraner Parteitag vom November 1960 landete Brandt mit seinem Stimmenergebnis auf dem 22. Rang! Herbert Wehner befand sich in den 1960er und 70er Jahren in einer besonders günstigen Konstellation, in der er strategische Führungssteuerung betreiben konnte: Mangel an eigener Ambition (weil er sich selbst als ehemaligen Kommunisten in der Spitzenposition für zu angreifbar hielt), gesicherte eigene Führungsposition, intern anerkannte strategische Kompetenz, schließlich waren für seine Anpassungs- bzw. Mitte-Strategie geeignete Spitzenleute präsent (erst Willy Brandt, nach dessen – durch Wehner betriebenen – Rückzug Helmut Schmidt).

Machtverhältnisse und strategische Überlegungen bewogen die CDU-Vorsitzenden Kohl (1980) und Merkel (2002), obwohl qua Amt „geborene" Kanzlerkandidaten, Strauß bzw. Stoiber den Vortritt zu lassen.

Wenn größere Einheiten über Führungsfragen entscheiden, treten strategische Aspekte zurück gegenüber Gesichtspunkten von Repräsentation, Richtung und „Vertrauen". Führungsleute selbst können nur unter besonderen Bedingungen folgenreiche Führungsfragen zum Gegenstand eigener strategischer Beratung und Entscheidung machen. Zu sehr sind Führungskonflikte Durchsetzungskämpfe, ungeachtet nüchterner strategischer Prüfung der Eignung bzw. (externen) Effizienz von Führungspersonal. Die wichtigste Bedingung für erfolgreiche strategische Steuerung von Führungsfragen ist eine nicht-ambitionierte, strategiefähige Person in einer zentralen Einflussposition. Bei der SPD der 1960er und 70er Jahre war das Herbert Wehner, in einer Nach-Schröder-Ära könnte das Franz Müntefering sein. Allerdings hat das strategische Zentrum eine andere Qualität, wenn der Königsmacher – und Königskiller – ihm angehört.

Typischer für ein Führungsvakuum oder -patt scheint, dass sich Spitzenleute im Kampf gegen Konkurrenten durchsetzen und anschließend ein strategisches Zentrum aufbauen. Konrad Adenauer gegen Jakob Kaiser, Kohl gegen Barzel, Schröder gegen Lafontaine. Vorstände, Fraktionen, Parteitage, Mitgliederabstimmungen und Parlamentswahlen (als demokratisiertes Vogelflugzeichen der Auguren wie bei der Niedersachsen-Wahl Schröders 1998) – alles ist schon bemüht worden, wenn die interne Einigung unter den Führungsleuten nicht möglich war oder nicht ausreichte. Die größten Chancen, strategische Erwägungen wirksam zu machen, bestehen aber bei der Auswahl durch selbst nicht ambitionierte Strategen.

(2) Profilierungskompetenz

Zielbestimmung ist ein elementarer Vorgang eines politischen Kollektivakteurs. Darin liegt die wesentliche Quelle für Orientierung, Motivation und Legitimation. Da Ziele mit der Existenz und dem Sinn der Organisation verknüpft sind, ist mit breiten Teilnahmeerwartungen sowie starken Identifikations- und Identitätsbedürfnissen der Mitglieder zu rechnen.

Dennoch ist es naheliegend, bei der Richtungsbestimmung eine Dimension abzugrenzen, die stärker als das Werteprofil auch strategischer Überlegung und Entscheidung zugänglich ist: das „Politikprofil". Darunter lassen sich Themen, die Richtung von Problemlösungen, Koalitionspräferenzen oder instrumentelle Symbolisierungen fassen. Sie zeigen zwar – mehr oder weniger – Verbindungen zu grundlegenderen Wertorientierungen, gleichzeitig fließen aber auch stärker kontextbezogene strategische und taktische Gesichtspunkte mit ein.

Wenn im Kernbereich von Richtungsfragen – unabhängig von Überzeugungen – strategisch entschieden wird, ist Politik auf der schiefen Ebene, die bei einem wertindifferenten Machtmodell endet. Strategie bezieht sich dann ausschließlich auf Machtziele.

In einem zweckrationalen Handlungs- bzw. Orientierungsmodell dagegen erstreckt sich Strategie auf Macht- *und* Gestaltungsziele, nicht zuletzt auf deren Wechselbeziehungen und Spannungsverhältnisse. Richtungsbestimmung braucht einen Wertbereich, der auf normativen Erwartungen, Begründungen, Überzeugungen aufbaut. Das „Werteprofil" einer Partei bildet sich in einem Koordinatensystem, das die Partei von anderen unterscheidbar macht und auch die Basis für interne Ausdifferenzierungen der Grundrichtung bietet. Linke und Rechte, Reformer und Konservative, Modernisierer und Traditionalisten – das sind Beispiele für interne Differenzierungen wertorientierter Grundrichtung. Strategien entscheiden nicht über das Werteprofil selbst, sondern über dessen Umsetzung, in der Partei, gegenüber anderen Parteien in Wahlen, in der Regierung.

Allerdings: Die strategische Erfahrung oder auch systematische Überprüfungen können zeigen, dass Ziele unter gegebenen und erwartbaren Bedingungen nicht durchsetzbar sind und deshalb geändert werden müssen, obwohl sie normativ für richtig gehalten werden. Eine Strategie für solche Konstellationen liegt darin, Kontinuitäten auf der Wertebene gegenüber Veränderungen auf der Forderungsebene zu betonen. Durch den tatsächlichen Bezug auf Werte bleibt solche Strategie von reinem Machtopportunismus unterscheidbar – wenngleich das in der Praxis häufig schwer zu unterscheiden ist.

Eine „Linienführung", Kernelement von Strategiebildung, bedarf der Referenzpunkte sowohl auf der Macht- wie auf der Gestaltungsebene. Diese grundlegende Zweidimensionalität von Politik ist auf dem Kompass eingetragen, der zur Strategiefindung taugt.

Heute, im Zuge einer – nach den 1950/60er Jahren – zweiten Welle der Entideologisierung, erleben wir eine schwindende Differenz zwischen den Parteien auf der Policyebene. Verbunden mit dem drastisch abnehmenden Vertrauen in die Problemlösungsfähigkeit aller Parteien verschärft sich ein Grundproblem von Parteien, die legitime Funktionen nur unter der Bedingung richtungspolitischer Unterscheidbarkeit wahrnehmen können. Eine ihrer Antworten auf diesen Funktionsverlust besteht in einer Strategie der Oberflächenpolarisierung. Zu wenigen, ausgewählten Themen wird ein Wertkonflikt organisiert, der die Unterschiede durch symbolische Dramatisierung übertreibt. Was für die SPD 1997/98 die Blockierung der Steuerreform war, ist für die Union in der Wahlkampagne 2002 ein Grundsatzstreit über Zuwanderungspolitik.

(3) Kernkompetenz der Problemlösung

Im Gegensatz zu Tendenzen programmatischer Nivellierung werden Parteien immer noch Kernkompetenzen zugerechnet. Jede Partei, die mitregieren will, muss zwar Nachweise für Allzuständigkeit abliefern, aber ihre wirkliche Kompetenz zur Problemlösung wird von ihr selbst wie vom Publikum sehr selektiv gesehen. Diese Kernkompetenz steht auch im Mittelpunkt eines Nachweises von Strategiefähigkeit.

Die Zurechnungen von Kernkompetenzen sind bemerkenswert langlebig – die SPD verstehe von Wirtschaft nichts und könne nicht mit Geld umgehen, die Grünen verstünden nur etwas von Ökologie, die Union sei für Law-and-order-Politik da etc. Eine strategisch agierende Führung muss solche Vorannahmen bei ihren Absichten des Verstärkens, des Überspielens von Schwächen, eines Neuaufbaus von Kompetenzen in Rechnung stellen.

Mittel- und längerfristig können Parteien ohne Beiträge zur Problemlösung nicht erfolgreich sein. Populistische Strategien vermögen solche Defizite nur zeitlich begrenzt zu überspielen. Tatsächliche und wahrgenommene Problemlösungskompetenzen sind für Wahlen, Koalitionsbildungen, Regierungspolitik strategisch wichtige Steuerungsgrößen.

(4) Strategiekompatible Organisationskompetenz

Welche Parteistrukturen ermöglichen die Herausbildung eines strategischen Zentrums sowie wesentlicher Steuerungsleistungen durch dieses Zentrum?

Strategie ist eine Sache von Zentralisierung und Verbindlichkeit. Das bedeutet aber nicht, dass Strategie nur in einer hochzentralisierten Kaderpartei möglich wäre. Eine Parteistruktur muss nicht stromlinienförmig auf Strategieerfordernisse eingerichtet sein, es reicht, wenn sie deren Verfolgung ermöglicht. Eine strategisches Handeln ermöglichende Parteistruktur

- umfasst so viel Zentralisierung und Verflechtung, wie notwendig sind, um ein handlungsfähiges strategisches Zentrum darauf aufzubauen,

- konzentriert so viele Ressourcen auf zentraler Ebene, wie für strategische Operationen erforderlich sind,
- verhindert eine informelle Strömungsstruktur, soweit sie die notwendige Zentrierung blockiert.

Für effektives strategisches Handeln ist mehr erforderlich, aber das kann oder muss nicht durch die Parteistruktur sichergestellt werden. Dazu gehören Organisations-, Abstimmungs- und Kommunikationsdisziplin ebenso wie hinreichende Autonomie und Flexibilität der Führung. All das ist durch viele, über die Organisationsstruktur hinausgehende Faktoren bestimmt. Die Entfaltung vielfältiger informeller Faktoren ist vor allem dann beeinträchtigt, wenn die Partei an Punkten Verbotsschilder aufrichtet, die für strategische Führung wesentlich sind: zum Beispiel durch Verflechtungsverbote, durch rigide Regelungen zu Amtszeitbegrenzungen oder Rotation, durch Vorschriften dezentraler Ressourcenverteilung. Dann wachsen die Anstrengungen, die schon normalerweise für die strategische Zentrierung einer Partei erbracht werden müssen, ins kaum noch zu Leistende.

Was also sollte eine Parteistruktur ermöglichen? Die Herausbildung eines strategischen Subsystems an der Spitze, eine Ressourcenausstattung, die strategisches Handeln ermöglicht, sowie – jedenfalls in einem gewissen Umfang – die Bindungskraft der strategischen Führung für die Partei. Für letzteres sind insbesondere Strömungen eine Gefahr, wenn sie einen organisierten Verbindlichkeitsvorbehalt darstellen und Entscheidungsblockaden fördern.

Ist der strategische Parteiakteur demokratisch, ist er demokratisierbar? Auffällig ist, dass der strategische Ansatz vor allem in zwei Bereichen etabliert wurde, die hierarchisch und nicht-demokratisch strukturiert sind, dem Militär und dem Wirtschaftsunternehmen. Demokratische Parteien zerfallen, wenn sie sich um strategische Steuerung bemühen, in einen demokratischen und in einen strategischen Sektor. Im demokratischen Sektor sind Öffentlichkeit, Diskurs, Mehrheitsentscheidung legitim. Der strategische Sektor ist ein Arkanbereich, in dem Geheimhaltung, interne Beratung sowie Hierarchie gelten.

Der demokratische Sektor liefert Entscheidungen über die grundlegende Richtung und über Spitzenpositionen der Parteiführung – Voraussetzungen und Referenzpunkte, aber in der Regel nicht Inhalt strategischen Handelns. Der strategische Sektor steht für die längerfristigen „Wege-und-Mittel"-Programme erfolgsorientierten Handelns. Beide Sektoren sind durch das

Spitzenpersonal verflochten, so dass Führungsleute zum Beispiel für strategische Fehlleistungen im demokratischen Sektor zur Rechenschaft gezogen werden können. Überschneidungen gibt es auch dadurch, dass eine demokratische Partei sich Diskurse über Strategie nicht verbieten lässt. Nur bleibt eine charakteristische Asymmetrie der Einflussnahme gerade bei folgenreichen Beratungen und Entscheidungen über Strategiefragen.[3]

Transparenz bzw. Öffentlichkeit ist ein grundlegendes Problem bei Strategieprozessen. Strategiefragen sind in ihrem Kern Geheimfragen, schon deshalb, weil strategische Absichten den Gegner (manchmal auch „den Freund") überraschen sollen, ihr Bekannt werden aber die Gefahr erhöht, dass sie durchkreuzt werden. Die Öffentlichkeit wichtiger Teile der Strategiebildungs- und Strategieberatungsprozesse ist also begrenzt oder ausgeschlossen. Sie erfordern einen starken internen Konsens und ein hohes Maß an wechselseitigem Vertrauen. Angesichts der Ungewissheit vieler strategischer Fragen bedarf es für unbefangene Beratung, möglicherweise auch für die Strategie selbst, der Entlastung von richtungspolitischer Positionierung mit ihren Denkverboten und konventionellen Präferenzen. Nur so ist sie auch vor der erheblichen Ideologisierbarkeit strategischer Fragen zu schützen.

Zum andern kommen Strategieakteure aber auch nicht ohne Öffentlichkeit aus, jedenfalls soweit sie auf verständnisvolle Begleitung, Motivierung oder ausführende Mitwirkung der Partei angewiesen sind. Neben der Geheimhaltung bedarf es also auch einer Veröffentlichung strategischer Überlegungen und Festlegungen. Das spezifische Strategie-Dilemma in demokratischen Organisationen, für das es keine sauberen Lösungen gibt, besteht darin, dass es neben der Verheimlichung auch einer Veröffentlichung strategischer Überlegungen und Festlegungen bedarf. Soweit man den kollektiven Akteur Partei mit auf eine besondere strategische Reise nehmen muss, sind die Konsequenzen von Strategien – nicht die Strategiebildung und nicht notwendigerweise die Strategie selbst – auch mit ihm zu kommunizieren.

---

3 Es wäre empirisch zu prüfen, ob das Konstrukt von zwei Sektoren tragfähig ist, oder ob doch – ohne scharfe Grenzziehung – eher fließende Übergänge und Mischungsverhältnisse strategischer und nicht-strategischer Handlungsorientierungen anzunehmen sind. Von einer Zunahme strategischer Orientierungen zur Spitze hin wird wohl in jedem Falle auszugehen sein.

(5) Bündniskompetenz

Parteien werden so sehr von ihrer Konfliktfähigkeit in Wettbewerbssituationen her gedacht, die im Profilierungsgebot Ausdruck findet, dass die andere basale Fähigkeit, mit anderen gesellschaftlichen und politischen Gruppen zu kooperieren, eher vernachlässigt wird. Gerade in ihrer strategisch zugespitzten Form, als Kompetenz, zielorientierte Bündnisse aufzubauen, zu pflegen und zu erhalten, ist dies keine Banalität. Kohls sonst schmales strategisches Programm war hier klar: Gegen viele Anfechtungen aus der Union hat er das Bündnis mit der FDP auf eine prinzipielle strategische Ebene gehoben und verteidigt. Der SPD fehlte auf Bundesebene die meiste Zeit die Fähigkeit, ein strategisches Bündnis zu stabilisieren. Die Schwäche der SPD war immer auch eine Schwäche der Bündnis*kompetenz*, gegenüber der FDP, noch eklatanter in Bezug auf die Grünen. Auch ein strategisches Konzept wie das der „(Neuen) Mitte" steht ohne gesellschaftliche Bündnisse auf tönernen Füßen.

(6) Strategische Kommunikationskompetenz

Die Anforderungen an strategische Kommunikationskompetenz von Partei und Parteiregierung sind in den letzten Jahren deutlich gewachsen. Zwischen die Parteien und die beweglichen Wählermärkte hat sich ein kaum steuerbares, hochkomplexes Mediensystem geschoben, das die Strategisierung von Politik, die ja beim Wähler ankommen muss, auf eine harte Probe stellt.

Falsch wäre eine Annahme, die sagt: „Mediendemokratie frisst strategische Politik auf". Zutreffender ist es, von einer Ambivalenz auch der Mediendemokratie auszugehen. Einerseits fördert sie flüchtige Formen von Stimmungsdemokratie, die „Zerstreuung" eines früher „konzentrierten" Publikums, die Zerfaserung kollektiver Akteure durch mediengestützte Individualisierung, die Inszenierung, Übervereinfachung und unterhaltungsorientierte Trivialisierung von Politik etc. Andererseits verschafft sie durch ihre extreme Personalisierung den Spitzenleuten Chancen, die Partei kontinuierlich öffentlich festzulegen, dadurch strategisch zu steuern, und so einen erheblichen Teil der Implementation von Strategien selbst zu übernehmen. Expansion des Mediensektors, verschärfte Konkurrenz und Kommerzialisierung, Autonomisierung gegenüber dem politischen System – solche Tendenzen verstärken den Systemcharakter des Medienbereichs, damit auch dessen interne Rationalisierung und die Ausbildung einer Medienlogik, deren Selektionsmechanismen Parteistrategen zu gezielter Einflussnahme ermuntern.

Unter dem hier interessierenden Strategieaspekt sollen nur drei Punkte herausgehoben werden. Entgegen einem aktuellen Trend, die Übermacht der Medien zu betonen, macht es Sinn, mit dem Eigenbeitrag eines strategiefähigen Parteiakteurs zu beginnen, der den Input des Kommunikationsprozesses setzt.

(a) Parteien sind nicht nur passive Objekte der Medien, sie definieren sich selbst. Durch ihre Angebote im Medienprozess versuchen sie, von ihnen gewünschte Wirkungen zu stimulieren. Sie sagen, wie sie gesehen und verstanden werden möchten, aber so, dass die strategische Absicht nicht übermäßig hervortritt. Gegenstände ihrer Einflussbemühung sind Botschaften und Leitbilder, Themen und Personen, Versprechen und Leistungen. Ihr Management medienbezogener Aktionen können sie an strategischer Linienführung orientieren: Schaffen von Ereignissen, die sonst nicht stattfänden (die „Pseudoereignisse"), Anstoßen von Diskursen, die es sonst nicht gäbe, unterdrücken/überspielen/umdrehen von – für die Partei – schlechten Nachrichten, Organisierung von Konflikten zur besseren Unterscheidbarkeit etc.

Wesentlich ist die Rekrutierung und Präsentation medienfähiger Spitzenleute. Damit leisten strategiefähige Parteien ihren Beitrag für die massenmediale Personalisierung von Politik. Gelingt es ihnen, Kommunikationsdisziplin herzustellen, verbauen sie den Medien die Möglichkeit, konfliktverschärfend in die Parteien zu intervenieren. Das so entstehende Bild von „Geschlossenheit" verschafft Wählern den Eindruck von einer handlungsfähigen Partei.

Nur die Partei, die sich selbst definiert, aktiv und strategisch gezielt, die das eigene Profil und Image stilisiert, die Erwartungssteuerung bei ihren Anhängern und Wählern betreibt und – gegen die Fremddefinitionen der Medien – Kontrolle über Selbstveränderung behält, nur eine solche Partei hat Chancen, durch den medialen Kommunikationsprozess so hindurchzukommen, dass sie sich selbst wiedererkennt und dass ihre Wähler sie wiedererkennen. In einem Satz heißt das: Wichtiger als die Steuerung der Medien, die direkt nur sehr begrenzt möglich ist, ist die Steuerung der eigenen Partei.

(b) Politische Kommunikation ist ein Kampffeld, vor allem zwischen der Partei, ihren Konkurrenten/Gegnern und den Medien als zunehmend wichtigeren Einflussfaktoren.[4] Weil in diesem Kampf um Agenda und Bewertungen Parteien und Medien entsprechend ihren Eigeninteressen strategisch handeln, verliert, wer versäumt, strategische Kommunikationsfähigkeit zu entwickeln.

Da sie regelorientiert handeln, sind beide Akteure – in Grenzen – ausrechenbar. Medien folgen Regeln einer Selektions- und Präsentationslogik, die Parteien durch gezieltes Handeln zu ihren eigenen Gunsten ausnützen können. Perfekt haben das die Leute um Tony Blair betrieben. Wenn Journalisten merken, wie sie zu nützlichen Idioten gemacht werden, kämpfen sie – in Verteidigung ihrer professionellen Autonomie – zurück. Sie schwärzen strategisches Parteiverhalten an, skandalisieren mit besonderer Lautstärke parteiverursachte Missstände, verweigern sich dem Transport von Parteibotschaften oder unterlaufen beabsichtigte Wirkungen.

Der Medieneinfluss ist größer bei operativer und taktischer Politik, schwächer auf dem Feld strategischer Politik. In den Kernbereichen von Führung, Richtung, Strategie haben auch im Zeichen von „Mediendemokratie" Parteien die Chance sich selbst zu bestimmen, unter Berücksichtigung von Wählern und Medien (These: in dieser Reihenfolge!). Die Bundesrepublik wurde 16 Jahre von Kohl regiert: einem Kanzler ohne Kanzlerbonus, eher schlechter Medienresonanz und mittelmäßiger Popularitätsraten. Kanzlerkandidat Stoiber wurde trotz schlechterer Medienperformance seiner Konkurrentin Merkel vorgezogen. Solche Beispiele gegen einen dominanten Medieneinfluss ließen sich fortsetzen. Dagegen kommt es in der direkten Interaktion von Politikern und Journalisten zu Anpassungen an Sozialtechniken, die von den Medien (insbesondere dem Fernsehen) aufgezwungen werden: Zuspitzung, Vereinfachung, Metaphern, Sound Bites etc.

Die Zentralthemen öffentlicher Aufmerksamkeit können weder die Parteien noch die Medien noch die Wähler allein bestimmen. Stärker dagegen ist die Macht der Medien zum Agenda-Setting bei begrenzten und kurzfristigen Fragen, bei Unter-, Rand- und Nebenthemen.

---

4 Für die Akzentuierung einer strategischen Perspektive von Politikakteuren im politischen Kommunikationsprozess vgl. jetzt Kriesi (2001) und Machnig (2002). Vgl. auch die diversen einschlägigen, politologisch angeschlossenen Medien- und Kommunikationsanalysen von Otfried Jarren und Ulrich Sarcinelli.

In der Dreiecksbeziehung zwischen Parteien, Medien und Wählern[5] dient die Demoskopie den Parteien auch als Kontrollmittel und Gegengewicht zum Medieneinfluss. Bürger sind der am wenigsten präsente, als Wähler für die Parteien aber wichtigste Akteur. Wegen der geringen Sichtbarkeit massenrelevanter Einstellungen in konventionellen bzw. unkonventionellen Bürgeraktivitäten und wegen der nur schmalen eigenen Erfahrungsbasis von Politikern dient Demoskopie als Kommunikationsersatz und als unverzichtbarer Indikator für Tendenzen der Wählerschaft. In dieser Funktion kann sie durch die veröffentlichte Meinung nicht ersetzt werden. Darüber hinaus können für politische Akteure Stimmungen relevant sein, die weder in der veröffentlichten Meinung noch in der Demoskopie deutlichen Niederschlag finden, sozusagen die „direkte Meinung" der Bevölkerung diesseits aller Ermittlungs- und Vermittlungsversuche. Auch sie bleiben aber Konstrukte, in die diverses Öffentlichkeitswissen, aber auch unmittelbare Erfahrungen der Politik einfließen.

(c) Parteien suchen Wege „an den Medien vorbei". Inter- und Intranet bieten – wenn auch zur Zeit noch übertriebene – Chancen selbstkontrollierter, zentraler strategischer Steuerung. Parteiinterne Regionalkonferenzen, Wählerreisen, Multiplikatorentreffen zeigen – neben den begleitenden (und beabsichtigten) Medieneffekten – die fortwirkende Bedeutung direkter Interaktion. In der Mediendemokratie ist sie ein Weg, journalistische Kritik und Kontrolle zu umgehen. Das wird natürlich, wegen der größeren Reichweite, auch innerhalb des Mediensystems versucht. Reagan wandte sich, unter Umgehung der kritischen Hauptstadtpresse, an die Provinzzeitungen. Rot-grüne Minister gehen im Fernsehen zu Talkshows statt zu kritischen Magazinen. Unterhaltungssendungen und Plattformen eines unkritischen Journalismus haben insofern ähnliche Funktionen wie bezahlte politische Werbung. Hier verschwimmen Unterschiede zwischen Strategien „durch die Medien hindurch" und solchen „an den Medien vorbei". Aufmerksamkeit und positive Resonanz in den Medien ist für Parteien – anders als für Einzelpolitiker – kein

5 Gegen eine Überschätzung des Medieneinflusses (aber auch eines Spin doctoring von Parteien) ist der Vorschlag von Morris (1999: 116-125) gerichtet, nach je spezifischen Stärken und Schwächen von Parteien, Medien und Bürgern zu fragen. Seine These lautet vereinfacht: Parteien haben ihre Stärke bei Problemlösung und Priorisierung, Medien bei der Verdeutlichung und Verstärkung von Bürgerinteressen, die Bürger schließlich wüssten selbst am besten, wo sie der Schuh drückt.

Selbstzweck, sondern ein Mittel zum Zweck, die Zustimmung möglichst vieler Wähler zu gewinnen.

(7) Strategiewissen

Strategiewissen ist für die allgemeine Handlungsfähigkeit eines politischen Kollektivakteurs nur in rudimentärer Form notwendig, für den strategiefähigen Akteur aber wesentlich. Anders als beim individuellen sind beim kollektiven Akteur die Gesichtspunkte einer Organisierung und (begrenzten) Verbreitung strategischen Wissens relevant.

Informations- und Organisationskapazitäten. Strategiebildung und strategische Steuerung sind genuine Aufgaben einer Partei. Kenntnis des Strategierepertoires, Kontextwissen, Organisations- und Akteurswissen, historisches und Erfahrungswissen, die Verknüpfung von Policy- und Politicswissen, Öffentlichkeitswissen – dies und manches andere gehört zum intern verfügbaren Wissensbestand einer strategiefähigen Partei. Es stellt ein generalistisches Strategiewissen dar. Ergänzt wird es um professionalisiertes Spezialwissen, das heute in der Regel extern besorgt, das heißt gekauft wird. Dazu gehören insbesondere Demoskopie und PR/Werbung/Marketing/Kommunikation. Spezialisierte Medienberatung bezieht sich entweder auf einzelne Spitzenkandidaten (zum Beispiel Kohl oder Stoiber, dann typischerweise durch – ehemalige – Journalisten) oder sie ist kommunikationsbezogener Bestandteil eines professionellen Werbekonzepts. Medienagenturen mit vertieftem Spezialwissen über Medienstrategien, vergleichbar demoskopischen Instituten, gibt es auf der zentralen Politikebene nicht.

Strategie gehört also zur spezifischen internen Kompetenz von Parteien (außer- und innerhalb des Staatsapparats). Sie wird auf eng umgrenzten Feldern gestützt durch Hilfswissen und – allenfalls – durch ein unsystematisches externes Strategiefeedback kontrolliert.

Auf Strategiefragen spezialisierte organisationsinterne Subsysteme sind schwer zu identifizieren – soweit sie überhaupt existieren. Eindeutig ist der Fall von Wahlkampfzentralen, zumal wenn sie – wie die KAMPA der SPD – separat von der Parteizentrale organisiert werden und – auch – für Strategiefragen zuständig sind. Im normalen Organisationsbetrieb von Parteien sind strategische Arbeitspotentiale am ehesten bei Grundsatz- oder Planungsreferaten/-abteilungen, zum Teil auch auf der Leitungsebene von Subeinheiten für Medien- und Öffentlichkeitsarbeit zu finden.

Die „strategischen Apparate“ zeigen in der Praxis ein sehr uneinheitliches Bild. Sie differieren je nach Parteien, Personen, spezifischen Organisationskulturen etc. Planungs- und Grundsatzabteilungen gerade auch von Ministerien, aber auch von Staatskanzleien bzw. Kanzleramt können für interne strategische Beratung völlig bedeutungslos sein. Geringe professionelle Spezialisierung und diffuse Anforderungsprofile (selbst politische Hauptakteure können nicht sagen, was sie in dieser Hinsicht erwarten) erschweren die Etablierung strategischer Apparate. Eher nutzen Politiker das implizite Strategiewissen engerer Vertrauter (Büroleiter, persönliche Referenten, Pressesprecher etc.).

Strategierepertoire. Strategierepertoire ist der zu einer Zeit verfügbare Vorrat an strategischen Referenzen und Regeln. Anders als zu den Zeiten Machiavellis, in denen das politische System erst schwach ausdifferenziert und noch nicht demokratisiert war, reichen strategische Regeln allein (daraus besteht der „Machiavellismus“) zur Strukturierung strategischen Handelns nicht mehr aus. Komplexität und Dynamik des politischen Prozesses lassen sich durch einfache Regeln nicht mehr steuern.

Ein Referenzrahmen ermöglicht, Strategien auf engere Kontexte zu beziehen (z.B. greift die Regel „Wahlen werden in der Mitte gewonnen“ nur für bestimmte, keineswegs für alle Parteiensysteme). Referenzrahmen erlauben, Strategien zu differenzieren. Solche Frames sind selbst schon Mittel zur Orientierung und angemessenen Platzierung strategischer Kalküle. Die Selbstreflexivität des Strategiekonzepts sorgt dafür, dass sich mit wandelnden Kontexten auch die strategischen Kalküle verändern.

Wissenschaftlich entworfene, analytische Referenzrahmen sind so nicht bei den politischen Akteuren zu erwarten, sie repräsentieren das Bild, das sich Politologen vom strategischen Politikmodus machen. Empirische Forschung muss herausfinden, wie die Referenzen und Regeln, die das strategische Handeln politischer Akteure tatsächlich orientieren, aussehen. Übrigens auch, wie dieses strategisch-operative Segment mit dem weiteren politischen Weltbild der Akteure verknüpft ist. Möglich, dass auch der strategische Bezugsrahmen von Politikern auf zwei Ebenen angesiedelt ist, die für die politologische Analyse relevant sind: Bezugsrahmen für Strategiebildung und strategische Steuerung sowie Referenzpunkte der Orientierungseinheiten und Arenen.

Strategisches Handeln beruht auf einer Vielfalt von Kalkülen. Persönliche Ad-hoc-Kalküle stehen neben impliziten Regelorientierungen oder der Anwendung expliziten Regelwissens. Solche expliziten oder doch explizierbaren strategisch kalkulierenden Regeln sind überindividuell verfügbar, eben in einem „Strategierepertoire". Man könnte beispielsweise unterscheiden: allgemeine Regeln („Nichts riskieren, wo nichts zu gewinnen ist."), allgemeine politische Regeln („Mit Außenpolitik kann man keine Wahlen gewinnen, man kann sie aber mit ihr verlieren.") sowie strategische Regeln, die spezifisch für Orientierungseinheiten oder diverse Arenen sind. Die Sortierungsarbeit hat aber noch nicht begonnen, sie kann hier auch nicht eröffnet werden.

Verteilung von Strategiewissen. Wie beim Fußball weiß jedermann, wie die Mannschaft aufgestellt, der Gegner frühzeitig angegriffen, mehr über die Flügel gespielt werden muss. Strategisches Alltagswissen, das alles und nichts weiß, ist weit verbreitet. Aber die wirkliche strategische Selbstaufklärung des langjährig erfahrenen und verantwortlichen Spitzenakteurs ist ebenso rar wie gesichertes, akkumuliertes und von einer Mannschaft zur nächsten transferiertes Strategiewissen des professionellen Apparats. Grenzen innerparteilicher Demokratie resultieren auch aus ungleich verteiltem Strategiewissen.

Thesen

Der Anlage dieses Beitrags entsprechend sollten vor der Meinung einige analytische Klärungen stehen. Die sind selbstverständlich mit diesen einleitenden Überlegungen nicht abgeschlossen, bedürfen vielmehr weiterer Systematisierung.[6] Zum Abschluss möchte ich allerdings in der offeneren Form von

---

6 Es liegt auf der Hand, dass in einem solchen Beitrag das Strategiethema nur ausschnittsweise behandelt werden kann. Neben der hier vor allem thematisierten Strategiefähigkeit gehörten zu einer Grundlegung die Bezugsrahmen zu (a) Strategiebildung und (b) strategischer Steuerung sowie die Analyse der (c) arenen-übergreifenden Orientierungseinheiten (Parteienkonkurrenz, Öffentlichkeit, Problemlösung) und der für Strategieprozesse je spe-

Thesen zu einigen Einschätzungen für das Feld strategischer Politik übergehen.

Realitätsnähe

Zwar wissen wir fast nichts über tatsächliche Bedeutung und Wirkung von Strategien im politischen Prozess, aber wir können dafür sorgen, dass unsere Untersuchungsinstrumente realitätsnah sind. Einige Beispiele dafür:

(a) *Offener Strategiebegriff*. Einer wirklichkeitsfremden Überforderung des Strategieansatzes ist nur durch ein Rahmenkonzept politischer Strategie zu entgehen. Nicht ein Handlungsprogramm im Sinne einer vorab für einen langen Zeitraum und eine präzise geplante Serie von Handlungsschritten ist der Kern der Sache. Vielmehr ist von ineinander verschachtelten Bezugsrahmen, Orientierungseinheiten und Arenenkonzepten auszugehen, innerhalb derer mit strategischen Kalkülen Optionen erwogen werden und sich – revidierbare – Tendenzen zum Aufbau von Erfolgspotentialen durchsetzen. Es geht realistischerweise um ein strategisches Framing, um eine „Strategisierung" politischer Prozesse, die sonst rein situativer Logik folgen würden.

(b) *Binnendifferenzierung des strategischen Kollektivakteurs*. Vorstellungen eines machtvoll und souverän steuernden politischen Kollektivakteurs sind immer verbunden mit empirisch falschen Annahmen über unitarische, homogene, geschlossen handelnde Akteure. Das Nachzeichnen komplexer Binnendifferenzierungen ist schon fast der Schutz vor unrealistischen Annahmen über das Ausmaß strategischer Handlungsfähigkeit politischer Kollektivakteure. Strategischer Realismus heißt, die Schwierigkeit bei Aufbau und Erhaltung von Strategiefähigkeit anzuerkennen, Binnendifferenzierung – wie immer entworfen – ist dabei eine wesentliche Schranke.

(c) *Umgang mit Umwelt-Unsicherheit*. Es gibt eine Neigung, Unsicherheit bzw. Ungewissheit der Umwelt als so unbegrenzt zu zeichnen, dass der kollektive Akteur demgegenüber nur noch als hilflos, eine strategische Handlungsabsicht als Anmaßung erscheint. Tatsächlich entwickeln Kollektivakteure generalisierte Strategien, um solche Ungewissheit zu begrenzen (wenn-

---

zifischen Anforderungen in den verschiedenen Arenen (Regierung/Opposition, Partei, Wahlkampf, Massenmedien). Fragen strategischer Regierungssteuerung wurden erörtert in Raschke (2001a).

gleich alle Reduktionsstrategien auch nicht gewollte, problematische Konsequenzen nach sich ziehen). Einige Beispiele:

- Akteure orientieren sich an Interaktions-Regeln, nicht an den Unsicherheitsfaktoren selbst (z.B. Nachrichtenfaktoren im Mediensystem).
- „Erfolgsorientiertes“ Handeln orientiert sich an quantitativen Erfolgsindikatoren (z.B. Wählerprozente oder Auflagenhöhe/Einschaltquote) statt an qualitativen Aspekten, Deutungen, Begründungen etc.
- Aufbau bzw. Tolerierung zur Parteiumwelt korrespondierender Binnenkomplexität. Helmut Wiesenthal (1990) hat demonstriert, wie intern entwickelte „Multiple Selves“ zur Bearbeitung von Umweltunsicherheit dienen können.
- Imitation erfolgreichen Konkurrenzverhaltens oder Innovationsimport, durch die eigene Experimentierkosten gesenkt werden können.
- Ständige Durchmischung strategischen, operativen und taktisch-situativen Handelns. So werden in der Praxis tragfähige Balancen gesucht, jenseits strategischer Fixierungen.

(d) Die *Unterscheidung zwischen strategischem Bewusstsein und strategischer Professionalität* wirkt unrealistischen Annahmen über „Strategiekompetenz“ auf der Führungsebene entgegen. Sie betont die Differenz zwischen strategischem Können und strategischem Sachverstand und lenkt das Interesse auf – möglicherweise produktive – Reibungen zwischen strategischer Führung und professionalisierten strategischen Apparaten bzw. Beratern.

Grenzen

Mit solcher Realitätsnähe geht das Bemühen einher, Grenzen des Strategieansatzes zu betonen, ohne daraus – in einer typisch intellektuellen Übertreibung – die Unmöglichkeit strategischer Politik abzuleiten.
(a) Selbstverständlich ist die Annahme begrenzter Effekte strategischen Handelns. Strategie ist *eine* Variable im politischen Prozess, nicht mehr, nicht weniger. Auch gelten abgestufte Wirkungsannahmen – nicht in allen Arenen beispielsweise greifen Strategien gleich gut. Standardisierung (und damit Berechenbarkeit) der Handlungssituation und Kontrolle über die Steuerungsmittel sind zwei Kriterien, anhand derer sich die Wirkungschancen abstufen las-

sen. Wahlkampf, Partei, Regierung/Opposition, Massenmedien – so sähe die hypothetische Abstufung der Arenen nach strategischen Wirkungsmöglichkeiten aus.

(b) Strategiefragen sind der *dritte* Bereich, um den es geht, wenn Führungs- und Richtungsfragen geklärt sind.

(c) Strategie ist kein Mittel, um die grundlegenden Handlungsprobleme politischer Kollektivakteure zu beseitigen, sondern allenfalls um sie abzumildern. Prekäre Strategiefähigkeit von Kollektivakteuren, begrenzte Rationalität, Akteursfragmentierung, die fast unbegrenzten Mehrdeutigkeiten und Ambivalenzen von Parteien, Umweltunsicherheit, Interaktionsüberraschungen – all diese (und viele andere) Herausforderungen für zielgerichtetes Handeln schaffen auch Restriktionen für strategisches Handeln. Zugleich aber sind diese Grenzen veränderbar und stehen – in Grenzen! – strategischer Einwirkung offen. Manfred G. Schmidt hat in diesem Band die besonders erschwerenden Rahmenbedingungen in Deutschland herausgearbeitet, gleichzeitig aber einige Praktiken und Strategien skizziert, mit denen auch einflussstarke Vetospieler „umspielt" werden können.

(d) Aktuelle Entstrukturierungs- und Entgrenzungsprozesse von Politik erschweren durch Komplexitäts- und Interdependenzsteigerung den strategischen Ansatz, gleichzeitig verstärken sie das Interesse an seinen Möglichkeiten, um relative Sicherheiten zu gewinnen.

Missverständnisse

Gute Debatten leben von Missverständnissen, vor allem dann, wenn man hinterher etwas klarer sieht und Missverständnisse als solche benennt.

(a) *Überfrachtung des Strategiekonzepts*. Wegen des begrenzten Stellenwerts des Strategieansatzes kann man ihn ad absurdum führen, wenn man ihn überfrachtet, zum Beispiel mit übertriebenen Rationalitäts-, Geschlossenheits-, Wirkungsannahmen. Um Strategiefragen ernst zu nehmen, reicht es aus, in ihnen wenn auch noch so begrenzte Effekte für Zielverfolgung, erfolgreiche Konkurrenz, Machtprozesse aller Art zu sehen. Wie sehr es auf Strategie ankommt, wird man erst nach systematischer Analyse wissen.

Manchmal wird der Mythos von „Strategie“ als Verheißung überlegener, hierarchischer Steuerungskunst erst geschaffen, um ihn zu – entmythologisieren.
(b) *Spitzenpolitiker als Strategieexperten.* Spitzenpolitiker brauchen viele Fähigkeiten, die mit Strategie nichts zu tun haben. Rhetorik- und Kommunikationsfähigkeit, Charisma der großen oder der kleinen Münze, Lernfähigkeit etc. Auch wenn der Spitzenpolitiker „strategisch“ denkt, ist es nicht immer von der Art, dass er Strategieexperten damit beeindrucken kann (selbst wenn es erfolgreich sein mag). Da erfolgreiche Politiker meist auch deshalb Erfolg haben, weil sie in übertriebener Form an sich selbst glauben, vertrauen sie auch ihren „cognitive maps“, ihren Überzeugungen, ihren subjektiv begrenzten Erfahrungen übermäßig. All das kann unsachgemäße Einflüsse auf ihre Strategieentscheidungen haben.
(c) *Falscher Maßstab.* In die Irre geht die Erwartung, dass das Ergebnis strategischen Handelns mit seinem Plan identisch sein, oder auch nur, dass der „Erfolg“ am ursprünglichen Konzept gemessen werden soll. Das ist schon deshalb eine verfehlte Annahme, weil strategische Interaktion ein konstitutiver, nur in engen Grenzen vorhersehbarer Bestandteil strategischen Handelns ist, und weil „Ereignisse“ und „Zufälle“ immer starken Einfluss auf den Politikprozess haben.

Perspektiven

Strategische Politik: ein semi-professioneller Bereich

In Strategiefragen ist Politik ein semi-professioneller Bereich. Verglichen mit militärischer und Unternehmensstrategie fehlt es an systematisiertem Wissen, Standards, Tradierung, Schulung und Legitimität. „Strategie“ ist ein unsortiertes Geheimwissen, das sich demokratisch-diskursiver Durchleuchtung und wissenschaftlicher Analyse nicht aussetzt.

„Politik ist unberechenbar“ – dies gehört wohl zu den Glaubenssätzen vieler Politiker. Nicht zu übersehen sind Ambivalenzen der politischen Führung gegenüber professioneller Strategisierung. Einerseits kann in der Professionalisierung eine Verstärkung ihrer Machtmittel liegen, andererseits lassen sich damit aber auch erweiterte Erwartungen an ihre Leistungsfähigkeit begründen („strategische Fehler“). Auch im Binnenverhältnis sind die Spitzenleute durch Ambivalenz geprägt: Ein allzu offenes Argumentieren mit strategischen Absichten und Hinterabsichten können sie sich in Gremien und gegenüber politischen Konkurrenten selbst unter vier Augen nicht erlauben: Der demokratische Glaube, es habe um die Sache oder um Überzeugungen zu gehen, greift noch bis auf die Führungsebene durch.

Elaborierteres Strategiewissen wird durch das politische System vagabundieren, es wird aber – aus heutiger Sicht – keinen Ort und keine institutionelle Pflege finden. Zwischen unausgeschöpften Rationalisierungspotentialen und demokratischer Heuchelei kann sich ein offener Umgang mit Strategiefragen in der Politik nicht entwickeln. Nimmt man die Selbstblockade der Wissenschaft hinzu, blieben nur die Medien als Aufklärungsinstanz. Für sie gilt aber die gleiche Doppelbödigkeit wie für die Politik (wo man den Gegner als taktisch-strategisch handelnd denunziert): Einerseits freut man sich, Strategien nachzeichnen zu können, andererseits verurteilt man strategieorientiertes Verhalten von vornherein als berechnend-kalkulierend.

Parteien verlieren an Strategiefähigkeit

Strategiefähigkeit ist immer prekär, nur auf Zeit gestellt und von Verfall bedroht. Ihre Herstellung und Erhaltung ist eine der wichtigsten Aufgaben strategischer Führung.

Partei selbst ist sozusagen die erste Umwelt des strategischen Zentrums. Die eigene Partei ist der erste öffentliche Test für die Steuerungsfähigkeit eines strategischen Zentrums. Dabei sieht es sich seit den 1970er Jahren einem enormen Pluralisierungs- und Individualisierungsschub gegenüber. Publikum bzw. Wählerschaft vollziehen eher eine gegenläufige Entwicklung. Weil Politik für sie generell immer undurchsichtiger wird, bekommt die Geschlossenheit der einzelnen Partei jetzt einen symbolischen Effekt in der politischen Kommunikation: Sie signalisiert Handlungsfähigkeit einer Partei, deren Wollen an den Spitzenleuten abgelesen wird. An Parteitagen besichtigt die Öffentlichkeit, ob die Spitzenleute ihre Partei „im Griff haben". Geschlossenheit ist der Öffentlichkeit wichtiger als innerparteiliche Demokratie.

Kommunikationsdisziplin, um deren Herstellung sich die strategische und operative Führung bemühen, steht für die vielen eigeninteressierten Berufspolitiker einer Partei unter dem Vorbehalt kollektiver Erfolge, insbesondere bei Wahlen und bei der Bewältigung von Krisen. Dafür wiederum ist in erster Linie die Führung verantwortlich.

Das Potential der Führung zur eigenmächtigen Festlegung der Partei ist aufgrund der Personalisierungstendenzen der Medien deutlich gewachsen. Geschlossenheit ist eine zentrale, auch empirisch messbare Steuerungsgröße. Wieweit sie erreicht wird, entscheidet sich zwischen dem strategischen Zentrum, der zentralen und der mittleren Parteielite. In den Bereich der strategischen – übrigens auch: empirischen – Ungewissheit gehört die Frage, wie wichtig Aktive unterhalb der mittleren Parteielite für den Parteierfolg sind. Dieser Mangel an Eindeutigkeit erlaubt ihre Vernachlässigung – jedenfalls aus Sicht der strategischen Führung. Die seit den 1960er Jahren beobachtete „Krise des Parteimitglieds" lässt sich auch als eine Folge strategischer Führung interpretieren.

Herrschaft der Mittel über die Zwecke

Die Herrschaft der Mittel über die Zwecke ist kein Charakteristikum der Strategie, sondern eine Versuchung durch eine ihrer Möglichkeiten (die bei Machiavelli – trotz aller republikanischen Neigungen – beginnt). Der schlechte Ruf von Strategie wird noch schlechter, weil der Eindruck entstanden ist, dass sie vorzugsweise zur Verfolgung von Machtzielen eingesetzt wird.

Es gibt eine normative Richtigkeitsvorstellung: Macht soll, soweit überhaupt, eingesetzt werden zur Durchsetzung von Gestaltungszielen. Dabei haben dann auch Strategien ihren Platz. Die eigenständige Verfolgung von Machtzielen gilt als fragwürdig bis illegitim.

Strategien können aber, von ihrer Systematik her, sowohl auf Gestaltungs- wie auf Machtziele bezogen sein. Das Gewinnen von Wahlen oder die Erhaltung einer Regierung als solcher sind Machtziele, die auch in relativer Unabhängigkeit von Gestaltungszielen verfolgt werden können. Die Politische Soziologie hat versucht, dies in einer Rollentypologie einzufangen: die an Gestaltungszielen orientierten Policy-Seekers gegenüber den an Machtzielen orientierten Vote- oder Office-Seekers.

Handelt es sich um einen Dualismus oder um einen typischen Politikknäuel? Ist es normal oder kritikwürdig? Wenn es einen inneren Zusammenhang zwischen Gestaltungs- und Machtzielen gibt, erscheint vielen die Balance gestört: die Verselbständigung der Machtmittel zu einem eigenständigen Machtziel, verbunden mit einer Vergleichgültigung gegenüber den Inhalten der Politik.

Gestaltungsziele als Orientierungsmarken von Strategisierungsprozessen verlieren an Bedeutung. Inhaltliche Zielgewissheit erodiert von zwei Seiten. Partei als traditionell relativ stabiler Träger politischer Gestaltungsziele entkernt ihre Überzeugungssysteme bis auf einen eher diffusen Werterest. Radikal flexibilisierte Wähler- und Meinungsmärkte verunsichern die Parteien sowohl bei Gestaltungs- wie bei Machtzielen, die Strategisierung von Machtzielen ist kostenärmer und direkter (da man Macht sowieso braucht) als anspruchsvolle Verknüpfungen mit Gestaltungszielen.

An die Stelle von inhaltlichen Zielgewissheiten treten Personalisierung, symbolische Politik und Kommunikation sowie – bestenfalls – das eine oder andere politische Projekt, unverbunden zu perspektivischer Politik. Der Rekrutierungsprozess passt sich diesen Bedingungen an: In Spitzenpositionen kommen Personen mit starker Kommunikationsfähigkeit und schwacher Überzeugung. Wähler- und Meinungsmärkte bieten wenig Anreize für Zielgewissheiten – Wechselwähler und Themenwechsel bestimmen die Erfolgsprämien.

Anspruchsvolle Reformpolitik ist nicht von vornherein zum Scheitern verurteilt. Sie erfordert aber ein Personal, bei dem sich Machtorientierung noch mit Überzeugungsstärke und Reformengagement verbinden. Genau diese Verbindung aber, diese Position zwischen Gesinnungspolitik und prinzipiellem Opportunismus, wird rar.

Strategie: Desiderat und Fremdkörper der Demokratie

Strategiefragen, so meine These, sind im Kern nicht demokratisierbar. Die Spannung zwischen geheim und öffentlich, exklusiv und inklusiv, professionell und amateurhaft, instrumentell und autonom, ist nicht aufzuheben. Sie führt gerade auch bei Strategiefragen zu Heuchelei, Doppelbödigkeit und Ineffizienz. Von einem zivilgesellschaftlichen Demokratiekonzept her, das egalitäre Selbstorganisation und öffentlichen Diskurs betont (Raschke 2002), lässt sich das Argument zuspitzen: Strategie ist nicht demokratieverträglich.

Strategie ist keineswegs ein „Grundübel“. Zivilgesellschaftlich gespeiste Vorstellungen von Demokratie müssen auch mit anderen Entfremdungen leben. Auch Berufspolitikertum ist eine ungeliebte Notwendigkeit der Demokratie mit ihrem heimlichen Ideal des Jedermanns in den Figuren des Laien und Amateurs. Ein anderes heimliches Ideal der Demokratie heißt Diskurs, mit einem – je nach Argumenten – offenen Ausgang. Auch dem steht, unter anderem, der Ansatz strategischer Politik entgegen. Sachorientierte und faire Problemlösung ist ein Ideal, das Machtkonflikten parteienstaatlicher Demokratie entgegengehalten wird.

Über unterschiedliche Demokratiekonzeptionen hinweg gibt es ein Grundproblem von Demokratie: das nicht auflösbare Spannungsverhältnis zwischen Effizienz und Partizipation. Dieser Grundkonflikt zeigt sich bei den Fragen nach der Demokratisierbarkeit und der Demokratieverträglichkeit von Strategie in besonders zugespitzter Form.

Empirische Forschung wird, wie immer, zu Differenzierungen führen. So zählen bei Graden der Demokratisierbarkeit von Strategiefragen institutionelle Faktoren (z.B. präsidentielles vs. parlamentarisches Regierungssystem) oder Autoritätsgefälle (starke vs. schwache Partei- bzw. Regierungschefs). Auch die Gegenstände strategischer Politik sind relevant. Strategische Grundfragen (z.B. Reform oder Revolution) sind eher beeinflussbar als spezifischere Kontextstrategien. Fragen, bei denen eine größere Zahl von Akteuren zur Durchführung einer Strategie gebraucht wird (z.B. eine große Fraktion, eine Partei), sind der Einflussnahme zugänglicher. Weniger beeinflussbar dagegen scheinen Strategiefragen unter Bedingungen wie: Dominanz des Machtziels (z.B. Sicherung einer Regierungsmehrheit), Zentralität strategischer Interaktionen (z.B. in Regierungs-Oppositions-Beziehungen), Mehrebenensystem mit komplexen Akteurskonstellationen (z.B. Organisierung von Bundesratsmehrheiten für die Bundesgesetzgebung). Wahlkampf ist ein charakteristisches Beispiel für die Ambivalenz von Strategiefragen: einerseits dominiert ein Machtziel (Stimmenmaximierung) und strategische Interaktionen zwischen den Führungen konkurrierender Parteien sind wichtig, andererseits suchen Mitgliederparteien die Beteiligung von Aktiven, die in der Informationsgesellschaft nicht (mehr) blind gehorchen.

Auch diskursive Öffentlichkeit und die (primär) problemorientierte Politikbearbeitung durch Abgeordnete und Minister können Gegengewichte zu Gefahren hypertropher politischer Strategisierung sein. In beiden Bereichen wirkt Zivilgesellschaft begrenzend und korrigierend auf das politische System zurück. In der Wahlarena, die klar von Parteien dominiert wird, gelingt dies den Bürgern eher passiv (durch die Symbolik der Wahlenthaltung) und reaktiv (zum Beispiel als Wechselwähler). In den Parteien selbst verlaufen die Konfliktlinien zwischen unteren/mittleren Akteursgruppen, mit deren größerer Chance, sich zum Sprecher zivilgesellschaftlicher Interessen zu machen, und den Führungsgruppen auf der zentralstaatlichen Ebene als Vollstreckern einer politischen Systemlogik, zu der konstitutiv strategische Kalküle gehören.

So steht am Ende das Paradox: Strategie ist zur Bewältigung von Problemen des demokratischen Prozesses notwendig, in ihrem Kern aber sind Strategieentscheidungen kaum demokratisierbar und können als demokratieunverträglich angefochten werden. Wer diesen Widerspruch nicht aushält, geht an den aktuellen Herausforderungen der Demokratie vorbei.

Literatur

Bresser, Rudi K. F. 1998: Strategische Managementtheorie, Berlin/New York: de Gruyter

Etzioni, Amitai 1975: Die aktive Gesellschaft. Eine Theorie gesellschaftlicher und politischer Prozesse, Opladen: Westdeutscher Verlag

Gablentz, Otto Heinrich von der 1965: Einführung in die Politische Wissenschaft, Köln/Opladen: Westdeutscher Verlag

Gälweiler, Aloys 1987: Strategische Unternehmensführung, Frankfurt am Main/New York: Campus

Giddens, Anthony 1988: Die Konstitution der Gesellschaft. Grundzüge einer Theorie der Strukturierung, Frankfurt am Main/New York: Campus

Kirsch, Werner (Hg.) 1991: Beiträge zum Management strategischer Programme, München: Verlag Barbara Kirsch

Ders. 1997: Strategisches Management: Die geplante Evolution von Unternehmen, München: Verlag Barbara Kirsch

Kriesi, Hanspeter 2001: Die Rolle der Öffentlichkeit im politischen Entscheidungsprozess, Berlin: Wissenschaftszentrum Berlin für Sozialforschung (Papers P 01-701)

Machnig, Matthias 2002: Politische Kommunikation 2002 – Herausforderungen für Parteien, in: BBDO Group Germany (Hg.), Handbuch der Unternehmenskommunikation (3. Aufl.), o.O. (i.E.)

Mair, Peter/Müller, Wolfgang C./Plasser, Fritz (Hg.) 1999: Parteien auf komplexen Wählermärkten. Reaktionsstrategien politischer Parteien in Westeuropa, Wien: Signum Verlag

Mintzberg, Henry 1991: Mintzberg über Management. Führung und Organisation, Mythos und Realität, Wiesbaden: Gabler

Ders. 1995: Die Strategische Planung. Aufstieg, Niedergang und Neubestimmung, München/Wien: Carl Hanser

Morris, Dick 1999: The New Prince. Machiavelli Updated for the Twenty-First Century, Los Angeles: Renaissance Books

Raschke, Joachim 2001a: Die Zukunft der Grünen. „So kann man nicht regieren". Mit einem Beitrag von Achim Hurrelmann, Frankfurt am Main/New York: Campus

Ders. 2001b: Die Zukunft der Volksparteien erklärt sich aus ihrer Vergangenheit, in: Machnig, Matthias/Bartels, Hans-Peter (Hg.), Der rasende Tanker. Analysen und Konzepte zur Modernisierung der sozialdemokratischen Organisation, Göttingen: Steidl, S. 14-25

Ders 2002: Zivilgesellschaft und Demokratie, in: Rossade, Werner/Sauer, Birgit/Schirmer, Dietmar (Hg.), Politik und Bedeutung, Wiesbaden: Westdeutscher Verlag

Schröder, Peter 2000: Politische Strategien, Baden-Baden: Nomos

Wiesenthal, Helmut 1990: Unsicherheit und Multiple-Self-Identität: Eine Spekulation über die Voraussetzungen strategischen Handelns, Köln: Max Planck-Institut für Gesellschaftsforschung (MPIFG Discussion Paper 90/2)

Ders. 1993: Akteurkompetenz und Organisationsdilemma. Grundprobleme strategisch ambitionierter Mitgliederverbände und zwei Techniken zu ihrer Überwindung, in: Berliner Journal für Soziologie, Jg. 3, S. 3-18

Autorenverzeichnis

Dr. Klaus Hänsch ist Mitglied des Europäischen Parlaments, Präsident des Europäischen Parlaments a.D. und Mitglied des Präsidiums des Konvents zur Zukunft Europas.

Fritz Kuhn ist Bundesvorsitzender von Bündnis 90/Die Grünen.

Dr. Thomas Leif ist Chefreporter Fernsehen im SWR-Landessender Mainz, Vorsitzender des Netzwerkes Recherche (nr) und Herausgeber des Forschungsjournals Neue Soziale Bewegungen.

Matthias Machnig, Staatssekretär a.D., ist Bundesgeschäftsführer der SPD.

Dr. Richard Meng ist stellvertretender Büroleiter der „Frankfurter Rundschau“ in Berlin.

Dr. Frank Nullmeier ist Professor für Politikwissenschaft an der Universität Essen.

Dr. Joachim Raschke ist Professor für Politische Wissenschaft an der Universität Hamburg.

Dr. Ralf Rytlewski ist Professor für Politikwissenschaft an der Freien Universität Berlin.

Dr. Thomas Saretzki ist Professor für Umweltpolitik an der Universität Lüneburg.

Dr. Manfred G. Schmidt ist Professor für Politische Wissenschaft an der Ruprecht-Karls-Universität Heidelberg.

Klaus-Peter Schmidt-Deguelle, Staatssekretär a.D., ist Medien- und PR-Berater des Bundesfinanzministers.

PD Dr. Rüdiger Schmitt-Beck ist Wissenschaftlicher Leiter am Zentrum für Umfragen, Methoden und Analysen (ZUMA), Mannheim, und derzeit Gastprofessor am Institut für Publizistikwissenschaft und Medienforschung der Universität Zürich.

Dr. Elmar Wiesendahl ist Professor für Politikwissenschaft an der Universität der Bundeswehr in München.

Dr. Helmut Wiesenthal ist Professor für Politikwissenschaft an der Humboldt-Universität zu Berlin.